Die schönsten Reisen
MIT DEM ZUG

Die schönsten Reisen
MIT DEM ZUG

30 unvergessliche Touren durch Europa

VORWORT

Ist es nicht eine wunderbare Idee, die Freuden des Zugreisens wiederzuentdecken? Europa hat sich zwar seit Kaiserin Sisis Zeiten enorm verändert, doch heute wie damals ist der Kontinent durch ein fantastisches Schienennetz erschlossen. Von den Datschen am Dnjepr bis zu Rotterdams Kubushäusern eröffnet dieses Netz unzählige Möglichkeiten für Entdeckungen, die wir mit Begeisterung wahrgenommen haben: Zu elf haben wir insgesamt ein ganzes Jahrhundert auf Europas Schienen verbracht, in Bummel- und Expresszügen, auf atemberaubenden Strecken in Graubündens Bergen, rund um die Lavaströme des Ätna, durch tief verschneite Landschaften bis zu den Fjorden von Bergen…

In diesem Buch haben wir unsere 30 Lieblingsreisen gesammelt, die wir Ihnen unbedingt vorstellen möchen. Egal, ob Sie vier Tage oder zwei Wochen unterwegs sind, Hauptsache, Sie lassen sich verzaubern. Und selbstverständlich haben wir Zwischenstopps eingeplant, um die türkischen Bäder in Pest mit Bad Gasteins Thermalquellen, Posener Hörnchen mit Ribeauvillés Gewürzkuchen oder die Graffiti in Manchester mit denen in Kaunas vergleichen zu können. Unterwegs erlebt man immer wieder Überraschungen, wenn sich z.B. die Schienen unter Siziliens Sonne ausdehnen oder die Fahrt im »Fondue-Zug« mit einer Afterparty im Ébullition endet! Dann wird die Reise zum Happening mit unvergesslichen Begegnungen. Unser Rat: Lassen Sie sich auf eigenen Wegen treiben, genießen Sie den Blick aus dem Fenster, gehen Sie auf Entdeckung – ob an der Côte Bleue oder in einer Krypta in Massafra…

Wieder zu Hause, wird Sie diese Reise ziemlich sicher für immer verändert haben.

• INHALT •

01 — Quer durch Irland — Irland — S. 8

02 — Filmreife Highlands — Schottland — S. 20

03 — Regenbogen, Wind und hoher Norden — Schottland — S. 30

04 — Best of Brit Art — England, Schottland — S. 40

05 — Belgien und Niederlande – Highlights — Belgien, Niederlande — S. 50

06 — Elsässer Weinstraße — Frankreich — S. 60

07 — Von Freiburg bis zum Bodensee — Deutschland — S. 70

08 — Spritztour zu den Ostseeinseln — Deutschland — S. 76

09 — Von Amsterdam nach Budapest — Niederlande, Deutschland, Tschechien, Slowakei, Ungarn — S. 86

10 — Auf der Route des Orient-Express — Frankreich, Deutschland, Österreich, Ungarn, Rumänien, Türkei — S. 96

11 — Tannen, Reben & heiße Quellen — Österreich, Slowenien — S. 108

12 — Auszeit in den Bergen — Österreich — S. 118

13 — Zwischen Mont Blanc und Matterhorn — Frankreich, Schweiz — S. 128

14 — Schweizer Genusstour: Käse, Wein und Panoramen — Schweiz — S. 136

15 — Ewiges Eis, Seen & Palmen — Schweiz, Italien — S. 144

16
Der Jakobsweg auf Schienen

Frankreich, Spanien

S. 152

17
Auf der Route der Kunst am Mittelmeer

Frankreich, Spanien

S. 162

18
Madrid-Tanger: von einem Kontinent zum anderen

Spanien, Marokko, Großbritannien

S. 172

19
Von Porto nach Faro

Portugal

S. 182

20
Mode, Meer und feine Küche

Italien

S. 192

21
In Italiens tiefem Süden

Italien

S. 202

22
Sizilien: Palazzi, Pasta, Strände

Italien

S. 212

23
Kaiserreich und Republik

Italien, Kroatien

S. 222

24
Durch Sloweniens grandiose Natur

Schweiz, Slowenien

S. 232

25
Kulinarischer Zickzack über den Balkan

Rumänien, Bulgarien, Griechenland

S. 242

26
Durch Transsilvaniens Landschaften

Rumänien

S. 254

27
Von Kiew bis Lwiw

Ukraine

S. 262

28
Polen neu entdecken

Polen

S. 270

29
Perle des Baltikums

Litauen

S. 280

30
Skandinavien: Berge, Fjorde, Smørrebrød

Dänemark, Schweden, Norwegen

S. 288

01 Quer durch Irland

14 Tage

Irland

Über Stock und Stein, von einer Küste zur anderen, von Dublin nach Galway, via Waterford oder Cork… Diese Reise führt durch postkartenhübsche Landschaften Irlands – oder Éire, auf Gälisch – mit saftigen Wiesen, Schafen und vergessenen Klöstern. Doch hinter dem Offensichtlichen kann sich ein anderes, nicht weniger faszinierendes Irland verbergen.

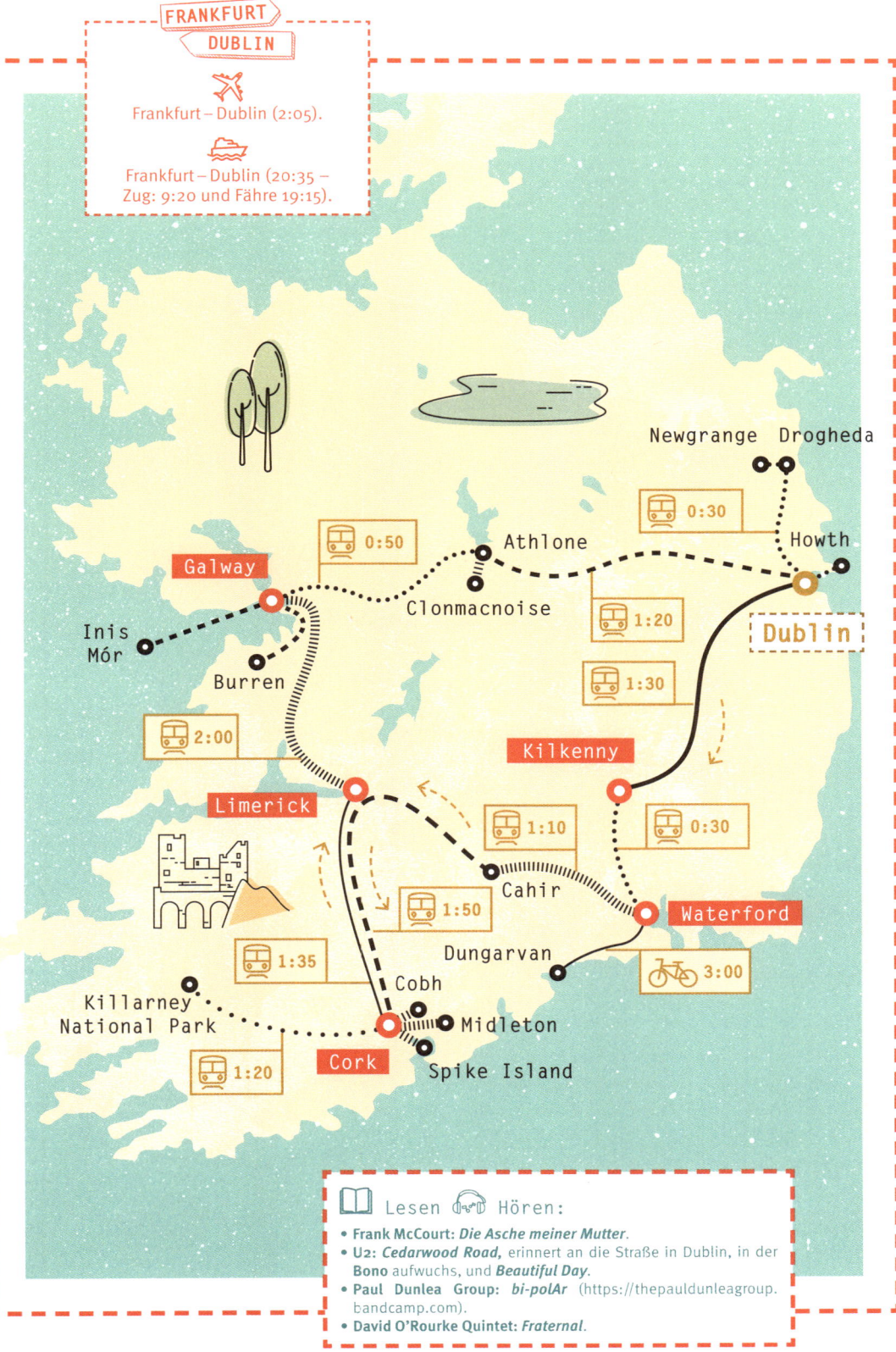

TAG·1

Dublin

Craic City – Dublins Beiname spricht Bände. In der Hauptstadt ist Spaß und Unterhaltung angesagt, *craic* (*kräck* ausgesprochen) eben, wie man auf Gälisch sagt. So lautet auch die gängige Floskel: *What's the craic?* – »Was ist los?« In Dublin ist tatsächlich immer etwas Neues los, wobei wir die Klassiker nicht vergessen wollen: das elegante georgianische Viertel (18. Jahrhundert) mit dem Dublin Castle, wo einst die feine angloprotestanische Gesellschaft die Eröffnung der Ballsaison feierte, der Biertempel **Guinness Storehouse**, der dem *stout* gewidmet ist, das so dunkel fließt wie der Fluss Liffey in Dublins Zentrum, und Temple Bar mit der *Wall of Fame* und dem Irish Rock 'n' Roll Museum, das U2 und vielen anderen Rockgrößen gewidmet ist.

Zum Nachholen. Ein Tipp für alle, die noch nie James Joyce' Roman *Ulysses* gelesen haben, dessen Protagonist Leopold Bloom an einem Tag im Jahr 1904 durch Dublin streift: Blooms Bewusstseinsstrom kann man in der Museumsapotheke **Sweny** bei Lesungen folgen, sonntags auf Deutsch.

TAG·2

Howth

PETRI HEIL

Ein schöner Tagesausflug führt in das rund 15 Kilometer entfernte Howth, das man bequem mit dem Regionalzug DART (Dublin Area Rapid Transit) oder aber mit dem Fahrrad erreicht. In dem bezaubernden Fischerhafen Howth lässt man sich *Dublin Bay prawns* (Garnelen) schmecken. Auf dem traumhaften Cliff Walk genießt man den Panoramablick über die Dächer von Howth (ca. 6 km). Weiße Häuser, blaue Türen – die Szenerie erinnert in der Tat ein wenig an die Kykladen.

01 // Quer durch Irland

TAG·3
Newgrange

Zeitreise. Mit dem Zug geht es in 30 Minuten nach Drogheda und von dort weiter mit dem Éireann-Bus oder einem Leihrad eine kurze Strecke am Fluss Boyne entlang nach Newgrange. Die neolithische Anlage ist über 5000 Jahre alt! Dort sollten Sie unbedingt – am besten mit einem Führer – die Expedition unter die Erde in die unter tonnenschweren Steinen verborgene Grabkammer unternehmen. Ein fantastisches Erlebnis. Danach fahren Sie wieder mit dem Zug zurück nach Dublin.

Es werde Licht! An den Tagen rund um die Wintersonnenwende (18.–23. Dezember) erhellt die Sonne, wenn sie denn scheint, die Grabkammer von Newgrange. Dann dringt ein Sonnenstrahl über eine kleine Öffnung oberhalb des Eingangs bis in die dunklen Tiefen vor. Alljährlich können nur einige wenige Glückspilze, die per Los gezogen werden, dieses unglaubliche Phänomen bewundern. Würden Sie es auch gerne erleben? Melden Sie sich online oder vor Ort an. Viel Glück!

TAG·4
Kilkenny

Einfach malerisch ...
Nach der 90-minütigen Zugfahrt begrüßt Sie in Kilkenny ein mittelalterlicher Stadtkern, der von der Burg bis zur Kathedrale großartig erhalten ist. Ein Highlight ist die Klettertour im Turm (9. Jahrhundert) der St. Canice's Cathedral. Auf Holzleitern erreicht man die Spitze, wo sich ein herrlicher Blick über die Stadt öffnet. Danach hat man sich ein Smithwick's verdient, ein Ale, das einst in Kilkenny und heute in Dublin gebraut wird.

Geisterstunde.
Abends bilden Kilkennys Gassen das stimmungsvolle Ambiente, um in passenden geliehenen Outfits – Selfies sind ein Muss! – auf einer *ghost tour* der Weißen Dame nachzuspüren, die auf der Burg spukt, oder dem Geist von Petronella, die einst als Hexe auf dem Scheiterhaufen verbrannt wurde.

TAG·5 Waterford

Die Glasstadt. Nach einer guten halben Stunde hält der Zug in Waterford, das vor mehr als 1100 Jahren von Wikingern gegründet wurde. Museen wie der Reginald's Tower oder das Medieval Museum mit seiner kühnen Architektur erzählen von Waterfords langer, teilweise gewaltsamer Geschichte. Bewundern Sie auch die Glasbläser in voller Aktion in der Glasmanufaktur **House of Waterford Crystal**. Und das Nachtleben? Das spielt sich in der teils überdachten Straße Apple Market und in der John Street ab, wo sich trendy Pubs wie **Geoff's** und **Davy Macs** reihen.

TAG·6 Waterford–Dungarvan

Ab in den Sattel! Heute steht die längste Radtour an: 46 km auf dem Waterford Greenway. Der Höhepunkt der Radtour ist die Golden Mile bei Durrow. Auf einer Länge von 2 Kilometern geht es über einen Viadukt, durch eine Schlucht mit Schlingpflanzen und Farnen, durch einen Tunnel – und schon ist man am Meer. Gefeiert wird im Restaurant **The Tannery** in Dungarvan mit kreativer regionaler Küche. Verleiher von Rädern und E-Bikes organisieren während der Saison die preiswerte bequeme Rückfahrt mit dem Minibus nach Waterford samt Rädern. Eine günstige Option sind auch öffentliche Busse.

TAG·7 Cahir

Großes Kino! Zwischen Waterford und Tipperary fährt der Zug durch das Golden Vale (»Goldenes Tal«), eine Region mit saftigen Weiden, Apfelbäumen und Bahnhöfen aus dem 19. Jahrhundert, die im lupenreinen *gothic revival* erbaut wurden – Neugotik war damals total en vogue. Ein Besuch des Städtchens Cahir, dessen großartig erhaltene mächtige Burg auf einer Insel im Fluss Suir wacht, lohnt sich nicht nur für Filmfans *(siehe rechts)*.

(WIEDER)SEHEN

Stanley Kubrick, *Barry Lyndon*: Als preußisches Lager diente Cahir Castle. John Boorman, *Excalibur*: Angriff auf die Festung, Kämpfe auf den Wehrmauern – der Schauplatz ist Cahir Castle.

TAG·8 Cork

Die Glocken von Shandon. In »Klein-Venedig«, wie es manche nennen, ist Wasser allgegenwärtig. Das Zentrum liegt pittoresk auf einer Insel mitten im gezähmten River Lee, und doch ist es ein wenig rätselhaft, was genau den besonderen Zauber dieser quirligen Stadt ausmacht – und wie man ihm am besten nachspürt. Sich einfach zu Fuß durch das Gewirr der alten Gassen treiben lassen? Oder mit dem Kajak auf den Wasserstraßen mit ihren zahllosen Brücken? Ein zauberhaftes Erlebnis bietet die Tour auf den Glockenturm der St Anne's Church (immerhin 132 Stufen), um selbst einmal den Glöckner zu spielen. Eine Genusstour bietet der überdachte **English Market**. Im »Bauch« von Cork gibt es Käse und Spezialitäten wie *spicy beef* (würziges Rindfleisch), Räucherwürste, *crubeens* (Schweinsfüße) ...

Let's swing. In der Stadt des Jazz tritt der Posaunist, Komponist und Arrangeur Paul Dunlea regelmäßig im **Crane Lane Theatre** auf.

TAG·9
Cobh und Spike Island

Nervenkitzel! Lassen Sie sich zu einem Ausflug nach Cobh verführen. Der hübsche kleine Hafen mit den bunten Häusern ist mit dem Zug ab Cork in rund 20 Minuten zu erreichen. Dort lohnt sich in der ehemaligen örtlichen Reederei die spannende virtuelle Reise mit der Titanic Experience Cobh, wo Sie zu einem der 123 Passagiere werden, die hier im April 1912 an Bord des Ozeanriesen gingen. Viele reisen in der dritten Klasse, und nur 44 überlebten. Werden Sie einer von den Glücklichen sein? Ziemlich aufregend, doch der Nervenkitzel ist noch nicht zu Ende: Nur zehn Minuten braucht die Fähre zur Insel Spike Island vor Cobh, wo Sie buchstäblich im Gefängnis landen. Das ehemalige Zuchthaus, in dem früher mehr als 2000 Häftlinge einsaßen, kann heute besichtigt werden. Sogar abends! Brrr... Nicht vergessen: Der letzte Zug nach Cork fährt um 23 Uhr ab.

Midleton

Sláinte (Prost)! In Midleton, das mit dem Zug von Cork oder Cobh aus erreichbar ist, produziert die Jameson Distillery seit 1975 Whiskey. Wenn Ihr Budget es erlaubt, können Sie bei Führungen (maximal 15 Personen) einen Blick hinter die Kulissen (*behind the scenes*) werfen, bevor Sie für eine weitere Nacht nach Cork zurückkehren.

TAG·10
Killarney National Park

Ab ins Grüne. Schon frühmorgens fahren Sie mit dem Zug von Cork nach Killarney, um dort einen Tag lang den über 10 000 Hektar großen Nationalpark zu erkunden – ganz nach Belieben zu Fuß, mit dem Fahrrad, der Pferdekutsche oder per Boot. Warum Königin Victoria und ihre Hofdamen, die 1861 in Muckross House residierten, damals so begeistert von ihrer Reise zurückkehrten, versteht man sofort.

01 // Quer durch Irland

TAG·11
Limerick

Rugby-Tempel. Nun heißt es definitiv Adieu, Cork! Mit dem Zug geht die Reise weiter nach Limerick. Wenn Frank McCourt, Autor des autobiografischen Bestsellers *Die Asche meiner Mutter*, die Stadt seiner Kindheit heute besuchen würde, würde er sie wohl nicht mehr wiedererkennen. Mit der von ihm beschriebenen bitterarmen Stadt hat das heutige Limerick nichts mehr gemein. Gut, die Burg von Johann Ohneland steht noch, aber mittlerweile zum Museum umgebaut, hat sie schlicht vergessen, langweilig zu sein. Limericks zweites großes Monument ist das Thomond Park Stadium. An Spieltagen ist dieser wahrliche Rugby-Tempel bis zum letzten seiner 25 000 Plätze ausverkauft, dann herrscht hier in eine fantastische Stimmung. Wenn nicht gespielt wird, kann man bei Führungen in das Allerheiligste des Stadions blicken, ja, auch in die Umkleidekabinen. Danach spazieren Sie am schönen Ufer des Shannon zum *high coffee* im **House**, wo der Kaffee allerdings durch Abwesenheit glänzt, aber pssst ... Spoiler-Alarm!

Streetart. In Limerick gibt es an Fassaden und Mauern Kunst zu entdecken, z. B. Aches' Porträt von Dolores O'Riordan (der verstorbenen Sängerin der *Cranberries*) in der Castle Street oder Fintan Magees *Fishermen* in der Roches Street...

TAG·12
Galway

Alles Show. Im zwei Zugstunden von Limerick entfernten Galway ist immer superviel los, selbst wenn gerade keines seiner (100!) Feste und Festivals oder die mondänen Pferderennen *(Galway races)* im Sommer stattfinden. Die Show geht jeden Tag weiter im autofreien mittelalterlichen Latin Quarter, wo Pantomimen, Akrobaten und Musiker zum Applaus der zuschauenden Passanten Unterhaltung bieten und abends die dicht gedrängten Pubs ihre Gäste mit *music tonight* locken. Galway ist eine einzige riesige Bühne, auf der niemand vorab das Programm kennt. Wer ein Lokal zum Mittag- oder Abendessen sucht: Im **Tartare Café + Wine Bar** im alten Fischerviertel Claddagh serviert Chef J P McMahon exzellente Austern (aus Galway und Connemara) sowie Platten mit irischem Käse und Wurst.

Unter dem Pflaster liegt der Strand. Mit dem Bus erreicht man leicht das am Stadtrand von Galway gelegene Seebad Salthill, wo die 2 Kilometer lange Promenade (*the Prom*, wie die Einheimischen sie nennen) zum Flanieren einlädt – vielleicht passenderweise mit Ed Sheerans *Galway Girl* im Ohr...

TAG·13
In weiter Ferne...

Galway ist das Tor zu einem wilden unbekannten Irland mit Mondlandschaften und Steilklippen am tosenden Meer. Die Aran-Inseln oder Burren? Jetzt muss man sich entscheiden.

Inis Mór. Mit einem Kombiticket für Bus und Boot kann man von Galway aus einen Tagesausflug zur größten Aran-Insel, Inis Mór, unternehmen. Dort landet man wirklich in einer anderen Welt, in der endlose Steinmauern die Landschaft zerteilen und die prähistorische Festung Dún Aonghasa von ihrem luftigen Sitz auf einer Klippe einen schwindelerregenden Blick ins Leere ermöglicht.

Burren. Zu einem anderen, nicht minder faszinierenden Ziel bringt Sie ebenfalls ein Bus- und Boot-Kombiticket: nämlich in die zerklüfteten Mondlandschaften des Burren im County Clare südlich von Galway. Der Bus hält am Eingang zum Besucherzentrum Cliffs of Moher an den berühmten Moher-Steilklippen. Und in Doolin bringt Sie ein Boot zum Fuß der über 200 Meter hohen Felswände, in denen von Mai bis Juni Papageitaucher nisten. Also dann, das Fernglas geschnappt und auf geht's – entweder nach Inis Mór oder eben nach Burren.

TAG·14
Athlone und Clonmacnoise

DER SCHÖNE SHANNON

Auf der Rückfahrt im Zug nach Dublin bietet sich in Athlone ein letzter, ein paar Stunden langer Aufenthalt an – samt Mini-Kreuzfahrt auf dem Shannon. Mit dem Boot geht es hinüber zu den majestätischen Ruinen von Clonmacnoise, einer Klosterstadt, deren Wurzeln ins 6. Jahrhundert zurückreichen – ein fantastisches Meisterwerk! Der Bus bringt Sie zurück nach Athlone, wo Sie in den Zug nach Dublin einsteigen.

ADRESSEN

DUBLIN
Marlin Hotel, www.marlinhotel.ie. Mitten im Zentrum, mit 14 m² kleinen, funktionellen, modernen Kapselzimmern, aber riesigen Betten. Doppelzimmer: ab 124 € pro Nacht inklusive Frühstück.

CORK
Hotel Montenotte, www.themontenottehotel.com. Ein wenig abgelegen (1 km vom Bahnhof enfernt), aber romantisch samt Garten, Hallenbad und Kino. Doppelzimmer: ab 150 € pro Nacht.

KILKENNY
Hibernian Hotel, www.kilkennyhibernianhotel.com. Elegant gestyltes, rundum renoviertes viktorianisches Herrenhaus. Doppelzimmer: ab 150 € pro Nacht.

LIMERICK
N°1 Pery Square, www.oneperysquare.com. Eine Perle – ein bildhübsches Hotel im georgianischen Viertel. Doppelzimmer: ab 115 € (nur Vorauskasse).

WATERFORD
Treacy's Hotel, www.treacyshotelwaterford.com. Ein klassisches Drei-Sterne-Hotel (mit Schwimmbad und Sauna), 300 m vom Bahnhof entfernt. Gleich nebenan ist ein Fahrradverleih. Doppelzimmer: ab 75 €.

GALWAY
Snoozles Forster Street Hostel, www.hostelworld.com. Das moderne Hostel liegt unweit des Bahnhofs und des Busbahnhofs. Doppelzimmer: ab 70 € (mit Bad) inklusive Frühstück.

02 Filmreife Highlands

10 Tage Schottland

Der Zauber des schottischen Nordwestens lässt sich auf einer 1000 Kilometer langen Zug- und Busreise ab Glasgow erleben, mit Abstechern zu den Inneren Hebriden: Skye, Mull oder Lismore. Zur Tour gehören natürlich jede Menge Schafe und Regenschauer, aber auch … fast übernatürlicher Sonnenschein.

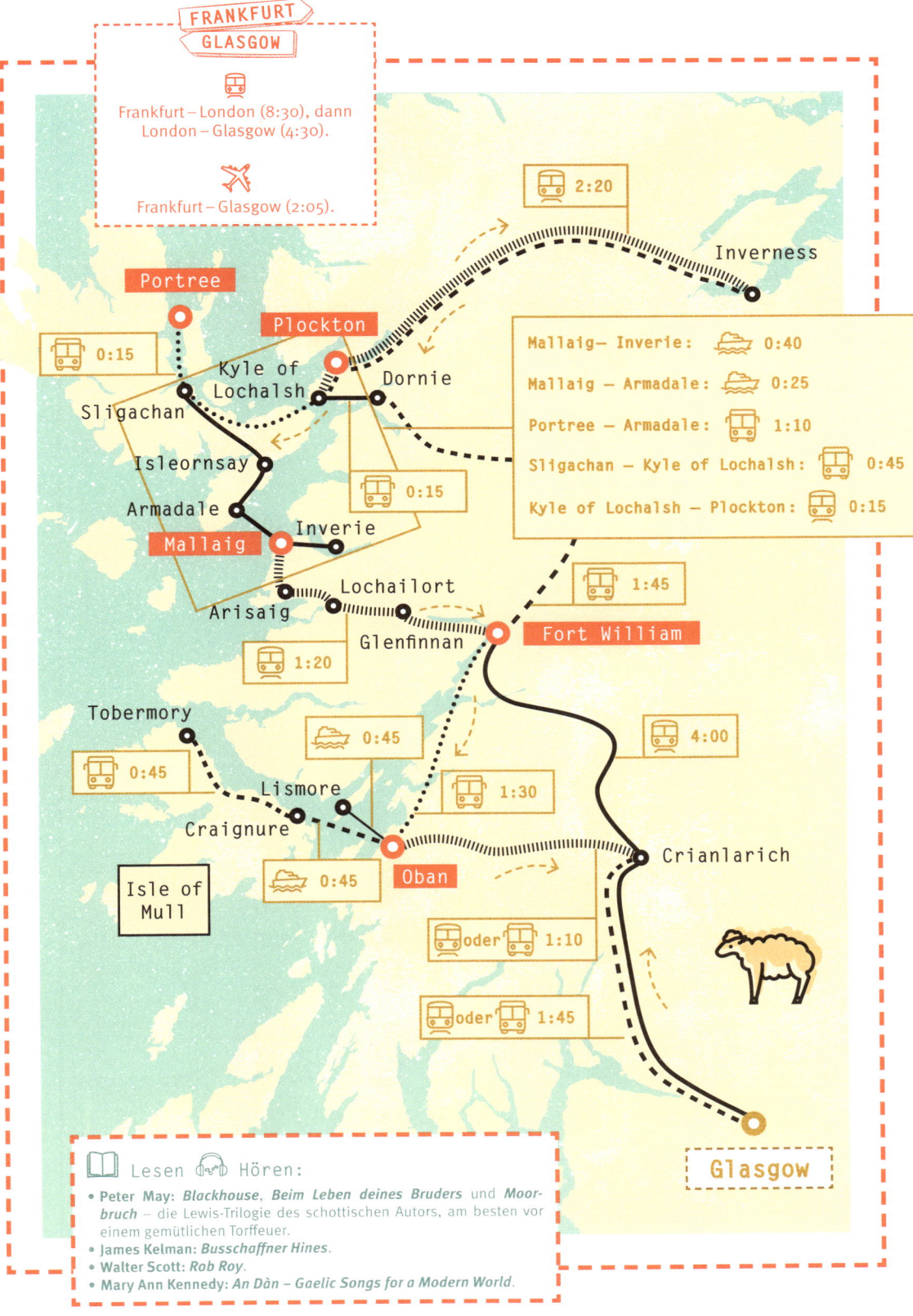

TAG·1
Glasgow

Viele Urlauber beschränken ihren Besuch Glasgows auf dessen Einkaufsmeile Buchanan Street zwischen den Bahnhöfen Central Station und Queen Street. Schade, denn im Zentrum gibt es viel zu entdecken, wie The Lighthouse des Architekten C. R. Mackintosh oder die Necropolis am Ende der George Street. Genießen Sie von hier die Aussicht! Nur 20 Gehminuten von der Sauchiehall Street entfernt zeigt das West End eine völlig andere Facette. Hier ist Glasgow grüner, studentischer, unkonventioneller. Erkunden Sie den Kelvingrove Park und das Kelvingrove Museum. Spazieren Sie über den Kelvin Way nach Hillhead, dessen Gassen fast dörflich wirken. Unterwegs besichtigen Sie das (restaurierte) Haus von C. R. Mackintosh. Zurück ins Zentrum führt der Weg über die Bank Street und Great Western Road. Und abends? Besuchen Sie eines der rund 100 Konzerte, die jede Woche stattfinden!

TAG·2
Glasgow–Crianlarich–Fort William

Ihr Abenteuer auf der West Highland Line, der Perle des schottischen Eisenbahnnetzes, beginnt am Bahnhof Queen Street. In der ersten halben Stunde führt die Strecke durch Glasgows Vororte und an der Mündung des Clyde entlang. Doch sobald Sie sich Garelochhead nähern, ändert sich die Landschaft dramatisch. Nun rattert der Zug durch die unberührte Wildnis der Highlands, wo Lochs und Fjorde Verstecken spielen: links der **Loch Long**, rechts der **Loch Lomond**.

Next stop: Crianlarich/A' Chrìon Làraich. (Achten Sie auf die Durchsagen: Die Aussprache der schottischen Ortsnamen ist auch ein Abenteuer!) Hier steigen einige Passagiere aus, um auf dem Fernwanderweg West Highland Way (154 km) zu wandern. Sie bleiben jedoch sitzen, denn das Beste kommt noch. Nach Bridge of Orchy wandelt sich das Grün in bräunliches Gelb. Der Blick schweift über eine endlose Landschaft aus Wasser, Moos und Torf: **Rannoch Moor**, atemberaubend im Licht der Sonne. Kaum eine Region in Schottland ist so einsam und rau. Am Ende des Tages kommen Sie schließlich in Fort William an.

TAG·3
Rund um Fort William

Fort William, Hauptstadt von Lochaber und Outdoor-Hochburg, hat einiges zu bieten und lässt Sie nach einem halben Tag im Zug wieder kräftig an der frischen Luft durchatmen. Der große Klassiker in der Region ist der insgesamt achtstündige Aufstieg auf Großbritanniens höchsten Gipfel, **Ben Nevis** (1345 m), der am Glen Nevis Visitor Centre beginnt. Weniger anstrengend ist eine Wanderung durch das grüne Tal Glen Nevis am Fuß des Ben Nevis oder die Fahrt mit der *gondola* (Seilbahn) auf den **Aonach Mòr** (1221 m).

TAG·4
Im Reich der Lochs

FORT WILLIAM-DORNIE

Vor den Busfenstern des Citylink, der täglich gegen 10 Uhr am Busbahnhof von Fort William Richtung Kyle of Lochalsh abfährt, breitet Lochaber seine ganze Magie aus: die Hänge des Ben Nevis, das dunkle Wasser des Loch Lochy... Nach den Wäldern von Invergarry schlängelt sich die Straße an den Seen – Loch Garry, Loyne und Cluanie – entlang und weiter in das Tal Glen Shiel. Schon bald taucht die Bergkette Five Sisters auf, und gegen Mittag ist Dornie erreicht...

DORNIE-KYLE OF LOCHALSH-PLOCKTON

... wo das berühmte Eilean Donan Castle auf einer kleinen Insel im Loch Duich aus allen erdenklichen Perspektiven fotografiert werden kann – und Zeit zum Mittagessen bleibt. Der nächste Bus kommt erst gegen 15.30 Uhr vorbei. In Kyle of Lochalsh angekommen, empfehlen wir mit der »Kyle Line« um 17 Uhr nach Plockton zu fahren, einem hübschen Hafen mit herrlichem Blick auf Loch Carron und Live-Musik im Pub!

TAG·5

Die Kyle Line

In Plockton bietet sich ein Ausflug nach Inverness an. Die unberührte Natur des Glen Carron und Strath Bran, durch die sich die Kyle Line schlängelt, ist auch bei bewölktem Himmel beeindruckend. Den ersten Morgenzug schaffen wohl nur Frühaufsteher, doch auch mit dem Mittagszug bleiben Ihnen gut drei Stunden Zeit in Inverness. Wer lieber in »Ploc« bleiben möchte: Im Hafen organisiert Calum Bootsfahrten zu den Robben, calums-sealtrips.com.

TAG·6

Von Plockton nach Portree (Skye)

Auch wenn die Wege teils matschig sind, bietet Plockton doch schöne Spaziergänge. Da der Zug nach Kyle of Lochalsh erst um 11.15 Uhr abfährt, bleibt Zeit, die Bucht **Port Luinge** (insgesamt 2 km, SW des Bahnhofs) zu entdecken. In Kyle fährt der Citylink-Bus um 12.15 Uhr zur Isle of Skye, wo Gälisch gesprochen wird. Ein Tipp: Rasten Sie mittags in Sligachan, wo Sie beim Essen den Blick über das Wildwasser auf die Cuillin Hills genießen können. Gegen 17 Uhr bringt Sie der Citylink-Bus in die Inselhauptstadt Portree mit ihrem hübschen Hafen.

TAG·7
Leinen los!

PORTREE-ARMADALE-MALLAIG

Auf der Insel gibt es keine Eisenbahn: Zum Armadale Pier fahren Sie entweder um 9 Uhr mit dem Bus 52, oder, da der Bus samstags und sonntags nicht fährt, Sie nehmen ein Taxi. Auf dem Weg über die Halbinsel Sleat sehen Sie links die hübschen weißen Häuser des Dörfchens **Isleornsay**, rechts die blanken Ruinen des Herrensitzes des Clans MacDonald. Am Pier angekommen, gehen Sie an Bord der Fähre, die in der Hochsaison täglich achtmal von Armadale nach Mallaig übersetzt.

RUND UM MALLAIG

Von Mai bis September legt gegen 14 Uhr in Mallaigs altem Hafen ein Schiff Richtung Ende der Welt ab: **Knoydart**. Zu der vollkommen abgelegenen Halbinsel führt keine Straße. Kommen Sie an Bord zu einer reizvollen Tour. Mit etwas Glück werden Sie dabei von Delfinen begleitet. In Inverie angekommen, können Sie im Pub einen Drink bestellen und ihn in einem Liegestuhl mit Blick aufs Meer genießen. Oder Sie bewundern von oben die Aussicht auf Loch Nevis. Rückfahrt ist um 18.30 Uhr!

TAG·8
Wie im Film

MALLAIG–FORT WILLIAM

Als die Strecke 1901 eröffnet wurde, diente sie vor allem zum Transport von Abertonnen Heringen, die in Mallaig geräuchert und nach Glasgow gebracht wurden. Heute verkehren hier täglich drei bis vier Züge, die sich Zeit lassen – zur Freude der Passagiere, die so nichts verpassen: den Sandstrand Camusdarach bei Morar, die Isle of Eigg vor Arisaig, den romantischen Loch Eilt bei Lochailort. Der Höhepunkt ist das 21-bogige Viadukt **Glenfinnan** aus den *Harry-Potter*-Filmen. Am Ende des letzten Fjords ragt der Ben Nevis auf.

FORT WILLIAM–OBAN

Vom Busbahnhof in Fort William startet der Bus 918 gegen 17 Uhr (außer sonntags) zur Fahrt entlang dem Loch Linnhe nach Oban. Setzen Sie sich auf die rechte Seite und halten Sie die Augen offen, damit Sie gegen 18 Uhr nicht das im Meer gelegene **Castle Stalker** verpassen, wo das Ende des Monty-Python-Films *Die Ritter der Kokosnuss* gedreht wurde. Schottland ist wirklich eine Filmschönheit …

TAG·9
Obans Inselwelt

Heute ist Ihr freier Tag! Sie haben die Wahl: durch die Stadt bis zum McCaig's Tower spazieren, Mittagessen am Kai (Oban ist der Champion der Meeresfrüchteplatten), zu den Inseln fahren… In weniger als einer Stunde setzt die Fähre zur Isle of Mull über, die neben filmreifen Landschaften auch den hübschen Hafenort Tobermory bietet (erreichbar mit dem Bus 95 ab Craignure). Wenn es nicht regnet, lockt die Insel Lismore mit herrlichen Wanderungen an der frischen Luft.

TAG·10
Oban-Crianlarich-Glasgow

In kluger Voraussicht bietet der Bahnhof von Oban täglich vier oder fünf Züge nach Glasgow an. Sie alle fahren auf derselben Strecke nach Osten, lassen rechts den Fearnoch Forest und links den spiegelglatten Loch Etive liegen, bevor sie – wegen der Steinschlaggefahr – langsam den Pass von Brander überwinden. Wenn die Sonne scheint, sieht man nach und nach den Loch Awe (wie man das ausspricht, erfahren Sie auf *forvo.com*!) auftauchen. Nach den Ruinen von **Kilchurn Castle**, Sitz des Clans Campbell of Glenorchy, geht es im Zickzack durch die moorige Heide des Glen Lochy.
In Crianlarich biegt der Zug nach Süden ab. Auf diesem Abschnitt der West Highland Line sind Sie bereits gefahren, aber vielleicht entdecken Sie nun noch mehr, wie die Wasserfälle im Glen Falloch oder kurz hinter Ardlui das Inselchen Eilean I Vow mit den Ruinen der Burg des Clans MacFarlane.

ADRESSEN

GLASGOW
Cathedral House, *cathedralhouse glasgow.com*. Hotel im Feudalstil gegenüber der Kathedrale und der berühmten Necropolis. Doppelzimmer: ca. 160 €.

FORT WILLIAM
The Garrison, *www.thegarrison hotel.co.uk*. Boutique-Hotel in einem ehemaligen Polizeirevier. Doppelzimmer: ca. 175 € inklusive Frühstück.

PORTREE
The Bosville, *perlehotels.com*. Kleines, sehr gepflegtes Hotel mitten im Zentrum von Portree. Doppelzimmer: ca. 200 € inklusive Frühstück.

MALLAIG
Morar Hotel, *www.morarhotel. co.uk*. Ideal gelegen für einen Ausflug mit der Fähre zur Isle of Skye. Doppelzimmer: ca. 140 €.

OBAN
Perle Oban, *perlehotels.com*. Viktorianisches Hotel nahe dem Bahnhof, Zimmer mit Meerblick. Doppelzimmer: ca. 160 € inklusive Frühstück.

03 Regenbogen, Wind und hoher Norden

7 Tage

Schottland
🏴󠁧󠁢󠁳󠁣󠁴󠁿

Die schöne Tour führt von Edinburgh über 1000 Kilometer bis zur äußersten Spitze von Schottland, wo die Nordlichter tanzen und die raue Landschaft in windumtosten Klippen endet. Die erfrischende, intensive Reise sollte man in kleinen Schlucken wie einen erlesenen *single malt* genießen.

TAG·1
Edinburgh

Edinburghs Old Town ist eine Schönheit mit gepflasterten Straßen und versteckten Treppen – es ist leicht nachzuvollziehen, warum sie in das UNESCO-Welterbe aufgenommen wurde. Sind Sie zum ersten Mal in Schottlands Hauptstadt? Dann empfiehlt sich ein Bummel über die Royal Mile – den Straßenzug, der die Burg mit dem Schloss verbindet – samt Abstecher in das beeindruckende National Museum: Hier erfahren Sie alles über Schottland.

Oder wollen Sie unbekanntere Ecken entdecken? Biegen Sie am Ende der Princes Street rechts in die Queensferry Street ab: Sie führt zum malerischen alten Mühlendorf Dean Village und dem Water of Leith Walkway. Der Spazierweg bringt Sie in das hübsche Viertel Stockbridge, das mit Blumengärten und dem traumhaften Royal Botanic Garden bezaubert. Zurück geht es durch die New Town, Edinburghs »Neustadt« aus dem 18. Jahrhundert.

TAG·2
Edinburgh-Aberdeen Line

EDINBURGH-DUNDEE

Von der Waverley Station fährt jede Stunde ein Zug nach Aberdeen – nutzen Sie die Gelegenheit! Schon bald überqueren Sie den Forth über die 1890 eingeweihte **Forth Bridge**, folgen der Flussmündung bis nach Kirkcaldy – das man *kircoddy* ausspricht – und erreichen danach das angepeilte Ziel: die sanften Hügel im Herzen von Fife, dem Reich der 18-Loch-Golfplätze. Golffans nehmen in Leuchars den Bus 92 nach St Andrews. Alle anderen legen einen Stopp in Dundee ein.

DUNDEE-ABERDEEN

Warum Dundee? Weil hier nahe dem Bahnhof das großartige Designmuseum **V&A Dundee** samt tollem Blick über den Firth of Tay liegt. Nach dem Mittagessen (das Museumscafé hat ein breites Angebot!) geht es mit dem Zug weiter nach Aberdeen, teilweise direkt an der Nordseeküste entlang und in Stonehaven ganz nahe an Dunnottar Castle vorbei. Abend und Nacht verbringen Sie in Aberdeen.

TAG·3
Aberdeen und Dunnottar

Schottlands drittgrößte Stadt trägt den Beinamen *Granite City* – ist aber nicht so grau, wie man vermuten könnte. Die Altstadt Old Aberdeen, die man in 7 Minuten mit dem Bus vom Zentrum aus erreicht, ist attraktiv. Im Maritime Museum beim Bahnhof erfahren Sie alles über die Ölgewinnung in der Nordsee. Gegen 13 Uhr nehmen Sie den Zug nach Stonehaven: Dort führt vom Hafen aus ein Küstenweg zu der Landzunge, auf der Dunnottar Castle seit dem Mittelalter den Elementen trotzt. Achten Sie aber auf den Fahrplan: Nach 18 Uhr fahren nur noch sechs oder sieben Züge von Stonehaven zurück nach Aberdeen, wo Sie übernachten.

TAG·4
Zwischen Whisky und Nessie

ABERDEEN-INVERNESS LINE

Auf dieser Strecke gibt es kein Rendezvous mit dem Meer: Der Zug fährt lieber quer durch die fruchtbaren, mit Herrenhäusern gespickten Landschaften von Aberdeenshire und von Moray, dem Land des Macbeth und der Destillerien: Allein 50 liegen in der Region am Fluss Spey. Ab Keith liegt etwas Erheiterndes in der Luft – vielleicht der »Angels' share«? Wer mit leichtem Gepäck reist, legt einen Stopp in Elgin ein und erkundet die 15 Minuten vom Bahnhof entfernte Ruine der Kathedrale.

LOCH NESS UND INVERNESS

Ziemlich praktisch: Der Zug hält direkt neben dem Busbahnhof von Inverness, wo die Busse nach Loch Ness abfahren. Am besten wählen Sie den Bus, der in Urquhart Castle hält. Von der Ruine aus können Sie in aller Ruhe das dunkle Wasser des Sees nach dem legendären Ungeheuer Nessie absuchen. Sie bleiben lieber in der Stadt? Spazieren Sie am Flussufer des Ness entlang bis zur Old High Church und hinauf zur Burg: Von dort oben ist die Aussicht auch nicht schlecht!

TAG·5

Kurs Nord!

FAR NORTH LINE

Diese Bahnlinie zeigt Ihnen Schottland von seiner nördlichsten Seite – vor allem ab Altnabreac –, aber keine Angst: Auf der 270 Kilometer langen Strecke von **Inverness nach Wick** können Sie sich in gemütlichen Waggons in die Sitze kuscheln und ungestört die Landschaft genießen. Bereit für den hohen Norden und die Einsamkeit unberührter Natur? Achtung: An Werktagen fahren vier Züge, sonntags nur einer!

THURSO ODER WICK?

Das ewige Dilemma. Wenn Sie mit dem ersten oder zweiten Zug des Tages ankommen, empfiehlt sich zuerst eine Pause in **Wick**, der Endstation der Far North Line, um dann nach **Thurso** zu fahren, dem nördlichsten Bahnhof Großbritanniens. In Thurso ist es zwar genauso kalt wie in Wick, und der Hafen ist unfreundlicher – aber an klaren Tagen sieht man die Orkney-Inseln! Man kann sogar hinfahren (Fähre ab Scrabster).

TAG·6
Zurück nach Inverness

THURSO–DUNROBIN CASTLE

Weiter geht es auf der Far North Line! Der zweite Zug des Tages fährt gegen 8.30 Uhr ab. Den sollten Sie nehmen, wenn Sie um 10 Uhr Dunrobin Castle besichtigen wollen, das Schloss der Earls of Sutherland, die im 19. Jahrhundert zu den größten Grundbesitzern Schottlands gehörten. Der Zug hält nur bei Bedarf in Dunrobin, vergessen Sie also nicht den Knopf zu drücken! Der nächste Zug kommt erst um 14.30 Uhr, so bleibt reichlich Zeit für die Gärten, das Museum und die *tea rooms* ...

DUNROBIN CASTLE–INVERNESS

Am Bahnsteig von Dunrobin winken Sie dem Zugführer, damit er Sie nach Inverness mitnimmt. Die Landschaft kennen Sie nun schon, aber vielleicht entdecken Sie noch Neues, z.B. kurz hinter Golspie den Balblair Wood am Ufer des Loch Fleet oder Carbisdale Castle, in dem es spuken soll, und, bei Tain am anderen Ufer des Dornoch Firth, Skibo Castle – das Schloss, in dem Madonna 2000 ihre Hochzeit feierte.

TAG·7
Inverness–Edinburgh

Diesmal bringt Sie die **Highland Main Line** zurück nach Edinburgh. Die eingleisige Strecke verläuft am Fuß der Cairngorm Mountains: Von Aviemore aus sehen Sie sie 1309 Meter hoch aufragen. Nach Newtonmore, wo sich das Freiluftmuseum Highland Folk Museum befindet, schlängelt sich der Zug durch das Glen Truim und weiter durch Perthshire. In der Grafschaft mit Wäldern und Wasserfällen wurde Niel Gow geboren, der berühmteste schottische Fiddler des 18. Jahrhunderts.

INVERNESS-EDINBURGH: EINE FILMREIFE ALTERNATIVE

Von Inverness aus fahren täglich vier (sonntags zwei) Züge der Kyle Line zur Westküste – und zu den Highlands *(siehe S. 20–29)*. In Kyle of Lochalsh fährt dreimal täglich ein Citylink-Bus nach Fort William, dort steigen Sie in den Direktzug nach Glasgow (Bahnhof Queen Street) um und fahren weiter mit einem der vielen Anschlusszüge nach Edinburgh – die ganz große Schottlandtour!

WEITERE ZIELE

ORKNEY-INSELN

Haben Sie zwei Tage mehr Zeit? Dann nehmen Sie in Scrabster um 8.45 Uhr die Fähre, die tapfer Wellen und Klippen trotzt und nach 90 Minuten Stromness erreicht. Zwei Tage genügen natürlich nicht, um den ganzen Archipel zu erkunden, bieten aber ausreichend Zeit für Robben, Papageitaucher, Megalithen und andere Sehenswürdigkeiten. Von Stromness aus fährt sogar der Bus 8S zur Steinzeitsiedlung Skara Brae, die Jahrtausende unter dem Sand begraben war.

ADRESSEN

EDINBURGH

Apex Waterloo Place Hotel, *www.apexhotels.co.uk*. Exzellente Lage in nächster Nähe zur Waverley Station. Doppelzimmer: ca. 150 €.

ABERDEEN

Palm Court Hotel, *palmcourthotel.co.uk*. Moderne Einrichtung und gute Lage. Doppelzimmer: ca. 90 € inklusive Frühstück.

INVERNESS

Heathmount, *www.heathmounthotel.com*. Elegantes Boutique-Hotel, fünf Gehminuten vom Bahnhof entfernt. Doppelzimmer: ca. 150 € inklusive Frühstück.

THURSO

Melvich Hotel, *www.melvichhotel.co.uk*. Hier genießt man das Frühstück im Garten mit umwerfenden Blick auf das Meer. Nahe der Fähre gelegen. Doppelzimmer: ca. 100 € inklusive Frühstück.

STROMNESS

Ferry Inn, *www.ferryinn.com*. Hotel mit einer Handvoll einfacher, zweckmäßiger Zimmer am Hafen. Doppelzimmer: ca. 120 € inklusive Frühstück.

04 Best of Brit Art

6 Tage

England, Schottland

Graffiti, Rooftops und Docks – in Großbritannien setzt nicht nur London kulturelle Trends! Eine Reise von Stadt zu Stadt, zu den Hotspots der vielfältigen aktuellen Kulturszene jenseits des Ärmelkanals.

TAG·1

London

Nur ein Tag in London – der enge Zeitplan erfordert, bei der Auswahl der Kulturtour strategisch vorzugehen. Wir lassen deshalb Buckingham Palace und Madame Tussauds gnadenlos sausen. Wir konzentrieren uns auf Londons aktuelle, brodelnde, spannende Kunstszene. Ein Frühstück in der **Brasserie du Sky Garden** in der begrünten 36. Etage des »Talkie-Walkie« genannten Wolkenkratzers ist ideal, um das Programm detailliert zu planen. Dann geht es los zur Tate Modern in einem ehemaligen Kraftwerk, das in einen Tempel zeitgenössischer Kunst umgewandelt wurde. Lassen Sie sich nicht den Panoramablick aus dem Restaurant im 10. Stock entgehen! In der Turbinenhalle faszinieren monumentale Installationen. Anschließend bietet der Spaziergang am Themseufer Kultur live und in Farbe: das Shakespeare Globe Theatre, Festivals, den legendären Southbank Skate Park, Graffiti-Künstler in Action im Banksy Tunnel… Danach schlüpfen Sie in Ihre trendigsten Sneaker und mischen sich unter die Hipster in Shoreditch. Zum krönenden Abschluss genießen Sie einen Abend auf der Dachterrasse des Clubs **Queen of Hoxton**. Aber achten Sie auf die Zeit – der Zug fährt kurz vor Mitternacht!

VOLL IM TREND IN SHOREDITCH

Shoreditch erkundet man nach Lust und Laune: im Zickzackkurs zu teils monumentaler, teils versteckter Streetart samt Stärkungspausen an den Food Trucks, systematisch nach Vintage-Perlen stöbernd in den Plattenläden und Secondhandshops in der Brick Lane – oder bei einer vorab gebuchten Führung mit **Unseen Tours**. Der Verein beschäftigt ehemalige Obdachlose aus Shoreditch, die das Viertel aus ihrer besonderen Perspektive humorvoll und professionell zeigen.

04 // Best of Brit Art

Eine Nacht im »Caledonian Sleeper«

Der Bahnhof Euston ist nur 15 Gehminuten von St Pancras International entfernt. Mit Ihrem Brit-Rail-Pass können Sie auch den Nachtzug nehmen. Seit 2019 haben die neuen Schlafwagen Ein- und Zweibettabteile, die mit Waschbecken, Schlüsselkarte, USB-Steckdosen und kostenlosem WLAN ausgestattet sind. In der »Club«-Klasse verfügen die Abteile über Toiletten und Duschen, und man erhält ein typisch britisches Frühstück. Um schon vor der Ankunft einen Vorgeschmack auf Schottland zu bekommen, können Sie im Speisewagen eine breite Auswahl schottischer Spezialitäten probieren, auch das Nationalgericht *haggis, neeps and tatties*, sowie ein Dutzend Whiskys. Ankunft in Glasgow ist um 7.20 Uhr.

TAG·2 Glasgow

Für viele ist Glasgow nur eine Station auf dem Weg zu den Lochs oder Edinburgh, doch die Stadt ist absolut sehenswert! Die viktorianische Industrie- und Handelsmetropole erfindet sich derzeit neu und setzt dabei ganz auf die Kultur: Glasgow war schon Europäische Kulturhauptstadt, wurde als *UK City of Architecture and Design* und als UNESCO-Musikstadt ausgezeichnet. Dank der blühenden institutionellen und der Underground-Szene begegnet man in Glasgow auf Schritt und Tritt Kunst in verschiedensten Stilarten. So könnten Sie an einem Tag die Stadt auf den Spuren des Kreativgenies Charles Rennie Mackintosh erkunden, des Begründers des schottischen Jugendstils. In Glasgow sind einige von ihm entworfene Bauwerke mit den typischen eleganten vertikalen Linien zu bewundern, von den Willow Tearooms bis zum eindrucksvollen House for an Art Lover. Im Hunterian und im Kelvingrove Museum sind viele seiner Arbeiten zu sehen.

04 // Best of Brit Art

TAG·3
Liverpool

Die Fahrtzeit zum Bahnhof Liverpool Lime Street beträgt im Schnitt dreieinhalb Stunden – ideal, um sich über Liverpool zu informieren, das sich seiner Vergangenheit stellt, um besser nach vorne blicken zu können. Die Hafenstadt spielte eine Hauptrolle im kolonialen Welthandel, war Zentrum für die Auswanderung in die Neue Welt, Schauplatz von industriellen und sozialen Revolutionen. Liverpool hat die Denkmäler aus jenen Zeiten bewahrt und zugleich ein radikales Facelifting erfahren, vor allem anlässlich seiner Ernennung zur Europäischen Kulturhauptstadt 2008. Das Hafenviertel Albert Dock, wo die alten Lagerhäuser direkt am Wasser stehen, ist heute ein pulsierendes Szeneviertel, in dem Kunst, Geschichte und Emotionen zusammentreffen. Hier stehen das Schifffahrts-, das Sklaverei-, das Beatles-Museum »The Beatles Story« und die Tate Gallery. Die Liverpudlians grüßen übrigens mit einem freundlichen Hey mate! Und wenn der FC Liverpool spielt, gesellt man sich am besten zu ihnen ins Pub!

TAG·4
Manchester

Von Liverpool fährt der Zug in nur 40 Minuten nach Manchester. Ein Spaziergang durch das Northern Quarter ist perfekt zum Urbexing – der Erkundung von *lost places*, geschichtsträchtigen verlassenen Orten und Gebäuden. Das alte Industrie- und Arbeiterviertel mit seinen vielen Graffiti und teils von Vegetation überwucherten roten Backsteinhäusern bietet sich für eine Art Stadtsafari an. Und nicht zuletzt geht man in der Stadt des legendären Labels Factory Records und Bands wie *Joy Division*, *New Order*, *The Durutti Column* und *Happy Mondays* auch Manchesters vitaler Musikszene auf den Grund. Das Northern Quarter ist eine erste Adresse, um sich mit Vinyls einzudecken, ein Konzert zu besuchen oder – wenn man dazu noch die Energie hat – zusammen mit ausdauernden Clubbern bis spätnachts zu feiern. Eingeweihten zufolge serviert **Koffee Pot** das beste *English breakfast*, ein Wundermittel gegen Müdigkeit und Kater.

UPFEST

Alljährlich Ende Juli findet in Bristol an einem Wochenende das größte kostenlose Streetart- und Graffiti-Festival Europas statt. Während des Upfest verwandeln sich die Stadtteile Bedminster und Southville in einen riesigen Tummelplatz für Künstler aus der ganzen Welt.

TAG·5

Bristol

In einer dreistündigen Zugfahrt samt Umsteigen in Birmingham geht es nun geradewegs nach Süden. Wer vom Bahnhof Temple Meads den Weg Richtung Harbourside einschlägt, lernt unterwegs Bristols klassische Touristenziele kennen. Im sanierten Hafenviertel ist rund um die Uhr etwas los. Man hat von hier einen schönen Blick auf die schicken bunten Häuser von Clifton und kann die gotische Kathedrale besichtigen. Auf dem Dampfer SS *Great Britain* bekommt man eine Vorstellung davon, wie man früher in allem Luxus den Atlantik überquerte. Um zu entdecken, was die Stadt heute so einmalig macht, muss man allerdings ein wenig genauer hinsehen: Bristol ist Zentrum einer breiten Gegenkultur – multikulturell, unkonventionell und extrem kreativ. Ein Zentrum der Streetart-Szene ist Stokes Croft, wo der Geruch von Farbspray in der Luft liegt und überall das Klappern der Skateboards zu hören ist. Dort kann man bei Führungen *(www.wherethewall.com/tours)* dem genialen Bristoler Banksy und dessen Kollegen nachspüren. Auch an ungewöhnlichen Übernachtungsmöglichkeiten mangelt es in Bristol nicht: Hausboote, Künstlerlofts und sogar Wohnwagen auf dem Dach!

TAG·6 Brighton

Und nun auf in ein Seebad mit entspannter, heiterer Atmosphäre! Die Zugverbindungen ab Bristol sind zahlreich, aber langsam (3 Stunden mit Umsteigen in London oder 4 Stunden in Direktverbindung) – machen Sie sich also rechtzeitig auf den Weg. Brighton steht seit Jahrzehnten bei der LGBT-Community und Kreativen hoch im Kurs, exzentrische Looks sind an der Tagesordnung – und die Einheimischen aufgeschlossen und gastfreundlich. Sie können den Tag in den Lanes beginnen, einem Labyrinth aus autofreien Gassen, in denen es einfach alles gibt: veganes Gebäck, freche Ansichtskarten, alte Militärjacken… Nachmittags geht es an den Strand. Am berühmten Brighton Pier unterhalten Spielhallen und Retro-Karussells. Oder man gönnt sich ein Pimm's in einem der bunten Liegestühle und genießt das leicht altmodische Flair, umweht vom Duft nach *fish and chips*. Ein Klischee knapp vor der Karikatur – aber auch gerade deshalb ist man ja gekommen!

Für die (entschleunigte) Rückreise in die Heimat könnte man zur Abwechslung die Fähre über den Ärmelkanal nehmen. Von Brighton fährt der Zug in 30 Minuten nach Newhaven. Von dort setzen täglich zwei Schiffe (im Sommer drei) nach Dieppe über (vier Stunden). Von dort kommt man per Zug über Paris nach Hause.

ADRESSEN

LONDON

CitizenM London Shoreditch, *www.citizenm.com*. Mitten im Hipsterviertel gelegen, mit schallisolierten Zimmern, kostenlosem WLAN und angenehmen, modernen, bunten Aufenthaltsräumen. Doppelzimmer: ab ca. 155 €.

GLASGOW

Malmaison Glasgow, *www.malmaison.com*. Ungewöhnliches Hotel in einer umgebauten Kirche, was in der Bar noch zu sehen ist. Doppelzimmer: ab ca. 110 €.

LIVERPOOL

Hard Days Night Hotel, *www.harddaysnighthotel.com*. Äußerst komfortabel und eher klassisch, der Dekor steht ganz im Zeichen der Beatles. Doppelzimmer: ab ca. 160 € inklusive Frühstück.

BRISTOL

Brooks Guest House Bristol, *www.brooksguesthousebristol.com*. Schick, unkonventionell, amüsant und urban – hier kann man sich auch für Glamping mitten im Stadtzentrum entscheiden und in einem der vier amerikanischen Airstream Caravans auf dem Dach übernachten. Doppelzimmer: ab ca. 120 € inklusive Frühstück, Caravan für zwei Personen: ab ca. 130 € inklusive Frühstück.

05 Belgien und Niederlande – Highlights

6 Tage

Belgien, Niederlande

Das Programm: Jugendstil in Brüssel und Antwerpen, romantische Kanäle in Gent und Brügge, Kubushäuser in Rotterdam, majestätische Paläste in Den Haag … Vergessen Sie auf keinen Fall Ihre Kamera auf dieser fantastischen »Architek-Tour«! Das effiziente Regionalzugnetz bringt Sie in Nullkommanichts von einer Stadt zur anderen. Nutzen Sie es ganz spontan und nach Lust und Laune, denn Plätze müssen Sie nicht reservieren.

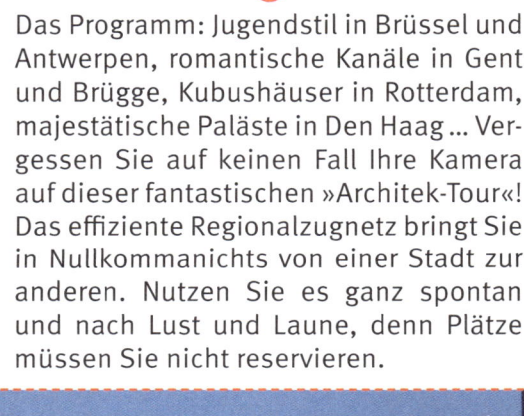

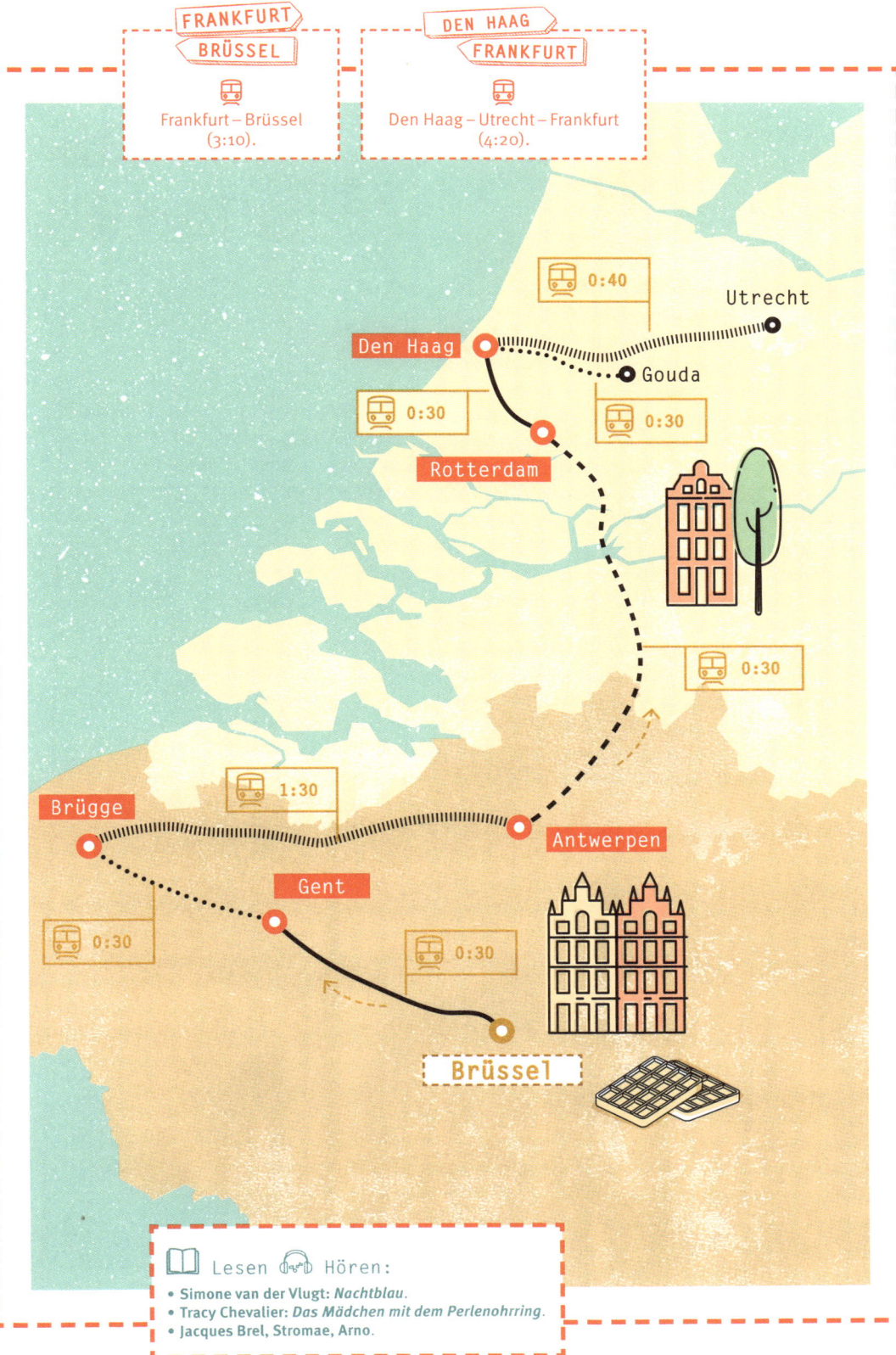

TAG·1 Brüssel

Spazieren Sie in Brüssel zur Grand Place, die in der Pracht gotischer Fassaden, Wappen und Vergoldungen strahlt. Bewundern Sie das gläserne Dach der Galeries Royales Saint-Hubert, sagen Sie Hallo zum Manneken Pis, trinken Sie Trappistenbier in einem charmant-altmodischen *estaminet* und lassen Sie sich auch in die Stadtteile jenseits der Touristen-Hotspots treiben.

In jedem Viertel gibt es Besonderes zu entdecken: elegante Art-nouveau-Fassaden in Ixelles, Comicstrips an den Hausmauern in Stalingrad, schöne Antiquitäten in Sablon, Schwätzchen und Schnäppchen auf dem Flohmarkt in Marolles, avantgardistische Mode in Dansaert, schicke Cafés an der Kirche Saint-Gilles. Hinzu kommen großartige Museen: für Musikinstrumente (im einstigen Kaufhaus Old England), über Magritte, Züge (durch die man gehen kann) … Zum Abschluss genießen Sie noch Schokolade, Waffeln – oder noch besser: köstlichen Spekulatius von **Maison Dandoy**. Ehrenwort: Die Erkundung von Brüssel zaubert ein Lächeln ins Gesicht.

TAG·2

Gent

Die Fahrt vom Bahnhof Brüssel-Midi nach Gent – auf Französisch: Gand – dauert nur 30 Minuten, da bleibt kaum Zeit, die flämische Landschaft zu betrachten. Lassen Sie Gent keinesfalls aus, um mehr Zeit für Brügge zu gewinnen. Die Geburtsstadt von Kaiser Karl V. wurde durch den Tuchhandel reich und ist eine mittelalterliche Schönheit!

Das erste Highlight entdecken Sie schon im eindrucksvollen neogotischen Bahnhof von Gent, der für die Weltaustellung 1913 gebaut wurde: Die Decken zieren prächtige Malereien unter anderem von Dampflokomotiven und geflügelten Rädern.

Vom Bahnhof aus können Sie direkt ins historische Zentrum spazieren. Der Weg führt am Ufer der Leie an traumhaft schönen Giebelhäusern aus dem 12. bis 17. Jahrhundert entlang.

Wenn Sie sich in Gent orientieren müssen, schauen Sie einfach nach oben! Das Stadtbild dominieren drei majestätische Türme, die in einer Reihe stehen: der Turm der gotischen Sint-Niklaaskerk, die aus Blaustein aus der Region um Tournai errichtet ist, der Genter Belfried, der zum UNESCO-Welterbe gehört und von einem Drachen auf dem Dach beschützt wird, und als Dritter im Bunde der Turm der vorwiegend barocken St.-Bavo-Kathedrale. Dieses Gotteshaus ist der ganze Stolz der Stadt und beherbergt den weltberühmten *Genter Altar*, das Meisterwerk der Brüder van Eyck. Lassen Sie sich durch die kleinen Gassen treiben, in denen man beim Bummeln durch Vintage-Boutiquen, alternativen Bistros, unkonventionelle Mikrogalerien und Feinschmeckeradressen leicht die Zeit vergessen kann. Gönnen Sie sich in der malerischen Brasserie **Pakhuis** (*www.pakhuis.be*) in einem ehemaligen Lagerhaus mit reizvollem Industrie-Ambiente ein exzellentes Menü. Und auf jeden Fall sollten Sie auch die lokale Spezialität *cuberdon* oder *neuzeke* (»Näschen«) probieren: eine kegelförmige Süßigkeit mit einem Herz aus fruchtigem (meist Himbeer-)Gelee.

NACHHALTIGKEIT

... auch auf dem Teller! Donnerstag ist *Veggiedag* in Gent, dann kochen die Restaurants vor allem Gemüsegerichte. Die erfolgreiche Initiative wurde 2009 ins Leben gerufen und mittlerweile in Schulen und Universitäten übernommen. Gent engagiert sich zudem gegen Lebensmittelverschwendung.

TAG·3 Brügge

Brügge, dessen Altstadt zum UNESCO-Welterbe gehört, lässt mit seinen Grachten und malerischen Gassen die Herzen von Verliebten und Dichtern höherschlagen. Sie haben die Wahl, ob Sie die Stadt zu Fuß, mit dem Boot oder in einer Pferdekutsche erkunden wollen.

Auf dem Spaziergang vom Bahnhof ins Zentrum zeigt sich Brügge von seiner Schokoladenseite. Folgen Sie dem Weg zu den Schwänen auf dem Minnewater (oder *Lac d'amour*) und dann am Kanal entlang mitten in die Altstadt. Ein lohnender Abstecher führt in den bezaubernden Beginenhof, in dem heute Benediktinerinnen leben. Wer Lust auf Kunst und Kultur hat, bewundert in der Liebfrauenkirche Michelangelos *Brügger Madonna* und viele weitere Kunstschätze oder gleich nebenan im Gruuthusemuseum Kunst- und andere Objekte aus Brügges Geschichte vom 15. bis 19. Jahrhundert. Nur einen Katzensprung entfernt liegt der weitläufige gotische Platz Grote Markt, an der der mächtige Belfried aufragt. Von hier führt die Blinde-Ezelstraat zum Kanal – und zu den schönsten Brücken der Stadt. Eine Bootsfahrt ist ein Muss in Brügge, zumal man dabei auch in die traumhaften Gärten sehen kann. Zum Abschluss können Sie sich vom touristischen Trubel in das Viertel Sint Anna absetzen oder zu den Windmühlen auf dem Kruisvest hinaufspazieren.

TAG·4
Antwerpen

Antwerpen, Heimat von Rubens und Diamanten-Welthauptstadt, bezaubert bereits bei der Einfahrt in den Bahnhof, der sich als Kathedrale des Art nouveau entpuppt. Barockfassaden, fantastische Museen, Avantgarde-Mode, Streetart: Flanderns Metropole ist eine Schönheit mit 1000 Schätzen.

Ein Spaziergang führt durch das Diamantenviertel weiter zum Rubenshaus, in dem der Maler 30 Jahre lang bis zu seinem Tod lebte und arbeitete – ein prachtvolles Heim mit flämischen Möbeln, Schnitzereien, Antiquitäten sowie Gemälden des Meisters und seiner Zeitgenossen. Acht Rubens-Werke sind zudem in der imposanten Liebfrauenkathedrale zu bewundern, die die umliegenden eleganten Gildehäuser wie Miniaturen aussehen lässt. Unbedingt sehenswert ist auch das Plantin-Moretus-Museum, das als erstes Museum zum UNESCO-Welterbe erklärt wurde. Vor 400 Jahren war es Sitz einer einflussreichen Patrizier- und Verlegerfamilie, heute sind hier die ältesten Druckpressen der Welt zu bestaunen. Danach steht im Viertel Sint Andries Avantgarde-Mode auf dem Programm und am Hafen die großartige Aussicht aus dem Gebäude des Antwerpener Stadtmuseums MAS. Nach einer Stärkung im nahe gelegenen angesagten Restaurant **Lewis** *(lewis-antwerp.be)* geht es auf Erkundung in die umliegenden kreativen Viertel Zuid und Eilandje.

Souvenir: Antwerpener *handjes* (»Händchen«) in Form von Keksen oder Schokolade!

TAG·5
Rotterdam

Das heutige Rotterdam ist eine ganz junge Stadt und kaum 80 Jahre alt! Im Zweiten Weltkrieg weitgehend zerstört, wurde sie danach völlig neu wiederaufgebaut – ein Spielplatz für Architekten aus aller Welt, der sich immer weiter ausdehnt und mit seinen kühnen Bauten einen starken Kontrast zu den flämischen Städten bildet, durch die Sie zuvor gefahren sind. Einen ersten Vorgeschmack auf das Kommende bietet bereits der Hauptbahnhof: ein stilisierter Pfeil, der zum Zentrum zielt und mit Solarpaneelen verkleidet ist. Hier mieten Sie sich ein Fahrrad, das mit Abstand effizienteste Verkehrsmittel in der Stadt. Erster Halt: Kijk-Kubus, eines der Kubushäuser mit gekippten gelben Wohnwürfeln, das öffentlich zugänglich ist (Eintritt 3 €). Gleich in der Nähe steht mit der hufeisenförmigen Markthal eine weitere Architekturikone. Die gebogene Decke der Markthalle ziert ein farbenfrohes, 11 000 Quadratmeter großes Kunstwerk aus mehr als 4000 bedruckten Aluminiumpaneelen. Radeln Sie anschließend zur Erasmusbrücke (deren Form an eine elegante Harfe erinnert), wo Sie auch die faszinierenden schwimmenden Häuser sehen. Hier können Sie mit dem Boot Rotterdams Hafen – einen der größten der Welt – erkunden oder mit dem *waterbus* zu den traditionellen Windmühlen in Kinderdijk fahren. Auf dem Rückweg entdecken Sie das stets quirlige alte Hafenviertel Delfshaven. Oder Sie ziehen gleich weiter zum Deliplein, einem Stadtplatz, den mit Lichterketten geschmückte hübsche Restaurants säumen und wo im überdachten Streetfood-Markt lokale Mikrobrauereien frisches Bier zapfen.

TAG·6 Den Haag

Den Haag ist Parlaments- und Regierungssitz sowie Verwaltungszentrum – und wirkt doch majestätisch. Schließlich findet sich hier auch die königliche Residenz. Nur zehn Gehminuten vom Bahnhof entfernt erreicht man Stadtpaläste, elegante Boutiquen und weltberühmte Museen. Ein echtes holländisches Meisterwerk!
Im Mauritshuis erwarten Sie Vermeers *Mädchen mit dem Perlenohrring* und viele andere Werke des Goldenen Zeitalters von Meistern wie Rembrandt, Rubens, van Dyck und Jan Steen. Das Kunstmuseum besitzt eine fantastische Mondrian-Sammlung. Dem Künstler M. C. Escher ist ein eigenes Museum gewidmet. Der beeindruckende Binnenhof entstand im 13. Jahrhundert als Schloss der Grafen von Holland. Heute ist das Ensemble unter anderem Sitz des Premierministers und verschiedener Behörden. Mit der Tram geht es nun weiter zu einem weniger bekannten Den Haager Ziel: dem langen Sandstrand von Scheveningen mit seiner wunderschönen Seebrücke samt Riesenrad und großartigem Nordseeblick!

WER LÄNGER ZEIT HAT: LOHNENDE TAGESAUSFLÜGE VON DEN HAAG AUS

DELFT
Für Liebhaber der blau-weißen Keramiken (20 Minuten mit der Tram).

GOUDA
Für Käsegourmets (27 Minuten mit dem Zug).

UTRECHT
Für Grachtenfans (40 Minuten mit dem Zug).

ADRESSEN

BRÜSSEL
Hôtel des Galeries, *www.hoteldesgaleries.be*. Diese wahre Hotel-Perle versteckt sich in der Galerie Saint-Hubert. Doppelzimmer: ab ca. 130 €.

GENT
Ghent River Hotel, *www.ghent-river-hotel.be*. Das Hotel besteht aus einem Renaissance-Haus von 1518 und einer ehemaligen Baumwollspinnerei, beide am Ufer der Leie. Doppelzimmer: ab ca. 100 €.

BRÜGGE
Grand Hotel Casselbergh, *www.grandhotelcasselbergh.be*. Sehr zuverlässig mit perfekter Verbindung von historisch und modern in idealer Lage. Doppelzimmer: ab ca. 120 €.

ANTWERPEN
Yust, *www.yust.com/antwerp*. Ein neues, junges modernes Hotel. Doppelzimmer: ab ca. 90 €, Schlafsaal: ab ca. 25 €.

DEN HAAG
Hôtel La Paulowa, *lapaulowa.com*. In diesem Familienhotel fühlt man sich wie zu Hause. Doppelzimmer: ab ca. 105 €.

ROTTERDAM
Mainport, *www.mainporthotel.com*. Luxus pur am Ufer der Maas. Doppelzimmer: ab ca. 190 €.

06 Elsässer Weinstraße

8 Tage

Frankreich

Reizende Dörfer, Burgen, Wanderwege durch Weinberge, schöne Architektur, Schlemmerpausen und Weinproben: Folgen Sie ohne Auto der Elsässer Weinstraße, die nicht nur leicht erreichbar, sondern auch eine wahre Schatzkammer ist!

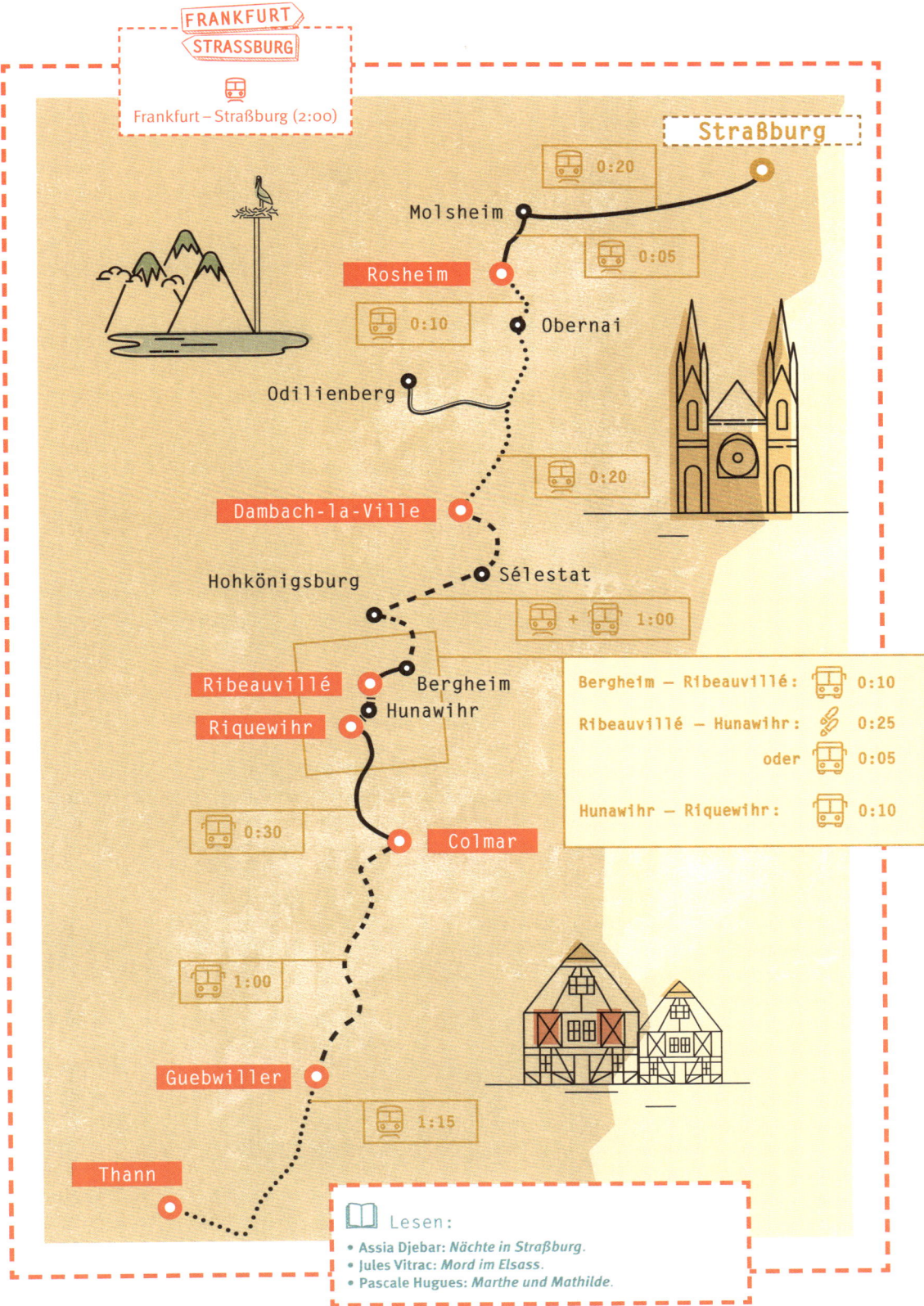

TAG·1
Straßburg

Hauptstadt des Elsass, Sitz des Europäischen Parlaments und gleich an der Grenze zu Deutschland gelegen – Straßburg hat viele Facetten und ist idealer Startpunkt für eine Tour entlang der Elsässer Weinstraße. Die Stadt lässt sich gut zu Fuß erkunden. Ein Muss ist die Altstadt mit ihren Fachwerkhäusern, engen Gassen und vor allem dem gigantischen Liebfrauenmünster, das neben herrlichen Glasfenstern auch eine astronomische Uhr (16. Jh.) zu bieten hat. Wer die 330 Stufen zur Aussichtsplattform erklimmt, wird mit einem weiten Blick über die Stadt belohnt. Das Palais Rohan besticht mit herausragender barocker Baukunst und drei Museen (Archäologie, Kunst, Kunstgewerbe). Der Stadtteil Petite France gilt mit seinen Kanälen, überdachten Brücken, Befestigungen von Vauban und Fachwerkhäusern als das »Venedig Straßburgs«. Abends lassen Sie den Tag mit einem deftigen Elsässer Sauerkraut ausklingen.

TAG·2
Molsheim und Rosheim

Von Straßburg aus fährt der TER in nur 20 Minuten nach Molsheim. Planen Sie für diese bildhübsche Etappe an der Elsässer Weinstraße einen halben Tag ein, bevor es weitergeht nach Rosheim, das tatsächlich nur fünf Zugminuten entfernt liegt. In Molsheim erkunden Sie die Altstadt und entdecken die Liebfrauenkapelle, das alte Stadttor Schmiedeturm, das Museum in der Kartause und die Jesuitenkirche, die nach dem Straßburger Münster größte Kirche des Elsass. Auf dem Weinlehrpfad Bruderthal, einem 3 Kilometer langen Rundweg durch die Weingärten, erfährt man an Informationstafeln allerlei Wissenswertes über den hiesigen Elsässer Weinanbau. Danach fahren Sie nach Rosheim, wo Sie mit der aus gelbem und rosafarbenem Sandstein erbauten Kirche St. Peter und Paul aus dem 12. Jahrhundert ein Meisterwerk romanischer (Bau-)Kunst erwartet. Einen Einblick in das Alltagsleben im Mittelalter bietet eines der ältesten Häuser des Elsass, die Maison Romane aus dem Jahr 1154 (Führungen können vor Ort gebucht werden).

TAG·3
Obernai und Dambach-la-Ville

Nur knapp 10 Minuten dauert die Zugfahrt nach Obernai am Fuß des Odilienberges. Mittelalterliche Häuser, Renaissance-Monumente am Marktplatz, der Odilienbrunnen oder der Kapellturm: Im historischen Zentrum gibt es viel zu entdecken. Danach erkunden Sie mit dem kleinen Touristenzug, der vor dem Informationsbüro abfährt, die umliegenden Weinberge. Anschließend bringt Sie der TER in nur 20 Minuten in den bezaubernden, von Weingärten umgebenen Weinort Dambach-la-Ville. Hier beginnen mehrere Wanderwege, die unter anderem zur Burgruine Bernstein führen (dort hat man einen herrlichen Blick auf die Oberrheinebene). Auf dem für Kinder und Erwachsene interessanten Weinlehrpfad »Des hommes et vins de granite« lernt man die Arbeit der Winzer näher kennen (Rundweg, 45 Minuten).

DER ODILIENBERG

Vom Bahnhof Obernai fährt der Bus 257 zum Odilienberg – einem bedeutenden spirituellen Ort, auf dem in 763 Meter Höhe seit Jahrhunderten ein Kloster steht. Es ist noch heute ein Wallfahrtsziel, viele kommen aber einfach nur, um die Schönheit des Ortes und der prächtigen Abtei hoch über der Oberrheinebene zu genießen. Die Umgebung des Klosters, das Übernachtungsmöglichkeiten bietet, durchziehen markierte Wanderwege.

TAG·4
Bergheim und Ribeauvillé

Von Dambach-la-Ville aus erreichen Sie Bergheim per TER und Bus (Anschluss in Sélestat, Fahrtzeit insgesamt 1 Stunde). In Sélestat lohnt ein Halt, um auf der großartig erhaltenen Stadtmauer mit Blick auf die Weinberge und die Haut-Koenigsbourg zu spazieren. Sehenswert sind auch die romanische Kirche Sainte-Foy mit den eindrucksvollen Portalen (12. und 14. Jahrhundert) und die schönen Häuser in der Grand Rue. Mit dem Bus geht es weiter in das hübsche Ribeauvillé. Nach einer köstlichen Stärkung in der berühmten Pâtisserie Gilg (*kougelhopf*, *langhopf*, Lebkuchen) lassen Sie den Tag in einem Weinkeller (z. B. Domaine Louis Sipp oder Agapé) ausklingen.

HAUT-KOENIGSBOURG

Von Sélestat aus fährt ein Bus in 30 Minuten zur 757 Meter hoch gelegenen Haut-Koenigsbourg (Hohkönigsburg). Von dem Felsen, auf dem sie im 13. Jahrhundert errichtet wurde, hat man einen herrlichen Panoramablick auf die Oberrheinebene, den Schwarzwald und die Vogesen. Ein Besuch ist wie eine kleine Zeitreise in eine typische mittelalterliche Burg mit Bergfried (Donjon), Waffen, Mühle und möblierten Gemächern. Ein spannender Ausflug für Jung und Alt.

TAG·5
Hunawihr und Riquewihr

Von Ribeauvillé aus erreichen Sie in 25 Minuten zu Fuß (oder in 5 Minuten mit dem Bus 106) das inmitten von Weinbergen gelegene Hunawihr. In dem wenig besuchten, doch bildhübschen Dorf sind reizende Fachwerkhäuser, ein mittelalterlicher Brunnen und in der befestigten Kirche Saint-Jacques-le-Majeur schöne Fresken und ein gotischer Chor zu bewundern. Mit dem Bus 106 geht es weiter in das nahe Riquewihr, die Perle der Elsässer Weinregion. Von Ostern bis November kann man hier mit einem Touristenzug auf Entdeckungsfahrt gehen. Mit prächtigen Gütern, schönen Wanderwegen in den Weinbergen, einladenden Weinkellern und guten Restaurants zieht Riquewihr alljährlich Tausende Besucher an.

TAG·6
Colmar

Willkommen in der Hauptstadt der Elsässer Weinregion, die Sie mit dem Zug von Sélestat oder dem Bus von Riquewihr (30 Minuten, Bus 106) aus erreichen. Colmar hat einiges zu bieten: Gassen mit Häusern aus dem Mittelalter, wie die prachtvolle Maison Pfister (Ecke Rue Mercière und des Marchands), Bootsfahrten auf den Kanälen in »Klein-Venedig«, historische Fassaden mit alten Schildern, das fantastische Musée Unterlinden samt gotischem Kreuzgang und der Kapelle mit dem Isenheimer Altar sowie eindrucksvolle Kirchen wie das Martinsmünster und die Dominikanerkirche. Beenden Sie Ihren Spaziergang am Quai de la Poissonnerie, dessen farbenfrohe Häuser um die Wette strahlen.

TAG·7
Guebwiller

Von Colmar aus fährt der Bus 440 (1 Stunde) nach Guebwiller. Das Städtchen am Eingang des Florival (ein Tal an der elsässischen Seite der Vogesen) produziert stolz vier Grands Crus (Spiegel, Kitterlé, Saering und Kessler). Jede Woche werden Führungen durch die Weinberge organisiert; in der Touristeninformation kann man sich Audioguides ausleihen. Ein Besuch von Guebwiller lohnt zudem wegen der Architektur und des kulturellen Angebots der kleinen Stadt: Besichtigen Sie die Kirche Saint-Léger, die eindrucksvollen Häuser in der Rue de la République, das Museum »Théodore Deck et des pays du Florival« und nicht zuletzt das schöne Dominikanerkloster, in dem hochkarätige Konzerte stattfinden.

TAG·8
Thann

Nur 75 Minuten mit dem Zug von Colmar entfernt, ist Thann eine weitere schöne Station an der Elsässer Weinstraße. Beeindruckendes Highlight des Städtchens ist das Münster St. Theobald, zu dessen Prunkstücken das prachtvolle Portal mit mehr als 500 Figuren und die Glasgemälde (15. Jh.) zählen. Neben diesem Hauptwerk der Gotik am Oberrhein ist Thann auch für seine Weinlage Rangen berühmt, die in Gänze als Grand Cru klassifiziert ist. Das Anbaugebiet lässt sich auf einem ausgeschilderten Weinwanderweg (5 km) mit 18 Informationstafeln entdecken. Auf zwei unterschiedlich schwierigen Routen folgt die Tour den Spuren eines *bangard*, wie man früher die Weinbergwächter nannte, die die Thanner Weinberge beschützten.

ADRESSEN

STRASSBURG

Hôtel Suisse, www.hotel-suisse.com. Freigelegte Deckenbalken und in manchen Zimmern Blick auf das Münster: ein echtes *Hôtel de charme!* Doppelzimmer: ab ca. 90 €.

ROSHEIM

Hostellerie du Rosenmeer, www.le-rosenmeer.com. Restaurant und Zimmer mit Aussicht auf dem Odilienberg. Doppelzimmer: ab ca. 140 €.

DAMBACH-LA-VILLE

Hôtel Le Vignoble, www.hotel-vignoble-alsace.fr. In einer Scheune (18. Jh.). Doppelzimmer: ab ca. 90 €.

RIBEAUVILLÉ

Caveau de l'ami Fritz, www.caveau-ami-fritz.com. Die 20 Zimmer dieses Hotel-Restaurants verteilen sich auf mehrere gut renovierte historische Häuser und sind geschmackvoll eingerichtet. Doppelzimmer: ab ca. 75 €.

RIQUEWIHR

Hôtel À l'oriel, www.hotel-oriel.com. Umwandlung gelungen: Das Hotel residiert in einem schönen Haus aus dem 16. Jahrhundert. Doppelzimmer: ab ca. 90 €.

COLMAR

Hôtel Turenne, www.turenne.com. In der Nähe von *Petite Venise* gelegen. Doppelzimmer: ab ca. 70 €.

GUEBWILLER

Domaine de Beaupré, www.domainedebeaupre.com. Das Anwesen ist ein besonderer Ort, der wie aus der Zeit gefallen scheint. Doppelzimmer: ab ca. 120 €.

07 Von Freiburg bis zum Bodensee

4 Tage

Deutschland

Diese Reise vom Breisgau durch den Schwarzwald bis zum Bodensee führt durch Deutschlands Südwesten, eine Region zwischen zwei sagenumwobenen Flüssen: Rhein und Donau. Freuen Sie sich auf Berge, Seen, Lokomotiven und selbstverständlich Zeppeline!

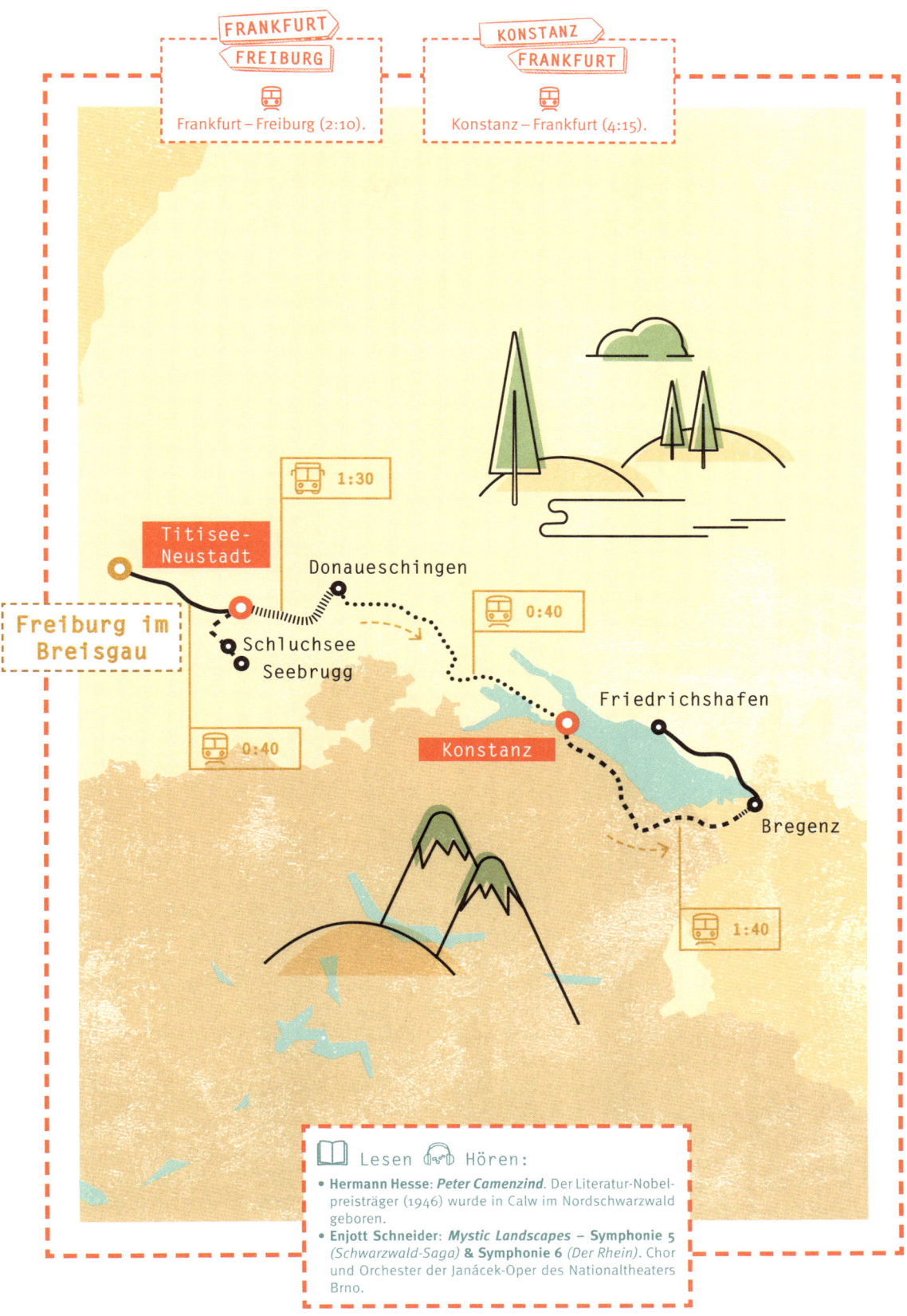

TAG·1
Freiburg im Breisgau

In Freiburg angekommen, machen Sie gleich eine erstaunliche Entdeckung: In den Straßen und Gassen der Altstadt plätschert klares Wasser durch künstlich angelegte Rinnen. Diese »Bächle« sind insgesamt mehr als 10 Kilometer lang und verleihen der Luft eine angenehme Frische. Das von einem Kupferdach bekrönte Martinstor führt mitten hinein in das mittelalterliche Zentrum mit Fachwerkhäusern, Erkern und Ecktürmchen, steinernen Brunnen, Ritterfresken und Nasenschildern. Freiburg ist das Tor zum Schwarzwald, hat aber auch eine Verbindung zu den benachbarten Vogesen: Nicht zufällig erinnern die rosa Steine des Münsters an sein Pendant in Straßburg – schließlich arbeiteten an beiden Kirchen teils dieselben Architekten –, allerdings ist das Freiburger Münster in seinen Ausmaßen bescheidener. Immerhin besitzt es reiche Kunstschätze, darunter Werke von zwei herausragenden Künstlern ihrer Zeit: den Hochaltar von Hans Baldung Grien und den Altar von Hans Holbein dem Jüngeren. Die Gipfel des nahen Schwarzwalds ragen bis zu 1493 Meter auf, in Freiburg selbst müssen Sie sich mit dem 456 Meter hohen Schlossberg begnügen, den die Schlossbergbahn in drei Minuten erklimmt. Gegen Abend hat man von dort oben einen unvergesslichen Blick auf den Sonnenuntergang über den roten Ziegeldächern der Stadt und den Hügeln des Elsass. Danach ist noch Zeit für ein genussvolles Abendessen am Ufer der Dreisam, denn die Fahrt zur nächsten Etappe, den Titisee, dauert nur 40 Minuten, und die Züge ab Freiburg Hauptbahnhof fahren noch spät ab.

WOHER KOMMT DIE SCHWARZWÄLDER KIRSCHTORTE?

Baden ist bekannt für seine Weine und sein Kirschwasser, das am Rand des Schwarzwalds gebrannt wird. Doch ob die weltberühmte Schwarzwälder Kirschtorte, für die Kirschwasser unabdingbar ist, im Schwarzwald erfunden wurde, ist eher ungewiss. Einer Version zufolge erfand ein schwäbischer Konditorgeselle 1915 in Bad Godesberg das Rezept. Der Name ist auch eine Anspielung auf die traditionelle Schwarzwälder Tracht und ihre Farben: Schwarz (Schokolade), Weiß (Sahne) und Kirschen für die roten Bommeln auf den Frauenhüten.

TAG·2
Titisee-Neustadt

Der Zug lässt Freiburg hinter sich und fährt über eine Hochebene mit Wäldern und Fachwerkdörfern hinauf in die Berge. Hinter Stegen mit seinem spitz aufragenden Kirchturm geht es durch steile Täler und Tannenwälder zum Bahnhof Titisee-Neustadt. Der Name Titisee hört sich skurril an, lässt sich aber folgendermaßen erklären: Im Alemannischen bedeutet *Teti* kleines Kind; der Titisee ist demzufolge einer jener sagenhaften Seen, aus dem die Babys kommen. Der Titisee eignet sich mit seiner Auswahl an Hotels und Pensionen hervorragend zum Übernachten. Doch bevor es weitergeht, sollte man unbedingt eine Radtour oder Bootsfahrt unternehmen und im klaren Wasser schwimmen. Wem es zu kalt ist, der kann immer noch im tropisch angehauchten Badeparadies Schwarzwald am Westufer baden gehen.

Auf der Strecke der Dreiseenbahn, die zwischen Bahnhof Titisee, Schluchsee und Seebrugg pendelt, fährt dreimal täglich auch ein historischer Dampfzug – die 40-minütige Fahrt ist ein nostalgisches Eisenbahnvergnügen! Wenn der Zug einmal nicht fahren sollte oder für diesen Ausflug keine Zeit bleibt, können Sie Ihrer Eisenbahnleidenschaft auch in der Märklin World Titisee frönen. Das Museum besitzt eine faszinierende Sammlung von Modelleisenbahnen und vielen weiteren Produkten der unter Eisenbahnfans berühmten Firma Märklin.

TAG·3
Donaueschingen

Donaueschingen ist von Titisee-Neustadt aus in 40 Minuten erreicht. Der Grund für den Halt ist ein Kuriosum, das man vom Bahnhof aus Richtung Norden über die Brücke und dann die Josefstraße entlang nach 400 Meter erreicht: die mit Balustraden und Skulpturen eingefasste Donauquelle. Als tatsächlicher Ursprung der Donau gilt freilich der 20 Kilometer bergauf gelegene Zusammenfluss von Brigach und Breg, aber ein so sagenumwobener Strom ist ein steter Quell von Mysterien, auch wenn es um die Quelle geht. Im barocken Donaueschingen kann man sich mit einem Stadtbummel und einer Mahlzeit angenehm die Zeit zum nächsten Zug vertreiben, der einen in 1 Stunde in das geschichtsträchtige Konstanz bringt.

07 // Von Freiburg bis zum Bodensee

TAG·4
Konstanz am Bodensee

ADRESSEN

FREIBURG IM BREISGAU

Green City Hotel Vauban, www.green-city-hotel-vauban.de. 100 % ökologisch und sozial nachhaltig ausgerichtet. Doppelzimmer: ab ca. 100 €.

TITISEE

Hotel Sonneneck, hotel-sonneneck-titisee.de. Das Hotel ist nur 3 Gehminuten vom Bahnhof und vom See entfernt. Doppelzimmer: ab ca. 100 €.

KONSTANZ

Hotel Halm, www.hotel-halm.de. Das Halm kann man nicht verpassen, es liegt gleich gegenüber vom Bahnhof! Doppelzimmer: ab ca. 80 €.

Konstanz. Schon bei der Ankunft sieht man den Bodensee. Konstanz ist berühmt für sein mittelalterliches Zentrum rund um das Münster mit dem gotischen Glockenturm. In der Stadt fand im 15. Jahrhundert ein kirchliches Konzil statt, auf dem die Reformatoren Jan Hus und Hieronymus von Prag als »Ketzer« zum Tod auf dem Scheiterhaufen verurteilt wurden. Ein großer Gedenkstein markiert die Stelle, an der Jan Hus verbrannt wurde. Davor war er in dem Turm eingesperrt, das heute das Zimmer 129 des Steigenberger Inselhotels ist.

Der Bodensee ist 63 Kilometer lang und erstreckt sich über die Grenzen von Deutschland, Schweiz und Österreich. Wie ein natürlicher Stausee wird er vom Rhein gespeist, der im Südosten hinein- und im Westen wieder hinausfließt. Sportliche fahren mit dem Rad um den See (270 km, Übernachtung in Bregenz, Österreich), weniger Ehrgeizige auf die Blumeninsel Mainau (8 km) mit ihren fantastischen Gärten, Parks und dem Deutschordenschloss, die man von April bis Oktober auch leicht mit der Fähre erreicht.

DIE LUFTSCHIFFE DES GRAFEN

Nachdem er den Einsatz von Fesselballons im Amerikanischen Bürgerkrieg erlebt hatte, entwickelte Graf Ferdinand von Zeppelin in Friedrichshafen seine eigenen Ballons: zigarrenförmig, starr dank Aluminiumgerippe, mit Rudern zum Lenken und Motoren. Nach ersten Testfahrten über dem Bodensee im Jahr 1900 wurden die Luftschiffe von der ersten Fluggesellschaft der Welt, der DELAG, vermarktet. 1929 flog ein Zeppelin erstmals um die Welt, danach wurden noch 119 gebaut. 1937 beendete die Explosion der *Hindenburg* die Erfolgsstory, die Nazis wrackten die verbliebenen Luftschiffe ab. In Friedrichshafen erzählt das Zeppelinmuseum die Geschichte der Luftschiffe, von denen seit 1997 vier neue fliegen. Die Zeppelin-Rundflüge über den Bodensee starten in Friedrichshafen.

08 Spritztour zu den Ostseeinseln

7 Tage

Deutschland

Die Reise führt in den Nordosten zu zwei Ostseeinseln, die mit dem Zug vom Festland aus zu erreichen sind: Rügen und Usedom. Am besten kommt man außerhalb der Saison, wenn die langen weißen Sandstrände wieder leer und verlassen sind. Das Hinterland lädt zu ausgiebigen Wanderungen oder Radtouren ein.

08 // Spritztour zu den Ostseeinseln

FRANKFURT / BERLIN
Frankfurt – Berlin (4:15).

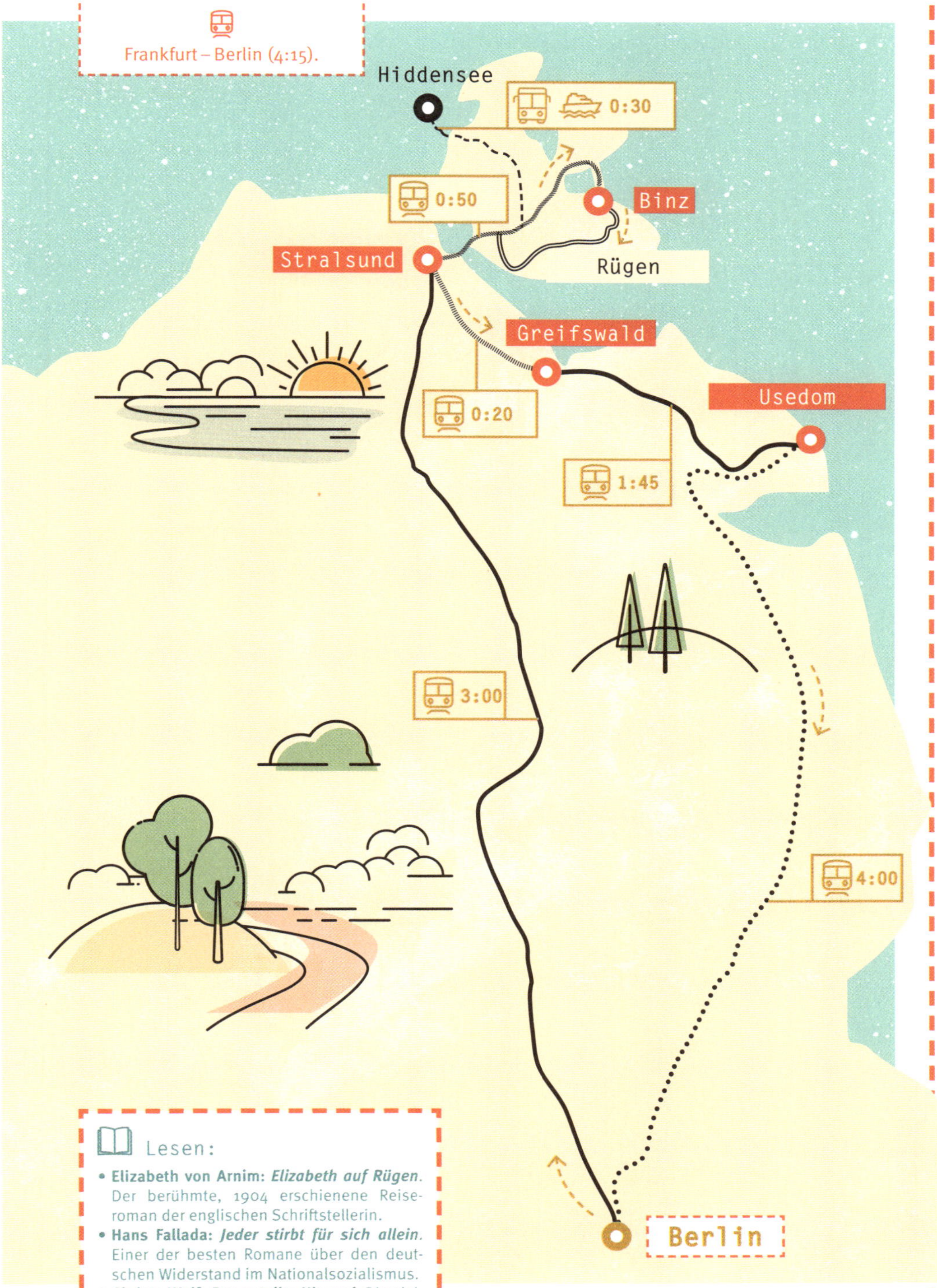

Hiddensee — 0:30
0:50
Binz
Rügen
Stralsund
Greifswald — 0:20
Usedom
1:45
3:00
4:00
Berlin

Lesen:
- **Elizabeth von Arnim:** *Elizabeth auf Rügen*. Der berühmte, 1904 erschienene Reiseroman der englischen Schriftstellerin.
- **Hans Fallada:** *Jeder stirbt für sich allein*. Einer der besten Romane über den deutschen Widerstand im Nationalsozialismus.
- **Christa Wolf:** *Der geteilte Himmel*. Die vielfach ausgezeichnete Autorin war eine der wichtigsten Stimmen der DDR.

TAG·1
Berlin

Kaufen Sie sich eine Tageskarte und fahren Sie mit der Straßenbahn M10 einmal quer durch Berlins Osten. Unterwegs bietet jede Station etwas Neues: am Frankfurter Tor der Blick durch die Karl-Marx-Allee mit ihrer stalinistischen Architektur, an der Eberswalder Straße die exzellente Ausstellung *Alltag in der DDR* im Museum in der Kulturbrauerei (Eintritt frei). Eine Haltestelle weiter liegt der hippe, im Sommer Tag und Nacht volle Mauerpark.

Nur wenige Meter nach der Haltestelle Gedenkstätte Berliner Mauer steht einer der letzten verbliebenen Abschnitte der Berliner Mauer, die einst Welten trennte.

Wer schon einmal in Berlin war, kennt wahrscheinlich die Museumsinsel mit ihren Schätzen: die Büste der Königin Nofretete, die Prozessionsstraße von Babylon, die Gemälde Caspar David Friedrichs… Neu hinzugekommen ist das Humboldt Forum im wieder aufgebauten Berliner Schloss. Für die Besichtigung der riesigen Sammlungen mit Kunst von Asien bis Ozeanien sollten Sie einen ganzen Nachmittag rechnen!

08 // Spritztour zu den Ostseeinseln

TAG·2
Abfahrt zum Meer

BERLIN-STRALSUND

Lassen Sie sich vom Hauptbahnhof nicht einschüchtern: Berlins riesiger Bahnhof hat fünf Ebenen, die von 54 Rolltreppen bedient werden, aber Ihr Zug fährt immer auf Ebene Minus 2 (Hbf tief) ab. Der Regionalexpress RE3 fährt direkt nach Stralsund, der RE5 erfordert ein Umsteigen in Neustrelitz. Dazwischen erstreckt sich eine dünn besiedelte Landschaft, in der Nebelfetzen über Buchen und Apfelbäume ziehen und in der dichte Wälder mit weiten Ackerflächen abwechseln. Nach Fürstenberg erreichen Sie Deutschlands wasserreichste Landschaft, die **Mecklenburgische Seenplatte**, ein unberührtes Seenlabyrinth, in das höchstens fliegende Störche Unruhe bringen.

STRALSUND-BINZ

Lassen Sie Ihr Gepäck im Schließfach und flanieren Sie durch die Altstadt von Stralsund. Zwischen dem Wasser und den Möwen im Himmel birgt das Ensemble aus roten Backsteinbauten reizvolle Überraschungen: einen Wikingerschatz im Katharinenkloster, ein riesiges Aquarium – das Ozeaneum – und einen quirligen Hafen, dessen Kaianlagen zu DDR-Zeiten für die Öffentlichkeit streng verboten waren. Zurück am Bahnhof, steigen Sie in den RE9 nach Rügen.

TAG·3
Pause in Binz

Mit seiner Bäderarchitektur aus der Gründerzeit ist Binz das schönste Seebad an Rügens Ostküste. Hier kann man im weichen Sand liegen, in einem gemieteten Strandkorb vor dem Wind geschützt und in Decken gewickelt völlig entspannt lesen, barfuß durch die Dünen (5 km) laufen, in den Wellen baden, im **Kurhaus** etwas trinken oder mit dem »Rasenden Roland« die Stationen der Schmalspurbahn abdampfen und die Eisdielen in Sellin, Baabe oder Putbus vergleichen.

TAG·4
Die »Perle der Ostsee«

RÜGEN ENTDECKEN

Deutschlands größte Insel erkundet man mit dem Bus. Mit der Linie 24, Haltestelle Prora Naturerbe Zentrum/Baumwipfelpfad, können Sie ins Dach der Bäume steigen, die Busse 22 und 23 bringen Sie zum Nationalpark Jasmund bei Sassnitz. In diesem dichten Buchenwald liegt der berühmte weiße Kreidefelsen **Königsstuhl**, den der Maler Caspar David Friedrich verewigte. Von Sassnitz fährt der Bus 14 zu einem weiteren Paradies: die Schaabe – eine 12 Kilometer lange Nehrung, wo eine stetig frische Brise die Kiefern zerzaust und Dünen formt.

BINZ–STRALSUND–GREIFSWALD

Wenn Sie um 10.21 Uhr die »Perle der Ostsee« mit dem ICE verlassen (Umsteigen in Züssow), kommen Sie bereits um 13.34 Uhr auf Usedom an. Aber eigentlich ist es schöner, einen gemütlichen Zwischenstopp in der Universitäts- und Hansestadt Greifswald einzulegen. Die reizende Altstadt mit dem gotisch-barocken Rathaus (13. Jh.) liegt nur einen Katzensprung vom Bahnhof entfernt. Der Bus 2 fährt zur Wiecker Holzklappbrücke, wo man mit Blick auf den hübschen Jachthafen einen stimmungsvollen Aperitif genießen kann.

TAG·5
Auf nach Usedom!

GREIFSWALD-AHLBECK

Nach einer Nacht auf dem Festland heißt es nun: Kurs Usedom! Die RB23 rattert furchtlos über den Peenestrom, der die Insel vom Festland trennt, schlängelt sich auf einer winzigen Landenge weiter zur Küste und erreicht schließlich Świnoujście (der Ostteil der Insel gehört seit 1945 zu Polen). Unterwegs wird an den drei »Kaiserbädern« gehalten, in denen sich in der Zeit um 1900 die feine Gesellschaft und sogar der Kaiser erholte: Bansin, Heringsdorf und Ahlbeck, Ihre Endstation.

IM SCHUTZ DER DÜNEN

Steht Ihnen der Sinn nach einem Nachmittag am Strand? Ahlbeck lädt rundum zum *dolce far niente* ein: mehr als 1900 Sonnenstunden im Jahr, ein 8 Kilometer langer Sandstrand mit mehreren abgegrenzten Bereichen (Textilstrand, FKK, hundefrei …) und zwischen den Dünen himmlisch ruhige Plätzchen zum Dösen. Oder aber Sie wandern auf der **Europapromenade** – einem schönen, 5 Kilometer langen Waldweg – nach Polen. Zurück nach Ahlbeck bringt Sie der Zug.

TAG·6

Inseltour auf Usedom

Starten Sie in Heringsdorf, dessen hübsche Villen und Pensionen – vor allem in der Delbrückstraße – an Zeiten erinnern, in denen hier Berlins berühmteste Intellektuelle Urlaub machten. In Bansin können Sie ein Fahrrad mieten und 18 Kilometer um den Gothensee fahren, den größten See auf Usedom. Oder Sie lassen sich mit dem Bus 281 – er fährt nur fünfmal am Tag – durch das Hinterland bis in das reizende Dorf Mellenthin hin- und wieder zurück nach Ahlbeck schaukeln.

TAG·7
Zurück nach Berlin

Ganz einfach: In Ahlbeck nehmen Sie die RB23 nach Züssow, dort warten Sie auf den RE3, der Sie wieder in die Hauptstadt bringt (Gesamtfahrtzeit ca. 4 Stunden). Südlich von Pasewalk erreicht der Zug wieder die sattgrünen, mit Mohn übersäten Landschaften Brandenburgs, in denen hie und da verlassene Häuser stehen. Der Bahnhof Chorin ist jedoch ganz auf der Höhe der Zeit: Hier können Sie sogar ein Fahrrad mieten und zum Kloster Chorin, einem einmalig schönen Baudenkmal der Backstein-Gotik aus dem 12. Jahrhundert, fahren. Ankunft in Berlin im Untergeschoss (Hbf tief).

ADRESSEN

BERLIN

Calma Berlin Mitte, *www.lindemannhotels.de.* »Biohotel« in idealer Lage mit einem kleinen Innenhof. Doppelzimmer: ab ca. 75 € inklusive Frühstück.

BINZ

Dorint Strandhotel, *www.hotel-ruegen.dorint.com.* Hier schläft man mit Meerblick. Doppelzimmer: ab ca. 150 € inklusive Frühstück und freiem Eintritt ins Spa.

GREIFSWALD

Hotel Galerie, *www.hotelgalerie.de.* Das modernste Hotel in der Altstadt. Doppelzimmer: ab ca. 90 € inklusive Frühstück.

AHLBECK

Villa Harmonie, *www.villa-harmonie.info.* Feng-Shui-Zimmer in einer schönen Villa aus dem 19. Jahrhundert. Doppelzimmer: ab ca. 100 €.

WEITERE ZIELE

NOCH EINE INSEL: HIDDENSEE

Von Rügen aus lohnt ein Ausflug nach Hiddensee, wo Sie schöne Strände finden, im Seegras nach Bernstein suchen und Sanddornsaft pressen können. Die schmale Insel, auf der die Häuser auf den Wellen zu schwimmen scheinen, ist »Pommerns Capri«, begegnet man doch den Geistern von Schriftstellern wie Thomas Mann und Stefan Zweig, die hier Inspiration fanden. Private Pkws sind auf Hiddensee verboten, und vor allem in der Nebensaison findet man hier viel Ruhe. Von Schaprode auf Rügen (von Bergen aus mit dem Bus 35 zu erreichen) setzt eine Fähre nach Neuendorf über, wo ein 6 Kilometer langer Sandstrand wartet…

09 Von Amsterdam nach Budapest

8 Tage

Niederlande – Deutschland – Tschechien – Slowakei – Ungarn

Städte am Puls der Zeit, Viertel, die einen Aufbruch wagen: Diese lange Reise führt quer durch Nord- und Mitteleuropa auf der Suche nach innovativer Architektur, urbanen Rückeroberungen und einem Lebensstil, der von Ökologie und Zusammenleben geprägt ist – und Trends setzt.

TAG·1 Amsterdam

AUFERSTANDEN – DIE NDSM-WERFT

Amsterdams Zukunft liegt im Norden! Am rechten Ufer des IJ, vom Bahnhof Amsterdam Centraal in 15 Minuten mit der Fähre zu erreichen, erstreckt sich die ehemalige NDSM-Werft, eine der ältesten der Niederlande – ein Universum aus Kränen, Hallen und längst verlassenen Docks. Das zuerst von alternativen Künstlern okkupierte postindustrielle Gelände ist heute ein angesagtes Viertel. In die Hallen sind Ausstellungsräume, Bio-Restaurants, Cafés etc. eingezogen. Die **IJ-Kantine** und **Pllek** z. B. sind in Containern untergebracht. Bei schönem Wetter strömen die Menschen zur NDSM, um gleich neben dem Ufer Konzerte, den Flohmarkt oder Festivals zu besuchen.

ENTDECKUNGEN IN DE PLANTAGE

Wenn sich in Amsterdams Herzen mal wieder die Besucher zu dicht drängen – warum nicht die »Pflicht« Rijksmuseum, Grachten und Giebelhäuser überspringen und zur »Kür« einen ruhigeren Stadtteil besuchen? In das gleich neben dem historischen Zentrum gelegene Viertel De Plantage kommen relativ wenige Touristen. Der Zoo verspricht Familienspaß, und im Hortus Botanicus, dem ältesten botanischen Garten der Welt (17. Jh.), können Sie 4000 Pflanzenarten entdecken. Eher wenig bekannt, aber in höchstem Maß bewegend sind Widerstandsmuseum, Holocaustmuseum und Micropia.

TAG·2
Von Amsterdam nach Berlin, via Hannover

Das Gute an den deutschen EC-Zügen ist ihr Komfort. Die Fahrt durch die flache Industrielandschaft nach Hannover ist angenehm und schnell (4:20 Stunden). Kunst, Design und Shopping – die Messestadt lohnt einen Stopp. Sehenswert sind das Sprengel Museum (Picasso, Calder, Kandinsky) und das WoK (World of Kitchen), Europas erstes Küchenmuseum. Shopping-Spaß bietet die Ernst August Galerie, *arty chic* die **Niki-de-Saint-Phalle-Promenade** (hier stehen drei bunte »Nanas« am Leine-Ufer), Design die Galerie Luise. Dann geht es weiter mit dem Zug zum Berliner Hauptbahnhof.

TAG·3
Berlin

KREUZBERG, ALTERNATIVE IM WESTEN

Schon vor dem Fall der Mauer 1989 war dieser Bezirk südlich von Mitte (dem historischen Zentrum der Stadt) besonders: Einwandererviertel, multikulturell, kreativ. Inzwischen hat sich Kreuzberg zum Hipsterviertel entwickelt – aber dennoch seinen alternativen Charakter bewahrt. Hier findet man Künstlerkollektive, vegane Restaurants und Öko-Genossenschaften. Alternative Kultur behauptet sich hinter noblen Fassaden und in Hinterhöfen, im Zentrum und am Rand des Stadtteils: Künstlerhaus Bethanien, SO36, der Biomarkt auf dem Chamissoplatz ... Hier und da stößt man an Hausmauern und in Torwegen auf Streetart oder auf Plakate, die für Events und Konzerte werben. Alles ziemlich bunt!

FRIEDRICHSHAIN, REBELLEN IM OSTEN

In Berlin ist alles im Wandel, und die alternativen Viertel von gestern werden zu den Bobo-Revieren von heute. So wie Friedrichshain, Kreuzbergs »Zwilling« auf der anderen Seite der Spree. Kurz nach der Wiedervereinigung übernahmen Hausbesetzer und Künstler den ehemals Ostberliner Stadtteil. 30 Jahre später zeigen die hiesigen Streetstyles (Punk, Goth, Trash), dass Friedrichshain noch immer besonders ist. Hier kann man an der East Side Gallery, einem Abschnitt der Berliner Mauer, von Bild zu Bild schlendern, in der Rigaer Straße ein besetztes Haus entdecken, bis zum Morgengrauen im **Berghain** tanzen, auf dem Flohmarkt am Boxhagener Platz feilschen, in einer VoKü/KüfA bei einer veganen Mahlzeit Kontakte knüpfen, stalinistische Architektur in der Karl-Marx-Allee sehen, den kulturellen Mix auf dem **RAW-Gelände** oder im **YAAM** genießen. Berlin ist in Bewegung.

TAG·4
Von Berlin nach Prag, via Dresden

Kurs Süd! Die Route führt durch Brandenburg und Sachsen, ab Pirna folgt der Zug der Elbe. Davor legen Sie jedoch einen Stopp in Dresden ein: Die 1945 zerstörte und zu DDR-Zeiten isolierte Stadt strahlt wieder in altem Glanz. Sehenswert sind der barocke **Zwinger**, in dem sich die Gemäldegalerie Alte Meister befindet, und das **Residenzschloss** mit den Kostbarkeiten der Schatzkammer im Grünen Gewölbe. Kühne Architektur ist eine Dresdner Spezialität: Nahe der Elbe ist die ehemalige Zigarettenfabrik **Yenidze** im Stil einer orientalischen Moschee erbaut und beherbergt heute ein Kulturzentrum und ein Restaurant. Mitten in der Stadt steht auch die **Gläserne Manufaktur** von Volkswagen, durch deren Glasfassaden man auf die Produktionslinien sieht. Hightech! Dann geht es weiter zur Grenze und in die tschechische Hauptstadt.

TAG·5 Prag

ZU FUSS DURCH HOLEŠOVICE ...

Altstädter Ring, Karlsbrücke, jüdisches Viertel und Prager Burg sind ein Muss, doch die Seele Prags findet man am linken Moldauufer, wo sich das alte Industrieviertel Holešovice zum Trendviertel entwickelt hat. Bistros, Restaurants, Kunstgalerien ... hier herrscht eine anregende, kreative Atmosphäre. Beispiele gibt es genug: das Kunstzentrum DOX in einer alten Fabrik, der hippe Vnitroblock, ein Industriegebäude mit Ausstellungsräumen, Tanzstudio, Designshop etc. oder das Szenetheater samt Galerie-Bar Jatka 78 in einem ehemaligen Schlachthof. Im benachbarten Letná reicht der Blick von der Terrasse des Nationalen Landwirtschaftsmuseums oder des Hanavsky-Pavillons über ganz Prag.

... UND ŽIŽKOV

Durch das einstige Arbeiterviertel aus dem 19. Jahrhundert führen steile enge Straßen mit vielen Bars und Kneipen. Hier steht ein Bauwerk auf dem Programm, das als eines der »hässlichsten« der Welt gilt: der Prager Fernsehturm. Von der Aussichtsplattform des 216 Meter hohen Turms hat man einen fantastischen Rundblick über die Stadt. Unterwegs sieht man die zehn Riesenbabys des Bildhauers David Černý an den Säulen des Turms krabbeln. Ebenfalls sehenswert: der Akropolis-Palast (Metal-Konzerte, DJ-Nächte, Ausstellungen), das Superstudio Nákladové nádraží (Design-Ausstellungen in einer ehemaligen Lagerhalle) und das Arthouse-Kino Aero mit seiner Terrassenbar.

09 // Von Amsterdam nach Budapest

TAG·6
Von Prag nach Bratislava, via Brno

Willkommen in Mähren! Auf dem Weg zur slowakischen Hauptstadt kommen Sie nach einer angenehmen Zugfahrt (2:30 Stunden) durch eine ländliche Region in Brno an. Tschechiens zweitgrößte Stadt ist quirlig, gut gelaunt und lohnt schon allein wegen der hervorragenden Cafés und Bars einen Besuch. Originelle Lokale sind z. B. die **Bar qui n'existe pas**, der **Super Panda Cirkus**, das **Era** (großartige funktionalistische Architektur), der vielseitige **Music Club Fléda** (Techno, Hip-Hop, Jazz, Klassik, Film) und das **Soul Bistro** mit seiner Bierauswahl. Im Mai und Juni findet in Brno alljährlich das internationale Feuerwerks- und Musikfestival Starobrno – Ignis Brunensis statt und von März bis Juni das berühmte JazzFest. Architekturfans zieht es zur **Villa Tugendhat**, die als Ikone der Moderne zum UNESCO-Welterbe zählt. Danach ist es an der Zeit, über die Grenze in die Slowakei weiterzufahren.

TAG·7
Bratislava

Die Donau! In der slowakischen Hauptstadt (440 000 Einwohner) bieten die Grünanlagen entlang dem großen Strom viel Gelegenheit, auf zwei Rädern Erholung zu finden. Da passt es gut, dass rund um die Uhr an fast jeder Ecke die gelben Leihräder von Slovnaft BAjk zur Verfügung stehen. Damit kann man wunderbar am Fuß der Burg die alten Stadtviertel aus dem 18. Jahrhundert erkunden oder es den Slowaken gleichtun und ins Grüne fahren. Zur Auswahl stehen: der Eurovelo 6 am Donauufer, Grünanlagen wie der Sad Janka Kráľa, der älteste öffentliche Park Mitteleuropas, oder Železná studnička und der Horský Park am Stadtrand. Bratislava bietet aber auch zeitgenössische Kunst und Architektur, z. B. *Passage* von Matej Krén, eine Installation aus Büchern, den Sky Park mit den zwei Türmen von Zaha Hadid Architects und das Danubiana Meulensteen Art Museum.

93

TAG·8
Budapest

ALLE IN DIE THERMEN!

Von Bratislava aus liegt Ungarns elegante Hauptstadt »gleich um die Ecke« – bis Budapest sind es nur 192 Kilometer. Nach der langen Reise ab Amsterdam ist Erholung angesagt. Am besten tun Sie es den Budapestern gleich und tauchen erst einmal unter. In keiner anderen Hauptstadt der Welt gibt es so viele Thermalbäder wie in Budapest. Am berühmtesten ist das Széchenyi-Bad mit seinen Neorenaissance-Bauten, beliebt sind auch das Gellért-Bad (feinster Jugendstil) und das Lukács-Bad, ein Treffpunkt von Budapests Intellektuellen. Schauen Sie den Herren zu, die im Wasser Schach spielen, und bewundern Sie die schönen Mosaiken. Danach sind Sie fit für die Stadt.

POSTKOMMUNISMUS UND UNDERGROUND

Der Postkommunismus ist die komplexe Folge einer enttäuschten Rebellion. Was 45 Jahre Sozialismus für das Land bedeuteten, lässt sich eindrücklich und emotional stark berührend im Terror Háza, dem Haus des Terrors, nachvollziehen. Das Museum im ehemaligen Gebäude der Geheimpolizei zeigt sämtliche Auswüchse des ehemaligen Regimes. Weitere Relikte: die Insel Csepel mit dem ehemaligen Eisen- und Metallwerk, in das die Kunst- und Kreativszene eingezogen ist, und der Memento Park, ein Freilichtmuseum mit Denkmälern aus der kommunistischen Ära. Die alternative Szene und Budapests »Bohème« konzentrieren sich vor allem im VII. Bezirk, dem alten jüdischen Viertel. Hier entdeckt man Streetart im Riesenformat, Ruinenbars in verlassenen Gebäuden, Nachtclubs, Plattenläden, Boutiquen und einige der letzten Lokale mit authentischer Roma-Musik, wie das am Rand des Viertels gelegene **Rézkakas Bistro**.

ADRESSEN

AMSTERDAM

Mercure Amsterdam Sloterdijk Station, *mercuresloterdijkstation.hotelsamsterdam24.com*. Die Aussicht beim Frühstück ist unschlagbar. Doppelzimmer: ab ca. 140 €.

BERLIN

Calma Berlin Mitte, *www.lindemannhotels.de*. Ein »Biohotel« in idealer Lage mit einem kleinen Innenhof. Doppelzimmer: ab ca. 100 € inklusive Frühstück.

PRAG

Hotel Kings Court, *www.hotelkingscourt.cz*. Moderne Zimmer hinter einer prächtigen Jugendstil-Fassade. Doppelzimmer: ab ca. 100 € inklusive Frühstück.

BRATISLAVA

LOFT Hotel Bratislava, *www.lofthotel.sk*. Hotel mit Restaurant im industriellen Retrostil und Hausbrauerei. Doppelzimmer: ab ca. 100 € inklusive Frühstück.

10 Auf der Route des Orient-Express

7 Tage

Frankreich-Deutschland-Österreich-Ungarn-Rumänien-Türkei

Die Legende beginnt im Pariser Gare de l'Est am 4. Oktober 1883. Menschenmassen strömen herbei, um den neuen Zug zu bewundern, mit dem sich Istanbul in nur 76 Stunden erreichen lässt. Elegante Abteile, erlesene Speisen und Weine im Restaurant, bequeme Schlafwagen mit Warmwasser und Heizung – der Inbegriff von Luxus! Der Orient-Express fährt heute zwar nicht mehr, seine einstige Route lässt sich jedoch auch mit modernen Eisenbahnen abfahren. Kurs Balkan – unterwegs ist Abwechslung garantiert.

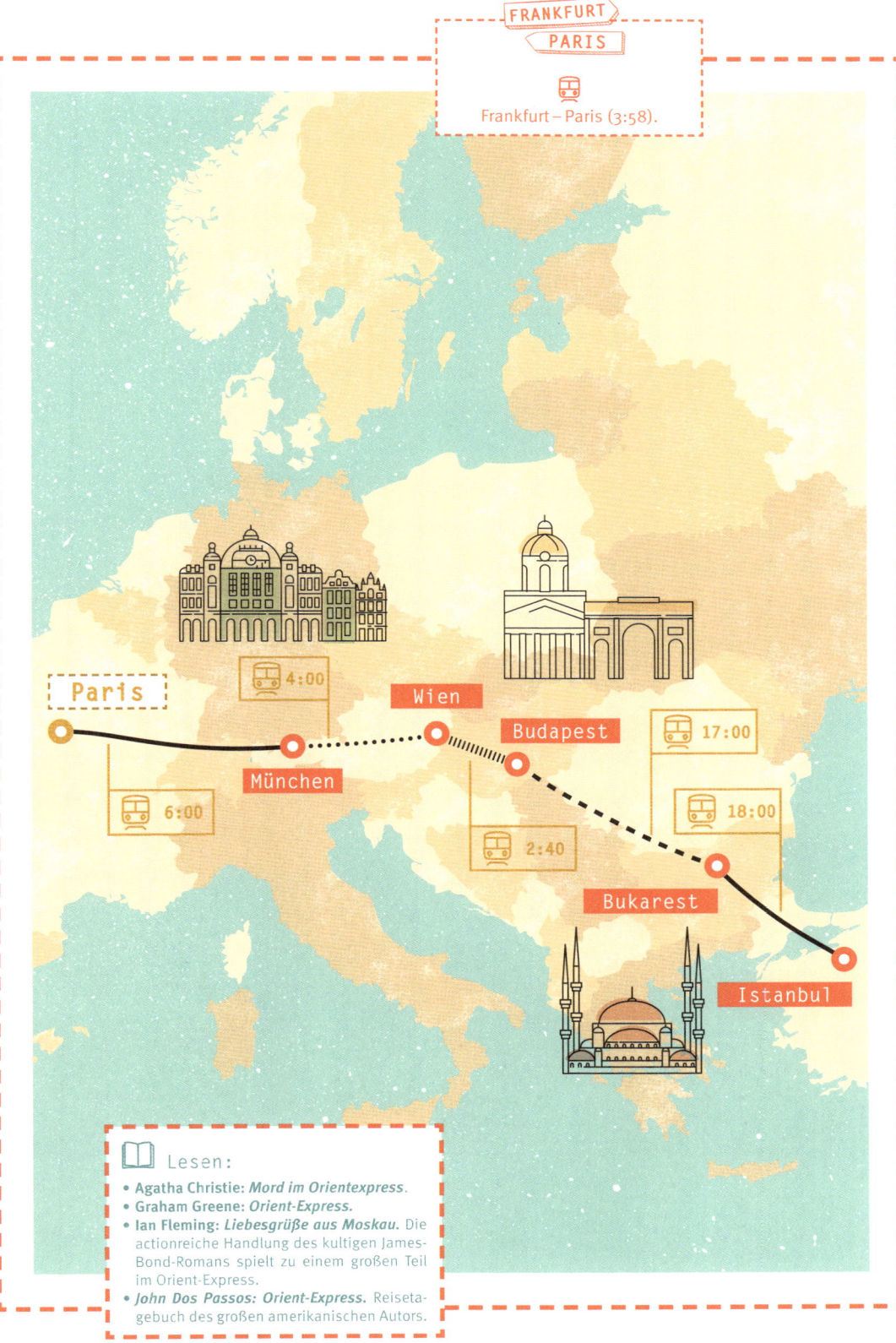

TAG·1
Paris Gare de l'Est – München

Vom Gare de l'Est rauscht der Zug mit 300 km/h durch die wechselnden Landschaften, die vor dem Fenster vorbeifliegen: die Felder Lothringens, der Rhein in Straßburg, die dichten Tannen im Schwarzwald ...

Das Tempo passt hervorragend zum Orient-Express, seinerzeit der Inbegriff von Geschwindigkeit. Nach gut 6 Stunden kommen Sie rechtzeitig in München an, um noch eine Maß im **Biergarten** zu stemmen.

TAG·2
München

»Zwischen Kunst und Bier ist München wie ein Dorf zwischen Hügeln hingelagert«, beschreibt der Dichter Heinrich Heine die für Bayerns Hauptstadt typische Kombination von großartiger Architektur und Gemütlichkeit. Die charmante Metropole am Rand der Alpen ist nach Berlin die meistbesuchte Stadt Deutschlands. Das touristische Herz Münchens schlägt am Marienplatz, wo am neogotischen Rathaus das Glockenspiel mit 32 Figuren und 43 Glocken zweimal täglich Ereignisse aus der Stadtgeschichte erzählt. Wenige Schritte weiter führen 302 Stufen hinauf zur Turmspitze der Peterskirche – die Aussicht lohnt die Mühe. Danach stärkt man sich am Viktualienmarkt mit Spezialitäten und Delikatessen aus aller Welt. Wem der Sinn nach Pracht und Prunk steht, sollte sich von der schlichten Fassade der Residenz nicht täuschen lassen. Das weitläufige Stadtschloss umfasst 130 opulent ausgestattete Räume aus den Stilepochen Renaissance, Barock, Rokoko und Klassizismus. Beim anschließenden Spaziergang durch den 373 Hektar großen Englischen Garten führt der Weg – wie eigentlich überall in München – zu einem idyllischen Biergarten. Im Englischen Garten liegt er am 25 Meter hohen Chinesischen Turm, der wie eine chinesische Pagode aussieht.

10 // Route des Orient-Express

TAG·3
Wien

Den Blick fasziniert auf die atemberaubende Silhouette der Alpen gerichtet, überquert man bei Salzburg die österreichische Grenze. Die Gipfel sind bald verschwunden, Richtung Wien geht es weiter durch eine liebliche Landschaft mit malerischen Kirchtürmen.
Nächster Halt: Wien! Tanzen Sie im Walzerschritt von Schloss zu Schloss, schlemmen Sie Sachertorte im Demel, besuchen Sie ein Konzert oder eine Oper in der fantastischen Staatsoper – kaum eine andere Metropole zelebriert Hochkultur so gut wie Wien und bietet dabei auch einer frechen Off-Szene reichlich Raum zur Entfaltung.
Sternförmige Gewölbe, elegante Säulen, Marmortische: im **Café Central** waren schon Sigmund Freud und Stefan Zweig Stammgäste. Grund genug, auf eine Melange einzukehren, eine köstliche Mischung aus einem Teil Espresso, einem Teil aufgeschäumter Milch und Milchschaum. Einige Barockfassaden weiter erwartet Sie die prachtvolle kaiserliche Hofburg. Lassen Sie sich in der Spanischen Hofreitschule bei einer der täglichen Vorführungen von der fantastischen Reitkunst verzaubern, bummeln Sie zum Stephansplatz, um Mozarts Wohnung und das Dach des Stephansdoms zu sehen, dessen bunt glasierte Dachziegel u. a. das Wappen Österreichs und der Stadt Wien zeichnen. Spazieren Sie schließlich am Donauufer entlang, vorbei an kilometerlanger Streetart, bis zum verrückten, bunten, üppig begrünten Hundertwasserhaus. Und zum Ausklang des Tages einen Spritzer? Dann gilt es sich zu entscheiden: Art-déco-Interieur von Adolf Loos? Shoppen unter den Stadtbahnbogen? Oder zum Heurigen in eine Weinlaube? Sie haben die Qual der Wahl.

TAG·4
Budapest

Die gut 2:40 Stunden dauernde Zugfahrt von Wien nach Budapest führt durch größteils flaches Land … Hier stehen keine Kirchtürme, sondern Windmühlen, mehr als 200! Kaum ist die Donau überquert, ist schon fast Budapest Keleti erreicht. Der schöne klassizistische Bahnhof wurde 1884 eröffnet und war damals der modernste der Welt.
Am rechten Ufer liegt Buda, das einstige königliche Machtzentrum, mit noblen Fassaden, Thermalbädern und atemberaubenden Aussichten. Pest auf der anderen Seite der Donau entstand erst im 19. Jahrhundert. Dynamisch, kreativ, quirlig – hier ist immer was los! Eine nostalgische Standseilbahn von 1870 fährt vom Clark-Ádám-Platz hinauf zum Burgpalast, Blick auf die Donau inbegiffen. Oben können Sie die ehemalige Residenz der ungarischen Könige besichtigen sowie ein Labyrinth aus unterirdischen Gängen, die so alt sind, dass sie Menschen der Prähistorie als Unterschlupf dienten, weit vor ihrer Zeit als Weinkeller. Etwas weiter bietet die neoromanische Fischerbastei einen wunderbaren Blick auf das Parlament. Dann ist es Zeit für eine Budapester Tradition: eintauchen ins warme Wasser in einem der 123 Bäder! Orientalisches Ambiente bietet das Gellért, Neorenaissance das Széchenyi … Über die Kettenbrücke gelangen Sie zur prächtigen Großen Synagoge, der größten in Europa, zur Ruinenbar Szimpla Kert und in das Viertel Erzsébetváros. Vorbei an Art-déco-Häusern und Streetart geht es zur Gozsdu Udvar, einem alternativen Quartier mit Restaurants und berühmten Bars. Nun kann man entweder feiern und am nächsten Tag weiterfahren – oder aber den Nachtzug nach Bukarest nehmen.

NACHTZUG NACH BUKAREST

Die Züge aus den 1980/90er Jahren verströmen den Charme einer anderen Zeit. Die leicht verblassten Farben mögen einen zwar zum Schmunzeln bringen, aber die Schlafwagen sind erstaunlich bequem. 15 Stunden wird die Reise dauern! Bringen Sie sich Proviant mit, denn der Zug verfügt lediglich über eine Snackbar und hält an den Bahnhöfen nicht lang genug, um auszusteigen und etwas zu essen. Wenn die Nacht anbricht, wird der Rhythmus ruhiger, frühmorgens sieht man schon Rumäniens Landschaften: Hügelketten, einige Gebirgszüge – dann geht es geradewegs über Land nach Bukarest.
Zwischen Ungarn und Rumänien klopfen die Beamten an die Abteiltüren, lassen sich die Pässe zeigen, stellen ein paar Fragen zum Grund der Reise und werfen vielleicht einen Blick in das Abteil. Das Ganze wiederholt sich eine Stunde später, wenn die Grenze überquert ist. Rechnen Sie also damit, dass Sie einmal um 3 Uhr und dann noch einmal um 4 Uhr morgens geweckt werden!

TAG·5
Bukarest

Im 19. Jahrhundert zog die dynamische Metropole so viele französische Intellektuelle, Diplomaten und Geschäftsleute an, dass man sie »Paris des Balkans« nannte. Zur Architektur dieses Goldenen Zeitalters gesellten sich in der kommunistischen Ära imposante Gebäude, zwischen denen Parks und Gärten liegen. Lassen Sie sich in Bukarest treiben! Der Reiz der Stadt liegt in ihrer Vielfalt.

Unübersehbar ist der unter Ceaușescu erbaute, wahnwitzige Parlamentspalast. Der Wahnsinn lässt sich in Zahlen bemessen: 20 000 Arbeiter, 700 Architekten, 5 Jahre harte Arbeit, 12 Stockwerke (darunter ein Atombunker), 1100 Zimmer, 2800 Kronleuchter. Bei einer Führung sieht man ein Dutzend unglaublich luxuriöse Räume. Von hier geht es weiter in die faszinierende Altstadt Lipscani: Zu den Highlights zählen das Speiselokal **Caru' cu bere** (www.carucubere.ro) mit neogotischem Charme, die prachtvolle Buchhandlung **Cărturești Carusel** (carturesticarusel.ro) und die winzige, traumhafte orthodoxe Kirche Stavropoleos. Wer Zeit hat, bewundert noch die traditionellen Häuser und Mühlen im Dorfmuseum. Es liegt im größten Park der Stadt an einem See. Für ein Picknick decken Sie sich in einer Bäckerei mit *börek* (herzhaftes, mit Fleisch, Gemüse etc. gefülltes Gebäck) und *baklava* ein.

Probieren Sie auch die wenig bekannten rumänischen Weine (in der Altstadt gibt es einige reizende Weinbars) und *palincă* (Zwetschgenschnaps).

TAG·6
Bukarest–Istanbul

Bereit für ein weiteres Eisenbahnabenteuer? 20 Stunden Fahrt, altmodische Ausstattung (kein Restaurant), aber dennoch etwas Komfort und wirklich weiche Kissen erwarten Sie. Vor den Fenstern rauschen sehr schnell schöne grüne Ebenen vorbei. Am Spätnachmittag dann die Überraschung: Die Grenze zu Bulgarien bildet tatsächlich die **Donau**! Der Zug fährt über den Strom und dann weiter durch wunderschöne Täler Richtung Türkei. Die Passkontrolle auf türkischer Seite erfolgt frühmorgens in Kapıkule. Leicht verschlafen steigen die Passagiere dann aus, um ein Touristenvisum zu kaufen und ihr Gepäck durchleuchten zu lassen. Wer nun endgültig wach ist, kann zusehen, wie die Landschaft in der Morgendämmerung aus dem Dunkel auftaucht: magisch!

Der Zug fährt nicht zum Hauptbahnhof Sirkeci (wo früher der Orient-Express ankam), sondern zum Vorortbahnhof Istanbul Halkalı (etwa 25 km von der Innenstadt entfernt). Den Bahnhof Sirkeci erreichen Sie mit einer letzten Zugfahrt über die Bahnstrecke Marmaray in 35 Minuten.

TAG·7 Istanbul

ANKUNFT AM BAHNHOF SIRKECI

Hier, unterhalb des Topkapı-Palastes, kam früher der Orient-Express an. Endstation, alles aussteigen! Vor dem geistigen Auge sieht man das Getümmel aus Fahrgästen, Trägern, eleganten Hüten … Der Bahnhof ist schön wie eh und je, aber die Bahnsteige sind sehr ruhig, denn die meisten Pendlerzüge verkehren unterirdisch. Von seiner Glanzzeit erzählen die feinen Fayencen, das Restaurant, in dem sich die Journalisten trafen, und ein kleines kostenloses Museum über den Orient-Express.

ISTANBUL ERWACHT …

Kaum haben Sie Ihr Gepäck verstaut, schon stehen Sie vor der mit Tausenden Fliesen geschmückten Sultan-Ahmed-Moschee, die zu dieser Tageszeit nur wenig besucht ist. Nicht weit entfernt bietet die Hagia Sophia mit ihren byzantinischen Kuppeln ein weiteres faszinierendes Highlight.

Und nun hat Sie das einstige Byzanz schon im Sturm erobert. In der Altstadt gibt es noch den Großen Basar zu entdecken: 60 Straßen, 4000 Läden, dichtes Treiben. Feilschen ist hier Pflicht! Danach spazieren Sie zu den Kais am Bosporus. Hier treffen Europa und Asien aufeinander – Istanbul liegt auf beiden Kontinenten. Bei einer Bootsrundfahrt haben Sie einen herrlichen Blick auf den Topkapı-Palast. Zum Abschluss geht es in den modernen Stadtteil Beyoğlu mit seinen Kunstgalerien, Cafés und Antiquitätenläden. Decken Sie sich bei **Hacı Bekir**, wo das Lokum und zahlreiche weitere Leckereien erfunden wurden, mit süßen Köstlichkeiten ein. Zum Abschluss der Reise könnten Sie sich in einem Hammam verwöhnen lassen – z. B. im Kılıç Ali Paşa, das im 16. Jahrhundert erbaut wurde und das man nach Honig duftend verlässt.

ADRESSEN

MÜNCHEN
Hotel Altmünchen by Blattl, *acanthus.hoteles-munich.com*. Reizendes Hotel im bayerischen Stil. Doppelzimmer: ab ca. 150 €.

WIEN
Hotel Rathaus Wein & Design, *www.hotel-rathaus-wien.at*. Der Name des perfekt gelegenen Hotels ist Programm: Wein und Design! Doppelzimmer: ab ca. 140 €.

BUKAREST
Hotel Moxa, *hotelmoxa.com*. Das Hotel in einem sehr schönen Herrenhaus verströmt den Charme der Orient-Express-Ära. Doppelzimmer: ab ca. 60 €.

ISTANBUL
Hotel Erguvan, *www.erguvanhotel.com*. Direkt hinter der Sultan-Ahmed-Moschee hat man von der Frühstücksterrasse einen atemberaubenden Blick auf die Altstadt. Doppelzimmer: ab ca. 90 €.

11 Tannen, Reben & heiße Quellen

10 Tage

Österreich & Slowenien

Diese Reise beginnt mit einem technischen Meisterwerk – der **Semmeringbahn** – und endet in einer hügeligen Landschaft, die nach Trauben und Most duftet. Dazwischen erwarten Sie blaue Seen, heiße Quellen und drei noch immer sehr habsburgische Städte: Klagenfurt, Ljubljana und Graz. Mit diesen Zutaten wird der Ausflug in die Region südlich von Wien unvergesslich.

TAG·1
Wien

Kaum hat man die U-Bahn-Station **Stephansplatz** verlassen, schon präsentiert einem Wien seine schönsten Straßen: Vom Graben spaziert man zum Kohlmarkt, wo man vor der Konditorei **Demel** (die Fächertorte ist ein Gedicht!) ins Schwärmen gerät, an der Hofburg – einst die kaiserliche Residenz der Habsburger – vorbei in das Museums-Quartier alias MQ: ein fantastisches junges Kulturareal für Kreative und moderne Kunst.

Direkt vor dem MQ schnappen Sie sich eines der Citybike-Leihräder, mit dem Sie auf dem Ring fahren. Von den Seitenalleen des Ringboulevards kann man alle Wahrzeichen Wiens bis zum Donaukanal sehen. Besonders reizvoll ist das MAK (Museum für angewandte Kunst): Seine unglaubliche Sammlung reicht von Thonet-Stühlen bis zu Orientteppichen, und das wunderbare Museumscafé-Restaurant **Salonplafond** überrascht mit einem Garten im Innenhof.

11 //Tannen, Reben & heiße Quellen

TAG·2
Kurs Süd!

DIE SEMMERINGBAHN

Bis 1848 fuhr der Zug von Wien nach Triest – dem Hafen Österreichs – nicht über Gloggnitz hinaus: Die nächsten 40 Kilometer bis Mürzzuschlag mussten mit der Postkutsche zurückgelegt werden. Glücklicherweise gelang es einem venezianischen Ingenieur, zwischen Gipfeln und Schluchten eine Eisenbahn in 896 Meter Höhe über den Semmeringpass zu bauen: die Semmeringbahn. Die damals höchste Eisenbahnlinie in Europa gehört heute zum UNESCO-Welterbe. Dank der 16 Viadukte und 100 kleinen Brücken verpasst man auf der Fahrt von Niederösterreich in die Steiermark keinen Meter der schönen Landschaft.

MÜRZZUSCHLAG–KLAGENFURT

Auch nach Mürzzuschlag ist die Aussicht atemberaubend! Allmählich weichen die dunklen Wälder der Steiermark den sonnigen Hügeln Kärntens. Wenn Sie mit leichtem Gepäck reisen, könnten Sie einen Stopp in Sankt Veit mit seinen mittelalterlichen Häusern und dem spätgotischen Rathaus einlegen, bevor Sie Ihre Koffer für die Nacht in Klagenfurt abstellen.

TAG·3
Klagenfurt

Willkommen in Kärntens Hauptstadt! Klagenfurts historisches Zentrum liegt 10 Gehminuten vom Bahnhof entfernt. Das überschaubare Areal zwischen Altem und Neuem Platz ist schön restauriert und wirkt sehr südlich. Sein mediterranes Flair verdankt Klagenfurt italienischen Architekten, die es in Renaissance und Barock mit Laubengängen und Innenhöfen gestalteten. Nicht vergessen: das Landhaus!

Bei schönem Wetter mieten Sie ein Nextbike nahe dem Informationsbüro am Neuen Platz und radeln am Lendkanal entlang zum Wörthersee, wo ein Hauch von *dolce vita* in der Luft liegt. Rasten Sie am Wasser oder, bei einem Picknick unter Bäumen, am Metnitzstrand. Mahler-Fans zieht es weiter nach Maiernigg: Das Haus, in dem der Komponist einige seiner Meisterwerke schuf, ist von Mai bis Ende Oktober geöffnet.

TAG·4
Klagenfurt–Villach

Am Nordufer des Wörthersees ist man mit jedem Zug langsam unterwegs. Hier, an der österreichischen Riviera, erholte sich schon Ende des 19. Jahrhunderts das gehobene Wiener Bürgertum. Selbstverständlich können Sie auch in Pörtschach oder Velden aussteigen, empfehlenswerter ist jedoch eine Übernachtung in Villach: weniger mondän, entspannender, und das Thermalwasser in Warmbad ist wärmer als 28 Grad.

11 //Tannen, Reben & heiße Quellen

TAG·5

Villach–Ljubljana

Villach ist ein Eisenbahnknotenpunkt mit Verbindung nach Salzburg, Venedig und vor allem Slowenien. Steigen Sie ein in den Zug nach Ljubljana, bei schönem Wetter ist die Fahrt (1:40) ein pures Vergnügen! Rechts liegt die Burgruine Finkenstein vor der Kulisse der verschneiten **Karawanken**, links der Faaker See. Nach Rosenbach fährt man durch den Karawankentunnel über die slowenische Grenze hinein ins Savetal. Die Holzgestelle *(kozolci)* in den Wiesen dienen übrigens zum Heutrocknen.

Nach Jesenice wartet eine Überraschung: der traumhafte **Blejsko jezero** oder Bleder See samt märchenhafter Insel, Burg und einer Villa, die der ehemalige Präsident Tito lange Jahre als Sommerresidenz nutzte. Lust auf ein Abenteuer? Steigen Sie in **Lesce-Bled** aus – zwischen Bahnhof und See pendeln Busse und Taxis –, fahren Sie mit einer *pletna*, einem traditionellen Boot, zur Insel und tanken Sie Kraft: In Ljubljana finden Sie vielleicht weniger Schlaf, als Sie denken.

TAG·6 Ljubljana

Zum ersten Mal in der slowenischen Hauptstadt? Steigen Sie hinauf zur Burg – dorthin führen zwar alle Wege, aber der schönste ist der von der Florianskirche durch die Ulica na grad –, um das Panorama zu genießen. Bummeln Sie dann durch die Gassen zum Markt auf dem Vodnikov-Platz und lassen Sie sich *skutne palačinke s pehtranom* schmecken, Pfannkuchen mit Frischkäse und Estragon.

Einen Abstecher lohnt auch der Fluss Ljubljanica, der sich am Fuß des Burgbergs schlängelt. Dort können Sie am Ufer spazieren, vom Ribji trg aus mit einem Ausflugsboot auf Fahrt gehen – oder beim Kanu Klub eine Kajaktour anfragen. In allen drei Fällen lernen Sie die Stadt, in der Italien und Österreich, Barock und Jugendstil zusammentreffen, aus einer anderen Perspektive kennen.

TAG·7
Österreichs Toskana

LJUBLJANA–MARIBOR

Ein letzter Blick auf die Drei Brücken (Tromostovje), dann geht es durch die Miklošičeva-Straße zum Bahnhof, und schon sitzen Sie im IC nach **Maribor**, der zweitgrößten Stadt des Landes. Die ruhige Fahrt führt entlang der Save, einem Nebenfluss der Donau, und dann nach Nordosten zur Drau, wo Maribor am linken Ufer liegt. Hier, wo die *vinoteka* gut gekühlten Weißwein servieren und der Hauptplatz Glavni trg noch immer ziemlich österreichisch wirkt, lohnt sich stets ein Halt zum Mittagessen!

MARIBOR–BAD RADKERSBURG

Ja, die Grenze liegt ganz nahe, gleich hinter den wogenden Hügeln, die jenen der Toskana gleichen. Wenn Sie den Regionalzug Maribor–Graz genommen haben, steigen Sie am besten an der ersten Station auf österreichischer Seite, in **Spielfeld-Straß**, aus und in den S51 ein. Dieser Zug fährt entlang der Mur durch die Weinberge bis zur Endstation in der Grenzstadt Bad Radkersburg.

TAG·8
Baden in Bad Radkersburg

Es geht nichts über einen entspannten Tag in Österreichs sonnigstem Kurort, um die Seele baumeln zu lassen. Geboten werden: malerische enge Gassen mit niedrigen Häusern, in denen die Zeit scheinbar stehen geblieben ist, eine Therme, die von heißen Quellen gespeist wird, und eine Einkehr in einem **Buschenschank**, um vor der Weiterfahrt nach Graz einen Traminer zu trinken, der in dieser steirischen Region auf 1200 Hektar angebaut wird.

TAG·9
Graz

Auf dem **Hauptplatz** der Hauptstadt der Steiermark angekommen, bewundern Sie die bunten stuckierten Bürgerhausfassaden. Fahren Sie dann mit der Tramlinie 1 zum Schloss Eggenberg, einem herrlichen UNESCO-Welterbe. Das Barockschloss besitzt so viele Fenster wie das Jahr Tage und ist eine Bilderbuchschönheit, die einfach alles bietet: eine Galerie mit alten Meistern, Prunkräume, weiches Gras für Picknicks… Oder möchten Sie doch lieber auf der Terrasse zu Mittag essen?

Dann geht es auf den Schloßberg (473 m)! Vom Kaiser-Franz-Josef-Kai saust die Schloßbergbahn – eine Standseilbahn – in wenigen Minuten zur Bergstation oberhalb des reizenden Restaurants **Starcke Haus**. Der Blick nach unten gibt das große Geheimnis der Grazer Altstadt preis: ihre kühne Architektur. Die große Muschel im Fluss? Ein Amphitheater samt Café, das auf dem Wasser schwimmt. Und das Raumschiff, das auf dem Lendkai gelandet ist? Das Kunsthaus Graz für zeitgenössische Kunst!

TAG·10
Graz-Wien

Jede Stunde fährt ein Railjet oder Eurocity von Graz zum Wiener Hauptbahnhof (einige sogar bis zum Wiener Flughafen). Wenn Sie Zeit haben, können Sie einen Abstecher nach **Stübing** einlegen. Dort führt ein 30-minütiger Spaziergang in eine liebliche Talsenke und zu Österreichs schönstem Freilichtmuseum. Eine gute Gelegenheit, frische Luft zu tanken und noch einmal die Natur zu genießen, bevor es zurück in die Hauptstadt geht!

GRAZ–WIEN VIA FEHRING: EINE IDYLLISCHE ALTERNATIVE

Wer lieber im Bummel- als im Eilzug, durch liebliche Landschaften als über die Berge reist, nimmt die S3 Graz–Fehring und den Regionalzug Fehring–Wiener Neustadt. Die langsamen Züge fahren nur alle zwei Stunden, dafür erlebt man eine reizvolle Landschaft zwischen goldbraunen Hängen und trifft dabei kaum Touristen. In **Wiener Neustadt** können Sie (fast) ohne Wartezeit nach Wien weiterfahren.

ADRESSEN

WIEN

Am Brillantengrund, *www.brillantengrund.com*. Das charmante Vintage-Hotel liegt im Zentrum der Hauptstadt. Doppelzimmer: ab ca. 100 € inklusive Frühstück.

KLAGENFURT

Der Sandwirth, *www.sandwirth.at*. Hier übernachtet man ganz in der Nähe des Neuen Platzes. Doppelzimmer: ab ca. 95 € inklusive Frühstück.

VILLACH

Hotel Palais 26, *www.palais26.at*. Romantisch gestaltetes Hotel im Stadtzentrum. Doppelzimmer: ab ca. 120 € inklusive Frühstück.

LJUBLJANA

Vander Urbani Resort, *www.vanderhotel.com*. Wenige Schritte vom Fluss entfernt, Pool auf dem Dach. Doppelzimmer: ab ca. 130 € inkl. Frühstück.

BAD RADKERSBURG

Hotel garni Toscanina, *www.toscanina.at*. Hier genießt man die Vorteile eines Kurorts: Pool im Freien, Fitnessraum und Hammam. Doppelzimmer: ab ca. 100 € inklusive Frühstück.

GRAZ

Hotel Daniel, *hoteldaniel.at*. Ein überraschend günstiges cooles Designhotel in guter Lage zum Bahnhof. Doppelzimmer: ab ca. 80 €.

12 Auszeit in den Bergen

7 Tage
& nach Belieben mehr

Österreich

Grüne Matten auf den Almen, unglaublich romantische Seen, atemberaubende Panoramablicke, Thermalbäder, in denen Sie Ihre Batterien wieder aufladen können, und zwei UNESCO-Welterbestätten: Salzburg – die Geburtsstadt Mozarts – und das bildhübsche Hallstatt. Diese traumhafte Zugreise ist insgesamt 320 Kilometer lang.

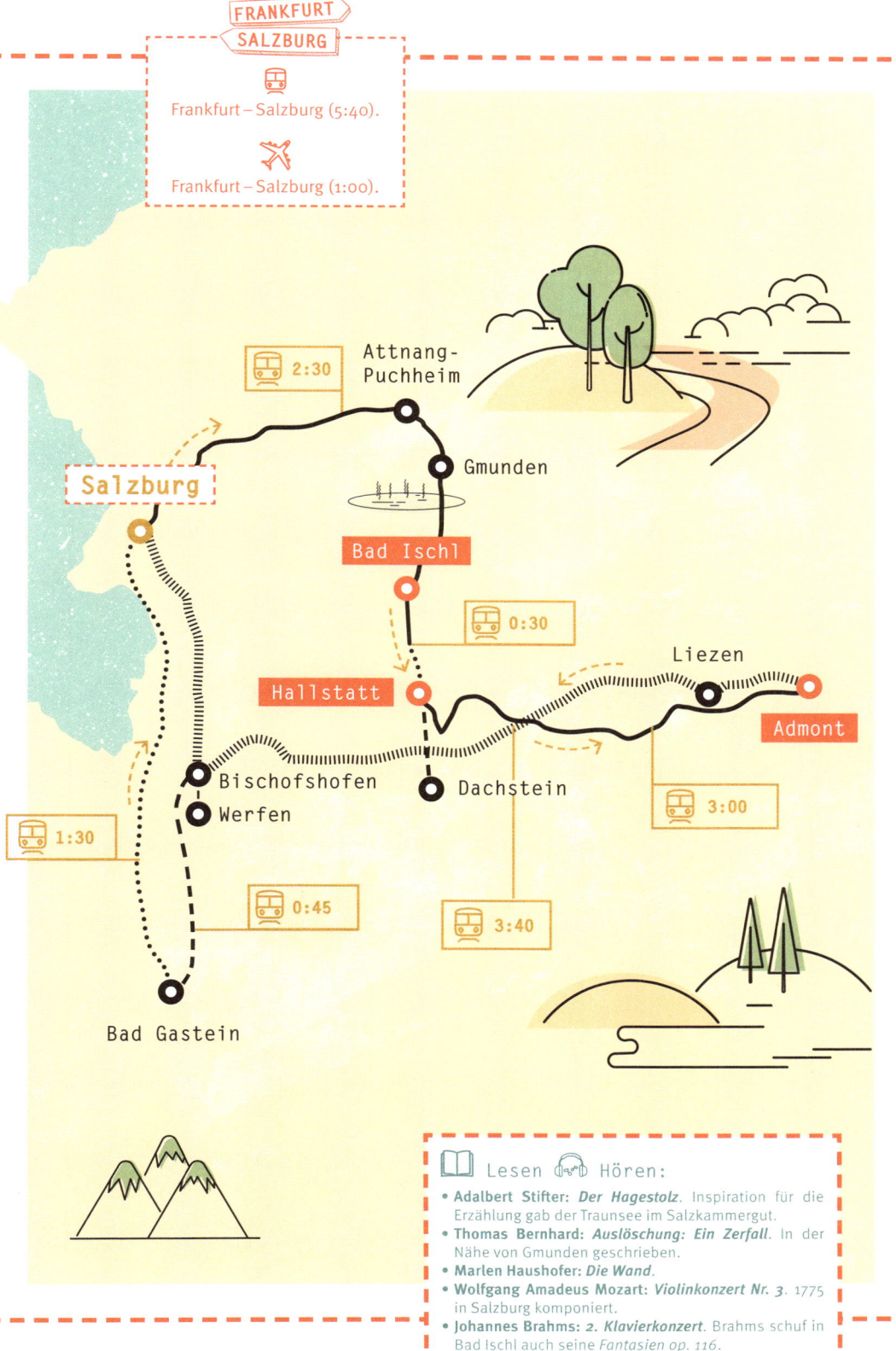

TAG·1
Salzburg

Die Altstadt von Salzburg ist grandios. Grüne Kupferdächer, schmiedeeiserne Schilder, versteckte Passagen: eine veritable Theaterkulisse! Wer nichts übersehen möchte, spaziert nach der Ankunft direkt zum Museum der Moderne. Dort öffnet sich ein fantastischer Panoramablick über die Dächer dieser barocken Schönheit, die auch das »Rom des Nordens« genannt wird. Kein Wunder, dass der junge Mozart hier Inspiration fand.

Die Fürsterzbischöfe, die Salzburg im 17. Jahrhundert zur prächtigen Residenzstadt ausbauten, ließen auch herrliche Gärten anlegen. Besonders schön ist der Park von Schloss Hellbrunn, der mit dem Fiaker oder dem Bus 25 zu erreichen ist und dessen Wasserspiele für unerwartete Duschen sorgen können. Wer es lieber ruhiger angeht, flaniert durch den Mirabellgarten von Schloss Mirabell und lauscht zwischen Rosen einem Konzert.

12 // Auszeit in den Bergen

TAG·2
Salzburg–Bad Ischl

Der nur wenige Gehminuten vom Mirabellgarten entfernte Bahnhof ist das Tor zu einer der schönsten Regionen Österreichs: das **Salzkammergut** am Nordrand der Alpen. Die Anreise erfordert keinen Aufwand: Man steigt einfach in einen Zug nach Linz (z. B. um 9.12 Uhr) und – nach einer Fahrtdauer von rund 45 Minuten – in Attnang-Puchheim wieder aus. Von dort fährt die Salzkammergutbahn, die eine wunderbare Aussicht auf die malerische Landschaft und einige der (insgesamt 76!) Seen der Region bietet.

Gleich hinter Attnang-Puchheim windet sich die Bahnlinie gemächlich Richtung **Traunsee**. Wer mit leichtem Gepäck reist, für den empfiehlt sich ein Stopp am Nordufer in Gmunden: Vom Bahnhof aus fährt die Traunseetram zum Seeufer und in die Umgebung der schönen Stadt, die auch schon vielen Künstlern gefiel. Das weiße Schloss, zu dem eine lange Holzbrücke führt, ist übrigens das **Seeschloss Ort**. Wer nicht aufpasst, kann bei diesem schönen Spaziergang leicht die Zeit vergessen und den Zug nach Bad Ischl verpassen!

TAG·3
Dolce far niente in Bad Ischl

Der Kurort, in dem schon Kaiser Franz Joseph die Sommer verbrachte, ist ein idealer Ausgangspunkt für Ausflüge in die Region. Gut erreichbar in der Nähe liegen: die Kaiservilla, die dem Kaiser auch als Jagdschloss diente, das Marmorschlössl, in das sich Sisi zurückzog, und nicht zuletzt die Konditorei **Zauner**! Wer keine Lust auf ein Solebad hat, wandert auf den Jainzen (835 m) oder steigt in den Bus 546 nach St. Wolfgang. Dort fährt die Schafbergbahn, eine Zahnradbahn, zum Gipfel des Schafbergs (1783 m). Von oben reicht der Blick weit über das Salzkammergut.

TAG·4
Bad Ischl–Hallstatt

Wenn Sie Bad Ischl gründlich erkundet haben, geht es weiter mit der **Salzkammergutbahn**: Der Zug rollt vorbei an grünen Kuhweiden, doch Richtung Bad Goisern (wo die robusten Bergschuhe hergestellt werden) rücken die Gipfel immer näher. Man hat fast das Gefühl, dass der Zug und die Berge eins würden.

Schon bald sieht man zwischen den Lärchen einen See schimmern, und das Schild **Bhf. Hallstatt** fordert zum Aussteigen auf. Unten wartet der Bootsführer, um Sie zum anderen Ufer überzusetzen, wo sich Hallstatts dunkle Holzhütten und Häuser, die teils auf Pfählen im Wasser stehen, am steilen Hang staffeln – ein traumhafter Anblick.

TAG·5
Ausflug auf den Dachstein

Wer keine Höhenangst hat, fährt mit dem Bus 543 nach Obertraun, wo die Krippensteinbahn auf 2060 Höhenmeter schwebt. Oben hat man von der Aussichtsplattform **5fingers** einen atemberaubenden Blick auf das Dachsteinmassiv und den Hallstätter See. Ein zusätzliches Schmankerl bietet die Mittelstation (1350 m). Dort führt ein Weg in die märchenhaften Unterwelten der Eis- und der Mammuthöhle. Zurück nach Hallstatt fahren Sie mit dem Bus 543 oder dem Schiff.

TAG·6

VOR DER WEITERREISE

Hallstatt–Admont

Noch einmal den See überqueren, und Sie erreichen wieder die Salzkammergutbahn. Nach Obertraun schlängelt sie sich durch das Koppental, macht in Bad Aussee halt und beendet ihre Fahrt in Stainach-Irdning. Gönnen Sie sich einen Abstecher zum **Stift Admont**, auch wenn man in Liezen bzw. Selzthal auf den Anschluss per Bus nach Admont warten muss. Die barocke Bibliothek steht Besuchern von April bis Oktober offen und ist schlicht fantastisch!

TAG·7

Admont–Salzburg

Nun geht es wieder zurück ins Land Salzburg – und zwar mit Tempo! Der Railjet ist ein Schnellzug, der dem Flusslauf der Enns folgt und durch wunderschöne, oft schneebeckte Landschaften rauscht. Hier liegt eines der größten Skigebiete Österreichs. Rechts ragt das Kalksteinmassiv des Dachsteins auf, links erstrecken sich die bewaldeten Niederen Tauern. Aber aufgepasst: Teilweise muss man zweimal umsteigen – in Liezen und Bischofshofen –, bevor man wieder Mozarts Heimatstadt erreicht (3:40 Fahrtzeit). Je nach Verbindung muss man oft auch nur einmal in Selzthal oder Amstetten umsteigen. Vielleicht lockt Sie ja auch ab Bischofshofen einer der zusätzlichen attraktiven Abstecher, bevor Sie endgültig nach Salzburg zurückfahren.

ADRESSEN

SALZBURG
Blaue Gans, www.blauegans.at. Schickes Designhotel in einem alten Stadthaus im Herzen der Altstadt. Doppelzimmer: ab ca. 180 €.

BAD ISCHL
Goldenes Schiff, www.goldenes-schiff.at. Hier schläft man direkt am Ufer der Traun. Doppelzimmer: ab ca. 100 € inklusive Frühstück.

BAD GASTEIN
Haus Hirt, www.haus-hirt.com. Gemütliche Zimmer mit schönem Blick auf das Tal. Doppelzimmer: ab ca. 120 € inklusive Frühstück.

HALLSTATT
Braugasthof Lobisser, www.brauhaus-lobisser.com. Der traditionelle Gasthof bietet gotische Architektur und einen schönen Blick auf den See. Doppelzimmer: ab ca. 145 € inklusive Frühstück.

LUST AUF EINE VERLÄNGERUNG?
— BAD GASTEIN
— WERFEN

ENTSPANNUNG IN BAD GASTEIN ...

Wenn Sie noch einen Tag Zeit haben, nehmen Sie – diesmal in Bischofshofen – den ersten Zug Richtung Süden nach Bad Gastein. Das auf 1083 Meter Höhe in einem bewaldeten Talkessel gelegene Städtchen ist einer der berühmtesten Kurorte Österreichs: Hier findet man viele Hotels, belebende Bergluft und – gegenüber dem Bahnhof – Thermen, die von heißen Quellen gespeist werden. Ein Hochgenuss, vor allem, wenn die ersten Schneeflocken die Hohen Tauern überzuckern.

... ODER SPANNENDES IN WERFEN

Wer die Unterwelt liebt und drei Stunden Zeit hat, kann in Werfen zwischen Bischofshofen und Salzburg ein Naturwunder im Tennengebirge erleben: die Eisriesenwelt. Naturgemäß ist es hier nicht sehr warm – die Temperatur liegt unter dem Gefrierpunkt –, aber das Erlebnis lohnt sich, vorausgesetzt, man ist nicht klaustrophobisch veranlagt. Vom Parkplatz Gries (5 Gehminuten vom Bahnhof entfernt) fährt ein Shuttlebus zur Seilbahn, die zur Höhle hinaufschwebt. Die Besichtigung erfolgt im Rahmen von Führungen.

13 Zwischen Mont Blanc und Matterhorn

5 Tage

Frankreich, Schweiz

Klare Seen, Schnee und bläuliche Gletscher – auf dieser hochalpinen Tour ist das Wasser in allen Zuständen allgegenwärtig. Ansonsten sollten Sie wissen, dass dort oben, egal auf welcher Seite des Mont Blanc, die Gipfel die Stars sind, Käse eine Religion ist und die Helden Eispickel und Steigeisen tragen.

Hinweis: Statt im Winter kann man diese Reise genauso gut im Sommer unternehmen, wenn sich zum ewigen Eis das Grün der Wiesen und Wälder gesellt.

TAG·1

Annecy

Kanäle, mittelalterliche Gassen, schneebedeckte Berge und Europas sauberster See – Annecy, das Venedig der Alpen, hat definitiv Großartiges zu bieten! Wenn Sie nur einen Tag Zeit haben, sollten Sie sich unbedingt die Altstadt ansehen: Bummeln Sie durch die gepflasterten Gassen, vorbei an den bunten Fassaden, die von italienischem Einfluss zeugen, und spazieren Sie auf kleinen Brücken über das glasklare Wasser. Verpassen Sie auch nicht den Pâquier: Die schöne weitläufige Grünanlage am Seeufer ist der beliebte »Garten« der Einheimischen! Einen wunderbaren Panoramablick hat das Château d'Annecy zu bieten: Im Burghof hat man eine atemberaubende 180-Grad-Aussicht über die Stadt und den See.

Annecy ist die ideale erste Etappe dieser Tour, kann man hier doch in städtischer Umgebung in die Welt der Alpen »eintauchen«.

TAG·2
Chamonix-Mont-Blanc

Von Annecy bringt Sie der TER oder der Léman Express zum Bahnhof Saint-Gervais-les-Bains. Hier steigen Sie um in den Mont-Blanc Express, mit dem Sie Richtung Berge nach Chamonix hinauffahren. In den verschneiten quirligen Straßen der kleinen »Hauptstadt des Alpinismus« liegt noch immer ein Hauch von Abenteuer in der Luft. Mit ihren Legenden, ihrer Geschichte und ihren sportlichen Möglichkeiten zieht sie Besucher aus aller Welt an. Rund um das Hochgebirgsstädtchen fällt der Blick überall auf Felsen, Eis und Schnee. Auf dem Hauptplatz deuten die Bronzefiguren der Bergpioniere Jacques Balmat und Horace Bénédict de Saussure auf den legendären, alles dominierenden Mont Blanc. Ringsum vergnügen sich die Besucher beim Stöbern in den vielen Souvenirläden, Luxusboutiquen und Sportgeschäften. Um die fantastische Hochgebirgslandschaft intensiver genießen zu können, fahren Sie am besten weiter hinauf zu den zwei folgenden Zielen.

ZAHNRADBAHN MONTENVERS

Zum nächsten Zug ist es nicht weit – und dieser berühmten roten Zahnradbahn werden Sie nicht widerstehen können. Auf steiler Strecke fährt sie auf den Montenvers und zum riesigen Gletscher Mer de Glace. Planen Sie einen halben Tag ein.

L'AIGUILLE DU MIDI

Hinein in die Seilbahn und hinauf in die hochalpine Welt der Aiguille du Midi! In nur 20 Minuten schweben die Gondeln vom Zentrum in Chamonix auf 3777 Meter Höhe, über Gletscher und Eistürme. Oben ist der Blick auf den Mont Blanc und seine Nachbarn unglaublich. Nehmen Sie sich für dieses Gipfelerlebnis einen halben Tag Zeit – und wagen Sie auch den »Schritt ins Leere« auf dem gläsernen Skywalk! Überwältigt von der einmaligen Landschaft, kehren Sie nach Chamonix zurück, wo Sie übernachten.

TAG·3
Länderverbindender Express

DER MONT-BLANC EXPRESS

Auf seiner gut 100 Jahre alten Strecke durchquert der Zug das Trient-Tal und verbindet Chamonix mit Martigny in der Schweiz – eine 90-minütige Fahrt durch eine wilde Gebirgslandschaft, wo zwischen Schluchten und verschneiten Tannen hie und da urige Dörfer auftauchen. Dort kann man haltmachen und Ausflüge unternehmen. In Martigny finden Sie problemlos Anschluss nach Zermatt, im Durchschnitt fahren 31 Züge pro Tag! Auf der Fahrt (2:20) muss man mindestens einmal umsteigen.

KULTURELLES INTERMEZZO IN MARTIGNY

Lieben Sie Kunst? Dann nutzen Sie beim Umsteigen in Martigny die Gelegenheit für einen Besuch in der Fondation Pierre Gianadda. Sie organisiert wechselnde Ausstellungen mit Werken großer Künstler wie Gauguin, Manet, Modigliani oder van Gogh. Die Kunststiftung beherbergt auch eine Dauerausstellung des Galloromischen Museums, ein Automobilmuseum und einen Skulpturenpark mit Werken unter anderem von Rodin, Brâncuși, Miro, Calder und Niki de St. Phalle.

ZERMATT

In Zermatt ist der 4478 Meter hohe markante Zacken des Matterhorns allgegenwärtig. Sein berühmtes Profil diente nicht nur einer bekannten dreieckigen Schweizer Schokoladenmarke (mit Nougatstückchen) als Vorbild. Was Sie erfreuen wird: Rund um den deutschsprachigen Ferienort, der seit 1947 nur mit dem Zug zu erreichen ist, ragen 29 Viertausender in den Himmel. Zermatt hat einen hübschen traditonellen Ortskern und ist gleichermaßen schick und sportlich. Das Skigebiet umfasst 360 Pistenkilometer und reicht bis in die Region Breuil-Cervinia in Italien. Ideal, um beim Skifahren italienische Küche zu genießen!

NOCH EINMAL HÖHER HINAUF!

Die Gornergratbahn war die erste elektrische Zahnradbahn der Welt und ist die höchste in Europa: Ihre Endstation auf dem Gornergrat liegt in 3089 Meter Höhe. Nach 30 Minuten rustikaler Steilfahrt mit Aussicht ab Zermatt kann man an der Bergstation auf einer sonnigen Aussichtsplattform das Panorama des Matterhorns und der umliegenden Giganten bewundern. Von hier aus erreicht man auch direkt die Skipisten und Winterwanderwege. **Empfohlene Aktivitäten:** Rodeln auf einer Rodelbahn mit mehr als 200 Meter Höhenunterschied und/oder Einkehr im Iglu-Dorf auf 2727 Meter Höhe. Übernachtung in Zermatt.

TAG·4
Zermatt–St. Moritz

IM SCHNECKENTEMPO: GLACIER EXPRESS

Der Glacier Express ist nicht nur legendär, sondern auch legendär langsam. Der »langsamste Schnellzug der Welt« braucht ganze 8 Stunden für die 291 Kilometer lange Panoramastrecke von Zermatt nach St. Moritz. Für *slow traveller* die perfekte Zugfahrt! Unterwegs fahren Sie durch 91 Tunnels, über 291 Brücken und den 2033 Meter hohen **Oberalppass**. Eine Zugreise, die zum Träumen einlädt, während man sich in den Anblick der Natur vor den Panoramafenstern versenkt. Im Zermatter Tal folgt die Strecke dem vereisten Fluss unter glitzernden Gipfeln. Gletscher, schneebedeckte Pässe, Bergbäche und Almhütten sind zu sehen. Je näher man dem Rhein und seinen Wasserfällen kommt, desto rauer wird die Landschaft, desto steiler die Wände und desto dichter die Wälder. Eine Benediktinerabtei, eine Barockkirche und ein schwindelerregendes Viadukt folgen aufeinander.

Zwischenstopps wählen. Die Sitze im Zug sind so komfortabel, dass man sie gar nicht mehr verlassen will. Die Atmosphäre ist gedämpft, der Boden mit Teppich ausgelegt und die Bedienung sehr aufmerksam. Wenn Sie nichts verpassen wollen: Die Kopfhörer am Sitzplatz liefern Informationen in sechs Sprachen. Und wenn Sie lieber die Landschaft und ein gutes Essen genießen möchten, können Sie auf den vielen Kanälen die passende Musik wählen. Empfehlenswerte Zwischenstopps: Fiesch mit dem Aletschgletscher, dem noch immer größten Gletscher der Alpen, oder Chur, Hauptstadt des Kantons Graubünden und älteste Stadt der Schweiz, wegen der Kultur und Sehenswürdigkeiten, bevor Sie unter lautem Hupen in St. Moritz ankommen.

TAG·5
St. Moritz

St. Moritz liegt im Kanton Graubünden in sonnenreicher Lage auf 1822 Meter Höhe. Das mondäne Städtchen ist einer der ältesten Wintersportorte der Welt und mit seinen Luxushotels, Thermalbädern, dem See und dem Casino von 1864 ein Treffpunkt der High Society. Sport wird hier großgeschrieben: St. Moritz war Austragungsort der Olympischen Winterspiele 1928 und 1948 sowie zahlreicher alpiner Skiweltmeisterschaften. Heute finden hier auch Pferderennen und der Snow Polo World Cup sowie Wettkämpfe auf der einzigen Natureisbobbahn der Welt statt. Wer es lieber etwas ruhiger angeht, genießt den Blick auf den riesigen zugefrorenen See vor der Kulisse der majestätischen Gipfel des Engadins. Man kann aber auch durch exklusive Boutiquen bummeln, in Gourmet-Restaurants schlemmen und Kunstgalerien besuchen ... St. Moritz ist bei allen Trends stets ganz vorne mit dabei.

WEITERE ZIELE

Von Panoramazug zu Panoramazug: In St. Moritz können Sie Ihre Reise mit dem Bernina Express fortsetzen – eine weitere traumhafte Tour. Die Beschreibung finden Sie auf S. 149.

ADRESSEN

ANNECY
Atipik Hôtel Alexandra, *www.atipikhotel.fr*. Das Hotel ist ideal in der Nähe des Bahnhofs und am Rand der Altstadt gelegen. Doppelzimmer: ab ca. 60 €.

CHAMONIX
Refuge du Montenvers, *www.refugedumontenvers.com*. Hier schläft man auf 1900 Meter Höhe in fantastischer Lage! Doppelzimmer: ab ca. 80 €.

ZERMATT UND ST. MORITZ
Achtung, Hotels sind in der Schweiz sehr teuer, also buchen Sie Ihren Aufenthalt weit im Voraus.

14 Schweizer Genusstour: Käse, Wein und Panoramen

5 Tage

Schweiz

Von Genf bis Gstaad, über Bulle und Vevey, von mondänen Ferienorten über urige Dörfer bis zu wohlhabenden hippen Städten – die Westschweiz besticht durch ihre Kontraste und vielen Facetten. Entdecken Sie Weingärten, den Genfersee und lokale Spezialitäten (wo sonst kann man ein Fondue in einem »Retro-Zug« schlemmen, wenn nicht im Kanton Freiburg?).

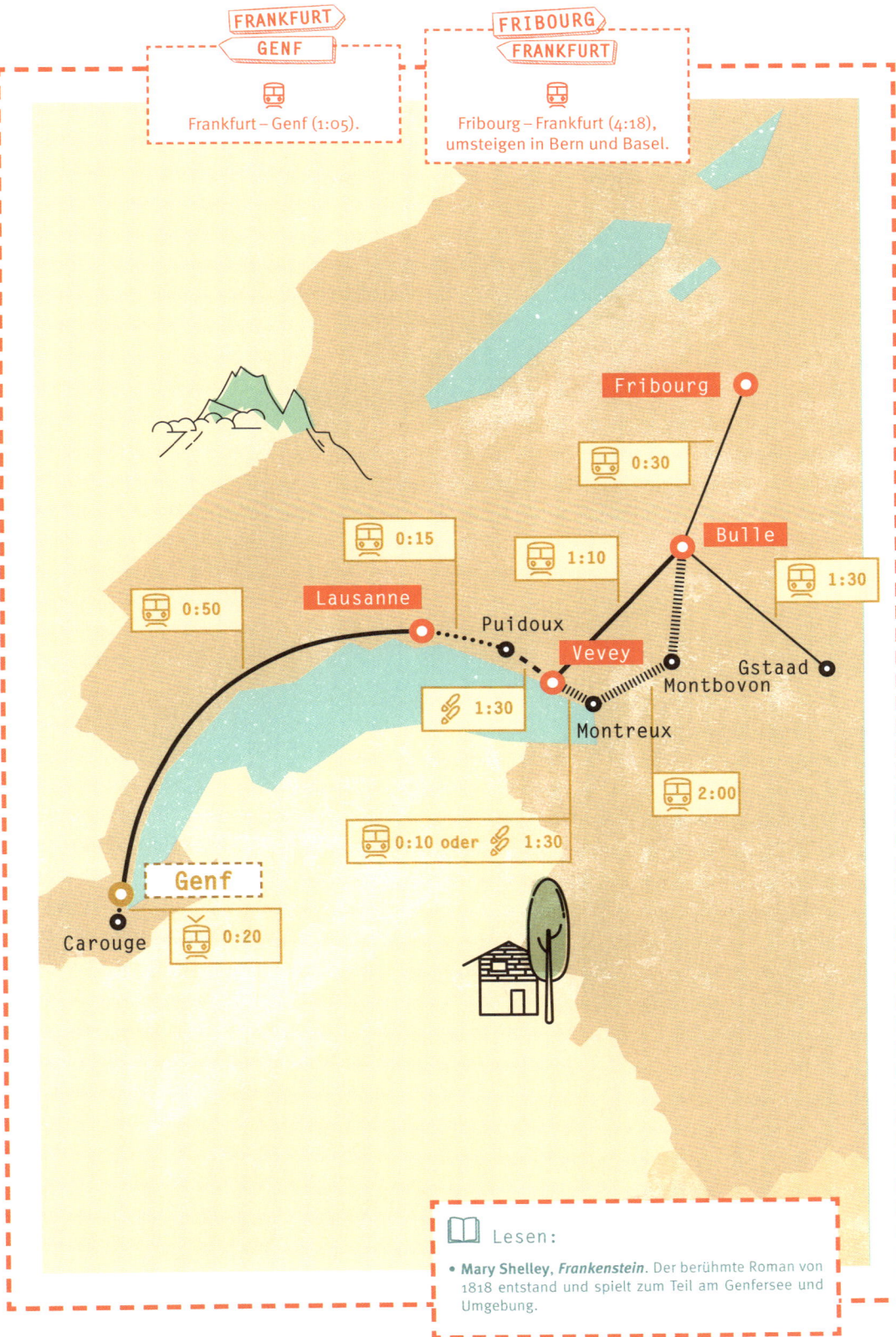

TAG·1
Genf

Genf hat mehr zu bieten als Banken und die Fontäne im See! Entdecken Sie die Altstadt mit ihren Gassen, der geschichtsträchtigen Kathedrale, in der viele Jahre Johannes Calvin predigte, und den politischen Machtzentren. Letztere sind unerschöpfliche Quellen für typisch Genfer Skandale – der »Genferei«, wie man hier fast liebevoll sagt.

Fans alternativer Architektur und Kultur spazieren zum Quartier des Grottes hinter dem Bahnhof. Hier findet man nicht nur zahlreichen Lokale und Läden, sondern auch eine vitale Streetart-Szene und interessante Beispiele zeitgenössischer Architektur.

Romantikern empfiehlt sich ein Spaziergang im lässig-idyllischen Vorort Carouge (vom Bahnhof mit der Tram 18 in 20 Minuten erreichbar), während es Genießer zum Aperitif in die Rue de l'École de Médecine zieht, in der sich eine beeindruckende Zahl schicker angesagter Bars drängt.

Bei alldem sollten Sie jedoch darauf achten, sich ausreichend auszuruhen, um am nächsten Tag fit für die Weiterreise nach Lausanne zu sein!

> Im Sommer sind die Ufer der Rhône mit Badetüchern bedeckt. An vielen Stellen führen Stege und Leitern ins Wasser, vor allem bei der **Sous-Terre-Brücke**. Ideal für ein Bad und Abkühlung mitten in der Stadt während einer Hitzewelle!

TAG·2
Lausanne

Genf und Lausanne sind nur knapp 50 Minuten mit dem Zug voneinander entfernt. Vermeiden Sie aber die Pendlerzüge in den Stoßzeiten, wenn die Wagen vor schlechter Laune brummen!

Lausanne erstreckt sich über mehrere Ebenen. Sie haben die Wahl: Sie können hinunter zum Seeufer spazieren, durch das Zentrum bummeln oder in die Höhe marschieren.

See. In der Umgebung von Ouchy finden Sie in einem Umkreis von 3 Kilometern (die Liste ist nicht vollständig) das Olympische Museum – ganz der Stolz der Stadt –, das renommierte Theater Vidy-Lausanne, das Luxushotel Beau-Rivage Palace mit dem Restaurant der Sterneköchin Anne-Sophie Pic sowie den Parc Louis Bourget samt Grillplätzen und feinen Sandstränden.

In zwei Bars am Seeufer, **Jetée de la Compagnie** und **Minimum**, kann man mit den Füßen im Wasser ein Bierchen oder ein Glas Wein genießen (bei Sonnenuntergang schmeckt es umso besser)! Die Lokale sind allerdings nur im Sommer geöffnet.

Stadt. In Lausannes kleinem Zentrum drängt sich eine fast schon beängstigende Zahl von Kulturangeboten: Dutzende Museen (am bedeutendsten sind Plateforme 10 und der Palais de Rumine), Theater und Konzertsäle mit einer unglaublichen Programmvielfalt und Arthouse-Kinos im Umkreis der beiden Pathé-Komplexe. Hier befindet sich auch der Sitz des nationalen Filmarchives **Cinémathèque suisse**, das täglich bis zu drei Vorführungen anbietet.

Wald. Im oberen Teil der Stadt ist der bewaldete Parc de Sauvabelin perfekt für eine Auszeit im Grünen. Wer die 302 Stufen auf seinen berühmten Aussichtsturm hinaufsteigt, wird mit einem herrlichen Blick über den See und auf die Berge belohnt.

Auf Französisch heißt der Genfersee Lac Léman, nur die Genfer nennen ihn Lac de Genève. Wer ihn in Lausanne so bezeichnet, tritt ins Fettnäpfchen!

TAG·3
Lausanne–Vevey

Der dritte Tag bietet einen Hochgenuss für die Augen, vor allem dank der rund 15 Minuten langen Zugfahrt von Lausanne nach Puidoux, die durch die Weinberge des Lavaux führt. Ein Tipp: Setzen Sie sich an die Fenster in Fahrtrichtung rechts. Wenn der Zug aus dem Hauptort des Kantons Waadt hinausfährt, bilden der glitzernde See, die Alpen und die Weinberge ein grandioses Panorama, das von der UNESCO zum Welterbe ernannt wurde.

Verlängern Sie den Genuss, indem Sie ganz einfach von Puidoux zu Fuß nach Vevey wandern. Rund 90 Minuten dauert die schöne Tour (8 km) durch die Weinberge, mit weitem Blick auf den See und die Berge – die ideale Kulisse für einen Weißwein-Apéro. Ein Abend am Seeufer im hübschen Vevey rundet den schönen Tag ab.

ABSTECHER

Sie können die nächste Etappe aber auch über einen Abstecher erreichen: Fahren Sie dazu bis nach Montreux und von dort mit dem Zug *GoldenPass Panoramic* nach Montbovon, wo Sie in den Zug nach Bulle umsteigen. Montreux besitzt nicht die beschauliche »dörfliche« Atmosphäre von Vevey, aber seine »Bling-Bling«-Seite mit dem Casino und dem berühmten Jazzfestival im Juli machen den Ort am Genfersee durchaus reizvoll. Der *GoldenPass Panoramic* fährt zwar nicht schnell, aber die großen Fenster und gläserne Decke des Panoramazugs ermöglichen eine einzigartige schöne Aussicht.

TAG·4
Der Fondue-Zug

Von Vevey aus sind Sie mit dem Zug in nur 70 Minuten in Bulle. Aber kalkulieren Sie genau: Sie müssen spätestens am späten Vormittag ankommen, um den **Fondue-Zug** zu erreichen. Dann beginnt eine echte nostalgische »Aus-Zeitreise«: der »Retro-Zug«, die grandiose Greyerzer Landschaft, das *Fondue moitié-moitié* und selbstverständlich die anschließende Meringue mit Crème double sind ein Rundumgenuss. Nach dem Kaffee setzt Sie der Fondue-Zug am Bahnhof Gstaad ab. Nutzen Sie die Gelegenheit für einen Spaziergang durch den berühmten Nobelferienort, in dem sich die europäische High Society sowie gekrönte Häupter und Filmstars erholen.

Verpassen Sie jedoch nicht den Zug, der Sie gegen Ende des Tages wieder zurück nach Bulle bringt. In der ländlichen Kleinstadt liegt das beste Fonduerestaurant der Schweiz, das **Café Fribourgeois**. Heute haben Sie zwar ziemlich sicher keine Lust mehr auf Fondue, dennoch sollten Sie sich das exzellente Lokal merken, für den Fall, dass Sie wieder einmal nach Bulle kommen. (Und wenn Sie keinen Käse mögen, dann ist doch zumindest die historische Brasserie selbst eine Augenweide).

Für die Afterparty bietet das Kulturzentrum **Ébullition** ein breites musikalisches Programm in entspannter Atmosphäre und samt Bar im Saal. Jeden letzten Donnerstag im Monat besinnt sich das alte Kino auf seine ursprüngliche Aufgabe und zeigt vergessene, unbekannte oder gern gesehene Autorenfilme.

TAG·5
Fribourg

Nach dem Frühstück in der lichtdurchfluteten **Brasserie Le Moderne** fahren Sie mit dem Zug in gut 35 Minuten nach Fribourg. »Frib's«, wie die Fribourger ihre Stadt nennen, ist die Hauptstadt des Kantons Fribourg und nach Genf und Lausanne die größte Stadt in der Westschweiz – hier kann man sehr viel unternehmen.

Die Befestigungen der mittelalterlichen Altstadt aus dem 13. bis 15. Jahrhundert sind im Sommer für die Öffentlichkeit zugänglich. Im Winter flüchtet man vor dem Wetter gerne in die Kathedrale St. Nikolaus, die die Silhoutte der Stadt prägt und das Wahrzeichen Fribourgs ist. Zu den vielen Kunstwerken im öffentlichen Raum zählen der Poteau patriotique (der auf Orte mit Schweizer Namen verweist, die aneinandergereiht die Worte der Nationalhymne ergeben) und die monumentalen Werke des berühmten Fribourger Bildhauers Jean Tinguely.

Die »Funiculaire« steht als eine der letzten Standseilbahnen in Europa, die (Ab-)Wasser als Antriebsballast nutzen, als nationales Kulturgut unter Denkmalschutz. Sie verbindet das Zentrum mit der historischen Unterstadt.

Abschließend ist gegen Ende des Tages ein Spaziergang zur Loretokapelle nicht nur für Panoramafans Pflicht. Vom Aussichtspunkt an der Kapelle ist der Blick auf die Stadt und den Sonnenuntergang schlicht umwerfend.

ADRESSEN

GENF
Hôtel Bel'Espérance, *www.hotel-bel-esperance.ch*. Das Hotel im Herzen von Genf hat in der obersten Etage eine Panoramaterrasse. Doppelzimmer: ab ca. 120 € inklusive Frühstück.

LAUSANNE
BnB Le Haut des Vignes, *www.bnb-lutry-lavaux.ch*. Eine Architektenvilla in den Weinbergen des Lavaux (von Lutry 5 Minuten mit dem Zug) samt Panoramaterrasse in der obersten Etage. Unbedingt vorab buchen! Doppelzimmer: ab ca. 150 €.

VEVEY
Hostellerie de Genf, *www.hotelgeneve.ch*. Das Hotel steht am Hauptplatz von Vevey am Genfersee. Doppelzimmer: ab ca. 40 €.

FRIBOURG
Hôtel de la Rose, *www.hoteldelarose.ch*. In nächster Nähe zur Kathedrale und zum Museum gelegen. Doppelzimmer: ab ca. 140 €.

15 Ewiges Eis, Seen & Palmen

5 Tage

Schweiz, Italien

Der Südosten der Schweiz glänzt mit einer Besonderheit: Hier reichen die Gletscher (fast) bis zu den Seeufern. Von den schneebedeckten Gipfeln ist es nur ein Katzensprung – oder wenige Schienenkilometer – bis zu den Palmen. Diese Route ist perfekt für Reisende, die Strände UND Berge lieben!

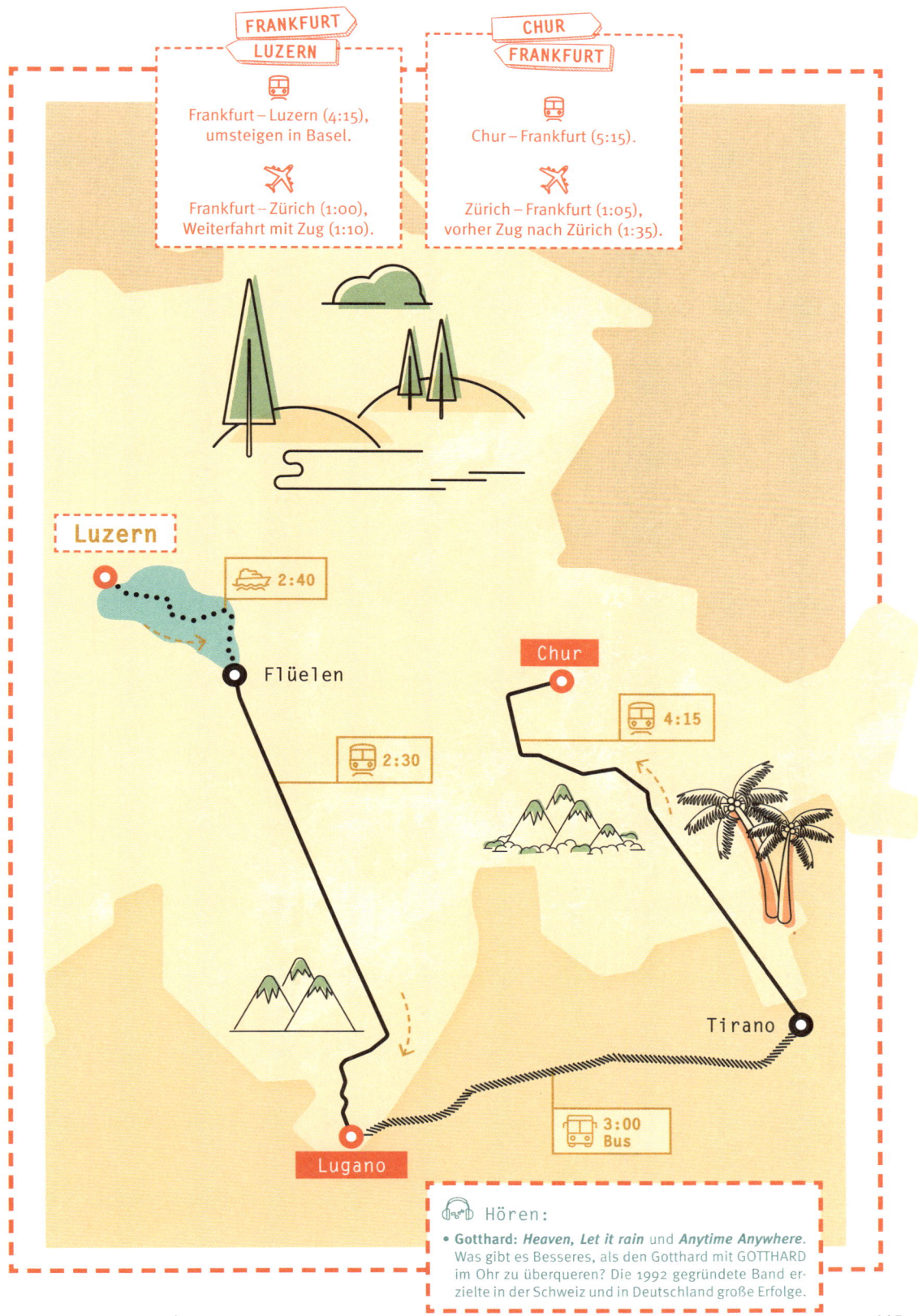

TAG·1

Luzern

In den verwinkelten Gassen der mittelalterlichen Stadt mit den uralten, wunderbar erhaltenen bemalten Fassaden laden in vielen Innenhöfen Cafétische zur Verschnaufpause ein – eine gute Gelegenheit, die müden Füße auszuruhen, bevor es weitergeht zur Kapellbrücke. Das berühmte Wahrzeichen der Stadt ist eine erstaunliche Holzkonstruktion, die als Touristenattraktion auch ein beachtliches Gewicht trägt.

Wer Gedränge gar nicht mag, bevorzugt wohl die weniger bekannte, aber nicht minder schöne Spreuerbrücke mit dem *Totentanz* des Malers Kaspar Meglinger. Und dann gibt es noch das Seeufer, an dem sich unbeschwert spazieren lässt, und den See selbst, auf dem man Bootsfahrten unternehmen kann.

> Sehenswert: Richard Wagners Flügel im **Richard-Wagner-Museum**. Es befindet sich in dem Landhaus, in dem der berühmte Komponist 6 Jahre lang lebte. Allein die Bootsfahrt oder der Spaziergang dorthin lohnt den Ausflug.

TAG·2 Gotthard Panorama Express

Ein abwechslungsreicher Tag: erst auf dem Wasser, dann über die Berge – die Fahrt mit dem Gotthard Panorama Express beinhaltet auch die Schifffahrt! Durch die großen Fenster fällt der Blick auf eine sagenumwobene Landschaft, Inbegriff Schweizer Geschichte: Rütliwiese, Schillerstein, Tellskapelle, Kirche von Wassen, Gotthardtunnel und die Alpen.

Der Tag beginnt mit der Passage über den Vierwaldstättersee von Luzern nach Flüelen (2:45). An Bord wird warmes Essen angeboten: ein guter Start für die Tour! Dann steigt man um in den Panoramazug, der auf seiner Fahrt (2:30) in 1100 Meter Höhe über die Schweizer Alpen auch durch den 1882 eröffneten Gotthardtunnel rauscht. Bei gemächlichem Reisetempo kann man die Monumente, die Geschichte der Region und den Mythos Gotthard in sich aufnehmen. Passenderweise wird im Zug die Biermarke mit dem gleichen Namen serviert, aber auch andere Getränke und Snacks. Wissbegierige Fragen können die Reisebegleiter beantworten.

Schließlich ist Lugano erreicht – und ja, Sie sind immer noch in der Schweiz, trotz der mediterranen Atmosphäre, der Palmen und der Tatsache, dass hier Italienisch gesprochen wird.

Den krönenden Abschluss des herrlichen Tages bildet schließlich ein feines Abendessen am See.

PRAKTISCHE HINWEISE

Der **Gotthard Panorama Express** fährt täglich außer montags und nur zwischen Mitte April und Mitte Oktober. Es ist jedoch immer möglich, die Panoramastrecke auf den Gotthard ab oder bis Erstfeld mit anderen Zügen zu fahren.

Beachten Sie bitte, dass nur die Wagen der ersten Klasse Panoramafenster besitzen. Der Fahrpreis setzt sich aus dem Ticket für Schiff- und Zugfahrt zusammen und beinhaltet zudem den »Gotthard Panorama Express«-Zuschlag.

TAG·3
Lugano

Lugano und sein türkisfarbener See lassen einen wie von Zauberhand sofort entschleunigen – *dolce far niente!* Dort nur einen Tag zu verbringen, ist eigentlich ein Sakrileg. Wenn Sie keine andere Wahl haben, unternehmen Sie wenigstens einen Spaziergang nach Gandria (etwa 60 Minuten). Mit seinen autofreien Gassen, Treppen und hoch in der Luft gespannten Wäscheleinen bietet das Dorf einen Vorgeschmack auf Italien – und eine ganze Reihe von Terrassenlokalen mit Blick auf den schimmernden Luganersee.

TAG·4
Bernina Express

Der Tag beginnt mit einer dreistündigen Fahrt mit dem Bernina Express Bus (Achtung: nur von April bis Oktober), die an den Ufern des Luganer- und des Comer Sees entlangführt. Ankunft in **Tirano** ist gegen Mittag, sodass man bereits hier, in Italien, zu Mittag essen kann. Eine gute Adresse ist **La Botte** (www.ristorantepizzerialabotte.it), 12 Gehminuten vom Bahnhof entfernt, wo mitten im Lokal in einem offenen Kamin Fleisch und Fisch gebraten werden.

Ab Tirano geht die Fahrt in einem Panoramazug weiter, dieses Mal mit dem Bernina Express. Dessen Strecke führt bis in 2253 Meter Höhe und über das berühmte Kreisvidadukt von **Brusio**, das dem Zug ermöglicht, auf einer Länge von nur 110 Metern einen Höhenunterschied von 10 Metern zu überwinden – ein Highlight für Eisenbahnfans (und von *Harry Potter!*).
Auf der **Bernina-** und der **Albulalinie** ist der Weg fast wichtiger als das Ziel – beide Strecken führen über eine Reihe von atemberaubenden Viadukten und sind so spektakulär, dass sie in die Liste des UNESCO-Welterbes aufgenommen wurden.

Wer auf der Passhöhe Station einlegen möchte, dem bietet der Albergo Ospizio Bernina (2309 m) eine einzigartige Möglichkeit zum Essen und Übernachten.

15 // Ewiges Eis, Seen & Palmen

TAG·5 Chur

Chur ist der Hauptort von Graubünden, dem einzigen Schweizer Kanton, in dem Rätoromanisch (eine der vier Landessprachen) gesprochen wird. Chur ist zudem die älteste Stadt der Schweiz: Im heutigen Stadtgebiet lebten schon in der Steinzeit immer wieder Jäger und Sammler. Lange Zeit später wurde Chur dank seiner Lage im Herzen der Alpen zu einer wichtigen internationalen Handelsstation.

Die Stadt besitzt deshalb reichlich historische Architektur und Sehenswürdigkeiten. Am bekanntesten sind die 800 Jahre alte Kathedrale und das Bischöfliche Schloss sowie die Relikte aus der Jungsteinzeit und der Bronzezeit.

Wen alte Steine nicht so interessieren, findet im autofreien Zentrum mit seinen vielen Boutiquen und Cafés unterhaltsame Entspannung.

ADRESSEN

LUZERN

Hôtel Beau Séjour Luzern, *beau sejourlucerne.ch*. Retrozimmer in Belle-Époque-Villa mit Garten- oder Seeblick. Doppelzimmer: ab ca. 130 € inklusive Frühstück.

LUGANO

Lugano Center GuestHouse, *www.luganoguesthouse.com*. Komfortables Gästehaus am Ufer des Luganersees. Doppelzimmer: ab ca. 90 €.

CHUR

Ambiente Hotel Freieck, *www.freieck.ch*. In einem historischen Haus nicht weit von Bahnhof und Zentrum entfernt. Doppelzimmer: ab ca. 160 € inkl. Frühstück.

LUST AUF EINE VERLÄNGERUNG?

Für Naturliebhaber bieten die Berge rund um Chur eine breite Palette an Aktivitäten: Wanderungen, Besuche von Weingütern und, im Umkreis von weniger als 1 Fahrtstunde, ganze 26 Kur- und Urlaubsorte!

16 Der Jakobsweg auf Schienen

8 Tage

Frankreich, Spanien

Diese – garantiert blasenfreie! – Reise nach Santiago de Compostela führt entlang der Via Turonensis in Frankreich und dem Camino del Norte in Spanien. Sie umfasst klassische Elemente einer Pilgerreise wie Herbergen und die Grabstätten von Heiligen, aber auch Ungewöhnliches wie *pintxos*, Atlantik-Surfen, Oldtimer-Roller und außergewöhnliche Züge.

TAG·1
Paris

Im Mittelalter war Paris eine wichtige Etappe auf dem Jakobsweg nach Santiago de Compostela. Pilger aus Nordeuropa besuchten insbesondere die Kirche Saint-Jacques-de-la-Boucherie, die eine Reliquie von Jakobus dem Älteren bewahrte. Erweiterungsarbeiten an diesem Bauwerk finanzierte Nicolas Flamel, den *Harry Potter*-Fans als legendären Schöpfer des Steins der Weisen kennen. Heute existiert von der Kirche nur noch der Glockenturm Tour Saint-Jacques, der wie einst als ein Treffpunkt der Pilger dient. Jenseits der Seine ziert am linken Ufer in der Rue Saint-Jacques 31 eine besondere Sonnenuhr die Hauswand: Sie stammt von Salvador Dalí und ist wie ein muschelförmiges Frauengesicht gestaltet – ein Verweis auf den Jakobsweg. Nicht weit entfernt präsentiert das Mittelaltermuseum Musée de Cluny zahlreiche Exponate über die Pilger und ihren langen Weg, wie die wegweisenden Muscheln an den Fassaden, Apostelfiguren und die kleinen Metallmünzen, die die Pilger in Santiago kauften und bei ihrer Rückkehr in die Seine warfen. Nun heißt es: Kurs Santiago!, das man zu Fuß – hoffentlich – in zwei Monaten erreicht oder mit dem Zug – sicher – in zehn Tagen.

TAG·2
Tours

Die erste und zudem sehr berührende Station ab Paris (1:10) ist die Basilika Saint-Martin de Tours. Seit gut 1600 Jahren sind die Reliquien des heiligen Martin das Ziel unzähliger Pilger, die von hier aus weiter nach Santiago de Compostela ziehen. Tours ist eine wichtige Etappe auf der nach der Stadt benannten Pilgerstrecke Via Turonensis. Sie führt bis zu den Pyrenäen, von wo man auf dem Camino Francés oder dem Camino del Norte weiter nach Santiago wandert.

Lebensstil und Stimmung der Stadt lernt man auf einen Spaziergang durch das Quartier Colbert kennen, dessen Bewohner dem historischen Erbe Tours' eng verbunden sind. Hier stehen mittelalterliche Schieferhäuser und wunderbar erhaltene Renaissance-Bauten sowie die Maison de la Pucelle Armée, in der Jeanne d'Arcs Rüstung geschmiedet wurde, und die Kathedrale Saint-Gatien mit der prächtigen Fassade im Flamboyant-Stil. Der Parcours Lumière Balzac führt zu wichtigen Orten im Leben und Werk des Schriftstellers, dessen Liebe zu seiner Heimatstadt von Tours erwidert wird. Ein Highlight ist die berühmte Place Plumereau (oder »Place Plume«, wie sie auch genannt wird) mit ihren Fachwerkhäusern, die regelmäßig zu »Frankreichs schönstem Ort für einen Aperitif« gewählt wird! Bei schönem Wetter ist an der Loire mit ihren netten *guinguettes* (Vorortlokalen) einiges los, z.B. Konzerte und Freiluftkino.

DAS »TAL DER KÖNIGE«

Die Schlösser im Loire-Tal - insgesamt mehr als 400 - zeugen davon, dass die Region jahrhundertelang bei Frankreichs Königen und dem Adel hoch im Kurs stand. Mit seinem Architekturschatz gehört das Loire-Tal zum UNESCO-Welterbe. Das Historienspektakel *Scénoféerie* in Semblançay, das internationale Gartenfest in Chaumont und das *Escape Game* in Blois sind einige der touristischen Attraktionen. Das Fremdenverkehrsbüro gegenüber dem Bahnhof informiert über die vielen Möglichkeiten, das Tal zu entdecken - z.B. auf dem Loire-Radweg (»Loire à Vélo«). Wer die Schlösser- mit der Weinroute kombiniert, kann unterwegs eine Weinprobe in Vouvray, Montlouis oder Chinon einlegen.

TAG·3 Bordeaux

Mit dem TGV fahren Sie von Tours weiter nach Bordeaux (3:00). Die Stadt an der Garonne besticht seit je mit einmaliger Lebensqualität, großartiger Küche, klassischer Architektur, Atlantiknähe und berühmten Weinlagen. Wer nur einen Tag Zeit hat, konzentriert sich in Bordeaux am besten auf die Altstadt und fährt vom Bahnhof Saint-Jean mit der Tram zur Place de la Bourse. Der berühmte Platz ist morgens am fotogensten, wenn die Sonne auf die Fassaden scheint. Lassen Sie sich vom riesigen spiegelnden Reflexionsbecken Miroir d'eau an der Garonne hypnotisieren. Sport- und Spielplätze sowie Siesta-geeignete Grünflächen entlang der Ufer-*quais* bilden einen beliebten Erholungsraum der *Bordelais*. Spazieren Sie dann zum todschicken Quartier Triangle d'or, zum Jardin Public (die nach Versailler Vorbild angelegte grüne Lunge der Stadt) und zur romanisch-gotischen Kathedrale Saint-André. Zum Ende des Tages steigen Sie die 229 Stufen der Tour Pey-Berland hinauf, um von der Turmspitze aus den Blick auf den Sonnenuntergang über der Stadt zu genießen. Wenn Ihre Zeit nicht für einen Besuch eines Weinguts oder der Cité du Vin reicht, sollten Sie zumindest vor der Weiterreise in einer Weinbar einkehren. Im freundlichen **Chez Le Pépère** unweit der Place Gambetta z. B. gibt es lokale Weine, Wurst, Chansonniers und reichlich Humor am Tresen.

TAG·4
Bayonne

Am nächsten Morgen geht die Reise mit einer Zugfahrt (2:00) durch den Parc Naturel des Landes de Gascogne weiter. Bayonne präsentiert sich deutlich anders als Bordeaux: In der baskischen Stadt tönt aus den Lokalen baskische Musik, die Schilder sind zweisprachig und die Einheimischen leidenschaftliche Fans des baskischen Sports Pelota. In vielen Fenstern sind politische Parolen zu lesen, das Spektrum reicht von der Unabhängigkeit des Baskenlandes über die Aufnahme von Flüchtlingen bis zum Klimaschutz. Bei einem Spaziergang am Ufer der Nive lässt man sich von den jahrhundertealten Häusern mit roten, blauen oder grünen Fensterläden bezaubern, die sich im Wasser spiegeln. Der tägliche Markt im Carreau des Halles ist ein Füllhorn regionaler Spezialitäten: Schafskäse, Piment d'Espelette, mit Kabeljau gefüllte Paprikaschoten, baskischer Kuchen und natürlich der berühmte Bayonne-Schinken … In Feierlaune sind die Einheimischen das ganze Jahr, aber bei den Sommerfesten explodiert sie förmlich!

CAMINO DEL NORTE

Von Bayonne bricht seit je ein Großteil der Pilger zur Wanderung auf dem Camino del Norte auf. Er führt entlang der Atlantikküste durch vier nordspanische Regionen: das Baskenland, Kantabrien, Asturien und Galicien. Räuber und Wölfe machten den Weg einst unsicher, mittlerweile hat er sich jedoch zu einer beliebten Alternativroute zum Camino Francés auf dem Weg nach Santiago de Compostela gemausert. Zwischen Himmel und Wasser, Bergen und Meer, hohen Klippen und kleinen Häfen hält der Weg jeden Tag einige Herausforderungen bereit. Er eignet sich eher für sportliche Wanderer, die unterwegs ein wenig Einsamkeit suchen.

TAG·5
Wanderung auf dem Camino bei San Sebastián

Nach 90-minütiger Zugfahrt entlang der baskischen Küste, mit Umsteigen in Hendaye, erreichen Sie San Sebastián im grünen Norden der Iberischen Halbinsel. Hier können Sie einen schnellen Rundgang durch die hübsche Altstadt mit den schönen Art-déco-Häusern unternehmen und sich am Surferstrand Zurriola – einem der drei Stadtstrände – entspannen. Das hiesige Publikum ist am jüngsten und am sportlichsten. Achten Sie aber auf die Zeit, denn heute nehmen Sie endlich den Jakobsweg in Angriff! Dazu schnüren Sie die Wanderschuhe für eine dreistündige Tour, die am Strand beginnt. Der mit dem Muschelzeichen der Jakobswege markierte Camino del Norte führt von hier am Meer entlang auf den Berg Ulía am Ostrand der Stadt. In San Pedro fahren Sie mit einem kleinen Boot in den Farben Grün-Rot-Weiß in das reizende Fischerdorf Pasajes de San Juan (Pasaia). Dort legen Sie eine Rast ein und stärken sich mit einer exzellenten Meeresfrüchteplatte. Danach geht es mit dem Bus zurück nach San Sebastián, wo Sie übernachten.

TAG·6
Bilbao

Von San Sebastián aus fahren Sie mit dem Bus nach Bilbao (1:20), das viele Attraktionen zu bieten hat. Seit 20 Jahren spielen Kunst, Design und Mode eine prägende Rolle in der dynamischen und zugleich relaxten Stadt. Vom Busbahnhof erreichen Sie in rund 20 Minuten zu Fuß bzw. in 12 Minuten per Tram das weltberühmte Museo Guggenheim Bilbao. Das von Frank Gehry entworfene Museum mit seiner Titanfassade, das Werke von Künstlern wie Jeff Koons, Mark Rothko und Louise Bourgeois präsentiert, ist als großer Spiel- und Lernort konzipiert. Weiter geht es über die Ría zum Mercado de la Ribera, dem größten überdachten Markt Europas. Hier können Sie *pintxos* probieren – kleine kulinarische Köstlichkeiten auf einem Stück Weißbrot. Danach lockt ein Bummel durch die Designerboutiquen in den mittelalterlichen Straßen der Altstadt. In diesem Labyrinth kann man sich leicht verirren – und gerade dann Besonderes erleben!

TAG·7
Santander

Vom Bilbao fährt der Zug (3:00) nach Kantabrien und in dessen Hauptstadt Santander. Santander besitzt als Mitglied im exklusiven »Club der schönsten Buchten der Welt« großartige Stadtstrände und Surfspots. Bei einem Spaziergang vom Hafen zum 3 Kilometer entfernten, auf einer Halbinsel gelegenen Parque de la Magdalena liegen einige entlang der Strecke. Im Park können Sie im Schatten der Kiefern picknicken und das Schloss bewundern, in dem die königliche Familie bis Anfang des 20. Jahrhunderts die Sommerfrische verbrachte. Liebhaber zeitgenössischer Kunst zieht es in das von Renzo Piano entworfene Centro Botín. Wer einfach nur den Panoramablick genießen möchte, steigt auf die kostenlos zugängliche Dachterrasse hinauf. Anschließend bummeln Sie zurück ins schöne Zentrum, wo selbst die Banken elegante Fassaden haben. Dort reservieren Sie für ein garantiert unvergessliches Abendessen einen Tisch in der rustikalen **Bodega del Riojano** *(www.bodegadelriojano.com)*. Unter dicken Deckenbalken und zwischen von Künstlern verzierten Fässern genießt man hier exzellente Küche – die *tortillas* sind ein Gedicht.

WANDERUNG AUF DEM CAMINO ZUR PILGERHERBERGE IN GUËMES

Am intensivsten erlebt man den Jakobsweg natürlich auf – selbst kurzen – Wanderungen. Dazu setzen Sie von Santander mit der Fähre in rund 20 Minuten nach Somo über. Dort beginnt ein knapp dreistündiger Weg entlang der Steilküste, wo Sie zum Rhythmus der Wellen auf geschichtsträchtigem Terrain zur Pilgerherberge in Guëmes wandern. Deren Leiter ist der unter Jakobspilgern legendäre Pater Ernesto. Die Herberge *(www.albergue deguemes.es)* ist nicht nur eine Unterkunft, sondern auch ein Ort der Gemeinschaft und der Reflexion, in dem jeder willkommen ist. Dieser für den Jakobsweg typische Geist der Gemeinschaft wird auch Sie schnell erfassen.

TAG·8
Santiago de Compostela

Galicien zeichnet sich nicht eben durch ein effizientes Eisenbahnnetz aus: Selbst wenn Sie frühmorgens starten, erreichen Sie Santiago de Compostela bestenfalls am frühen Abend. Die Beine vertreten Sie sich dann auf dem 2 Kilometer langen Weg vom Busbahnhof zur Kathedrale. Das mächtige Gotteshaus bewahrt die Reliquien des Apostels Jakobus und ist eines der lebendigsten Zentren des Katholizismus. Der Anblick der ankommenden Pilger – weinend, erschöpft, stolz und wehmütig – ist für jeden eine Lektion in Demut. Die »Compostela« genannte Pilgerurkunde erhält, wer auf dem Jakobsweg mindestens die letzten 100 Kilometer zu Fuß zurückgelegt hat. Gut, die Urkunde steht Ihnen nicht zu, aber als Hochstapler müssen Sie sich in Santiago dennoch nicht fühlen: Auf dem Jakobsweg kommt es weder auf das Verkehrsmittel noch die Leistung an, sondern darauf, den eigenen Rhythmus zu finden!

Nun ist es aber an der Zeit, über einen anderen Weg nachzudenken: die Rückreise. Zur Wahl stehen der Nachtzug nach Barcelona, wo Sie Anschlüsse in alle Richtungen haben, oder ein Flug von Santiago oder aber dem nahen Porto.

ADRESSEN

TOURS

L'Adresse, www.hotel-ladresse.com. Das Hotel im Herzen der Altstadt von Tours bietet moderne Eleganz in ruhigen zeitlosen Farben. Doppelzimmer: ab ca. 90 €.

BORDEAUX

Hôtel Gambetta, www.hotel-gambetta.com. Ideal gelegen: der Triangle d'or, Gambetta, Saint-Pierre und das Rathaus sind nur 5 Minuten entfernt. Doppelzimmer: ab ca. 100 €.

BAYONNE

Hôtel Côte Basque, www.hotel-cotebasque.fr. Ein hübsches Hotel in einem Stadthaus des 18. Jahrhunderts in der Nähe des Bahnhofs. Doppelzimmer: ab ca. 120 €.

SAN SEBASTIÁN

Sercotel Codina, www.sercotelhotels.de. Das ruhige Hotel liegt unweit des Strandes. Doppelzimmer: ab ca. 130 €.

BILBAO

NH Collection Villa de Bilbao, www.nh-collection.com. Exzellente Innenstadtlage, renovierte geräumige Zimmer. Doppelzimmer: ab ca. 130 €.

SANTANDER

Le Petit Boutique Hotel, www.lepetithotelsantander.com. Das Hotel ist ideal an der Strandpromenade direkt neben dem Palacio de la Magdalena gelegen. Doppelzimmer: ab ca. 100 € inklusive Frühstück.

17 Auf der Route der Kunst am Mittelmeer

11 Tage

Frankreich, Spanien

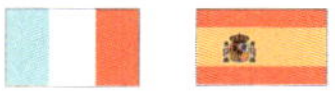

Auf dieser französisch-spanischen Reise vor der Kulisse des strahlend blauen Mittelmeers erwartet Sie ein dichtes Programm mit Küstenwanderungen, Spaziergängen auf den Spuren berühmter Maler und Ausflügen an Bord ungewöhnlicher Züge.

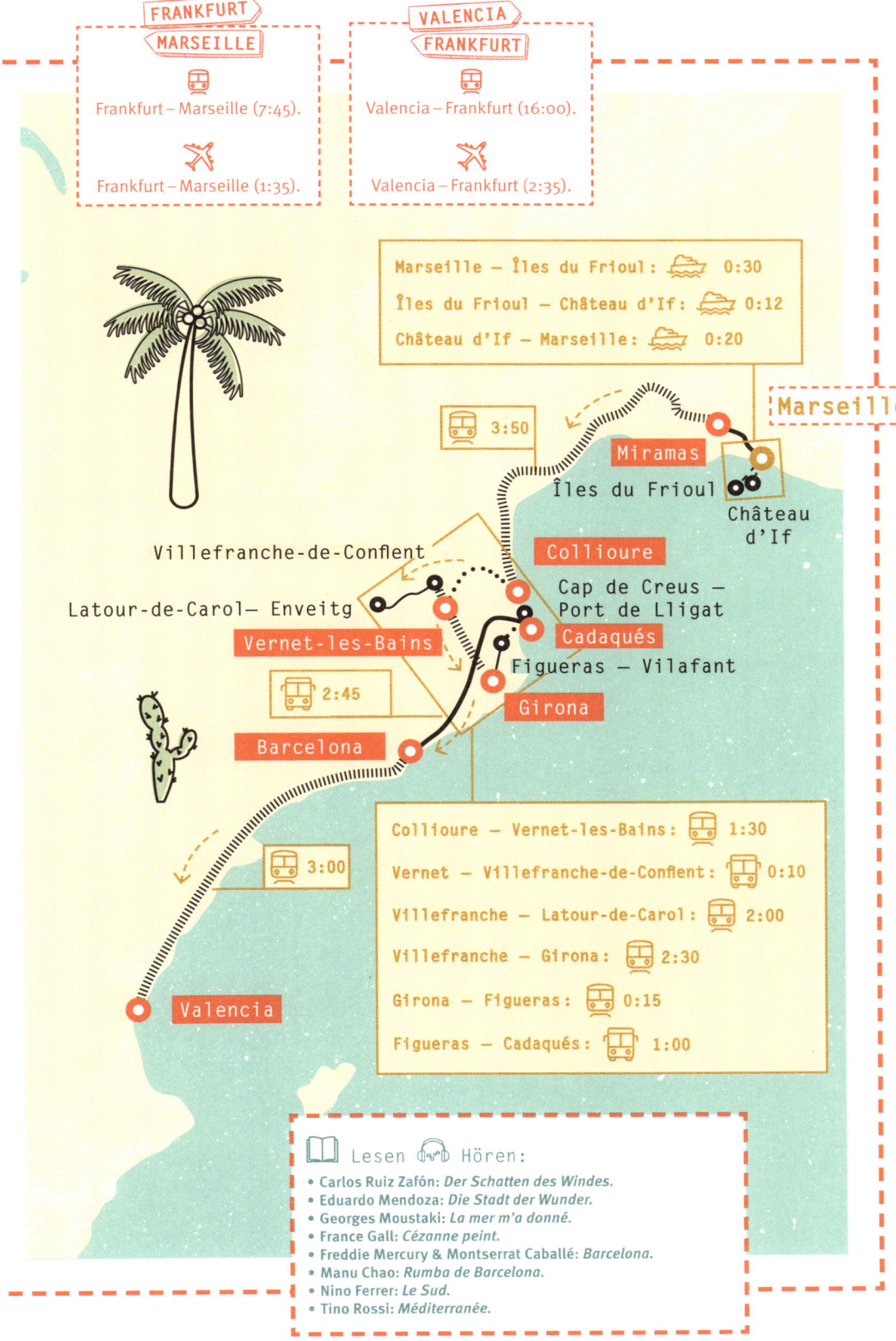

TAG·1

Marseille

Frankreichs zweitgrößte Stadt hat so viel zu bieten, dass man hier zwei Wochen verbringen könnte! Bei einem kurzen Aufenthalt sollten Sie sich auf das Wesentliche konzentrieren. Fahren Sie zum Vieux-Port, wo am Quai des Belges jeden Morgen der Fischmarkt stattfindet. Anschließend tauchen Sie im Museum Mucem, das zwischen Himmel und Meer zu schweben scheint, in die Geschichte der Mittelmeer-Zivilisationen ein. Nehmen Sie sich die Zeit, durch die Außenbereiche zu schlendern und die Aussicht zu genießen. Zur Suche nach dem schönsten Blick auf die Stadt gehört ein Spaziergang hinauf zur »Bonne Mère«, wie die Basilika Notre-Dame-de-la-Garde im Volksmund heißt. Danach lassen Sie sich in einem der Lokale des Quartier du Panier, des historischen Herzens von Marseille, eine Bouillabaisse oder Pistou schmecken.

TAG·2

Train de la Côte Bleue

Morgens steigen Sie im Bahnhof Marseille Saint-Charles in den Train de la Côte Bleue ein. Die 32 Kilometer lange Strecke entlang den *calanques* (Buchten) zwischen Marseille und Miramas (1:15) ist mit ihren Viadukten und Tunneln ein Erlebnis. Vom bequemen Sitz aus sieht man vor dem Fenster das türkisblaue Meer und die hübschen Häfen der Côte Bleue vorbeiziehen. Zum Baden bieten sich mehrere Möglichkeiten an: der reizende Hafenort Niolon, Carry-le-Rouet oder das von Derain, Cézanne und Braque auf Gemälden verewigte Dorf L'Estaque. Wer gerne wandert, steigt in Ensuès-la-Redonne aus und folgt von dort dem Küstenweg von einer *calanque* zur anderen (Figuières, Méjean ...).

Zurück in Marseille führt der Weg zur monumentalen Cathédrale de la Major. Den Grundstein des Bauwerks im neoromanisch-byzantinischen Stil legte Napoléon III im Jahr 1852.

Wer etwas länger in Marseille bleibt, kann mit der Fähre zu den Îles du Frioul und dem Château d'If übersetzen. Die Festung war früher ein Gefängnis und inspirierte Alexandre Dumas zu seinem Klassiker *Der Graf von Monte Christo*.

TAG·3

Collioure

Von Marseille aus geht es weiter nach Collioure (3:50, Anschluss in Narbonne). Anchovis, Künstlerateliers, Terrassen am Meer, bunte Häuser, hübscher Hafen – die Ortschaft kurz vor der Grenze zu Spanien ist ein wunderbarer Zwischenstopp. Ein Bummel durch die Gassen führt zur Kirche Notre-Dame-des-Anges, deren Glockenturm ursprünglich als Leuchtturm diente, und zur Kapelle Saint-Vincent, von der man eine wunderbare Sicht auf den Ort und das Meer hat. Die farbenfrohe Umgebung begeisterte die Maler Matisse und Derain, die sich hier im Sommer 1905 ebenso einquartierten wie kurz darauf auch Braque, Picasso, Dufy und Chagall. Auf dem Rundweg *Chemin du Fauvisme* sind 19 Reproduktionen von Bildern, die Matisse und Derain hier malten, installiert.

Ein Touristenzug *(petit-train-touristique.com)* fährt durch die Weinberge oberhalb der Ortschaft hinauf zur Festung Saint-Elme. Nach einem Halt, bei dem man die Aussicht bewundern kann, fährt er wieder hinunter nach Port-Vendres und über die Corniche zurück nach Collioure.

TAG·4
Vernet-les-Bains

Nur 1,5 Stunden dauert die Zugfahrt von Collioure nach Vernet-les-Bains. Der sonnige Ferienort für Naturliebhaber und Wanderer ist nicht nur Ausgangspunkt für die Route auf den Pic du Canigou (ein sportlicher Aufstieg für Hochgebirgserfahrene), sondern bietet auch ein großes Arboretum (mit 2000 Bäumen), Thermalbäder (von März bis November) sowie ein Spa, in dem man einen Tag lang die Seele baumeln lassen kann. Ein schöner Spaziergang führt auf gepflasterten Gassen durch das mit Blumen geschmückte alte Dorf zur romanischen Kirche Saint-Saturnin aus dem 12. Jahrhundert. In der Unterstadt stehen am linken Flussufer des Cady schöne Belle-Époque-Bauten (Grand Hôtel du Portugal, Casino) aus den goldenen Zeiten des Ortes, der in den wilden 1920er Jahren zum »Pyrenäen-Paradies« avancierte.

Schon gewusst?
Der Liedermacher Cali stammt aus Vernet-les-Bains und ist mit seinem Heimatort so stark verbunden, dass er eines seiner Alben danach benannt hat.

TAG·5
Train Jaune

Rund 20 Bahnhöfe liegen an der 63 Kilometer langen Strecke durch die katalanischen Pyrenäen. Sie wurde zu Beginn des 20. Jahrhunderts gebaut, um die katalanischen Hochebenen mit dem Rest der Region zu verbinden. Heute fährt hier der auch »Kanarienvogel« genannte Train Jaune (»gelber Zug«) auf seiner spektakulären Gebirgsroute durch das Pyrenäen-Hochtal Cerdanya. In Vernet nehmen Sie den Bus zum Bahnhof von Villefranche-de-Conflent, wo der Zug startet. Auf seiner Strecke zum Bahnhof **Latour de Carol – Enveitg** fährt er mit durchschnittlich 30 km/h durch 19 Tunnel (darunter den 337 Meter langen Planes- und den 380 Meter langen Pla-de-Llaura-Tunnel) und über Brücken wie den Pont Gisclard, der in 75 Meter Höhe über eine Schlucht führt, oder das zweistöckige Viadukt Pont Séjourné, dessen obere Ebene 65 Meter über der Erde schwebt. Bei dieser Fahrt ist Nervenkitzel garantiert – besonders im Sommer, wenn man in offenen Wagen unterwegs ist. Zurück am Bahnhof von Villefranche fahren Sie weiter nach Girona, das Sie in weniger als 2,5 Stunden erreichen (Anschluss in Perpignan).

TAG·6
Girona

Die katalanische Stadt Girona ist bezaubernd schön, nur 100 Kilometer von Barcelona entfernt – und dennoch wenig bekannt. Hier laden die Altstadt und die mittelalterlichen Stadtmauern zum Flanieren ein. Der von Gustave Eiffel erbaute Pont de Ferro sowie eine Reihe weiterer Brücken bieten einen herrlichen Blick auf den Fluss Onyar. Der Anblick der bunten Häuser, die sich in seinem Wasser spiegeln, erinnert deutlich an Florenz. Im ehemaligen jüdischen Ghetto fügen sich Gassen und Treppen zu einem reizvollen Labyrinth, in dem man sich leicht verlaufen kann. Die Kathedrale samt Kreuzgang und Museum steht am höchsten Punkt der Altstadt. Das Bauwerk mit dem kolossalen gotischen Gewölbe diente in einer Staffel von *Game of Thrones* als Drehort. Danach besichtigen Sie die mittelalterlichen Arabischen Bäder und spazieren anschließend zur Plaça de la Independència, wo Sie sich in einem der Lokale unter den Arkaden mit Tapas stärken.

> Wer gerne Museen besucht, findet in Girona ein großartiges Angebot, z.B. das Kunstmuseum im prachtvollen alten Bischofspalast, das Museum für Stadtgeschichte und das Filmmuseum.

TAG•7

Cadaqués

Mit seinen weißen Häusern, die direkt am Meer stehen, ist Cadaqués ein kleines Paradies, das ein wenig an die Dörfer auf den Kykladen erinnert. Von Girona aus führt der Weg in das Städtchen zuerst per Zug nach Figueras-Vilafant (0:15) und dann weiter mit dem Bus (ca. 1:00). Den Tagesausflug lohnt schon allein die Altstadt von Cadaqués, deren gepflasterte Gassen blumengeschmückte Häuser, Kunstgalerien, Restaurants und hübsche Läden säumen. Darüber thront die Kirche Santa-Maria, die einen opulenten Barockaltar besitzt und auf deren Kirchplatz man den schönen Blick auf das Meer bewundern kann. Im Hafen legen Ausflugsboote unter anderem nach Port Lligat ab (das man von Cadaqués auch zu Fuß in rund 20 Minuten erreicht). Die bedeutendste Attraktion des kleinen Hafenorts ist das Haus von Salvador Dalí, in dem der Maler bis zum Tod seiner Frau 1982 lebte und arbeitete.

TAG·8
Cap de Creus

Der zweite Tag in Cadaqués bietet sich für eine Runde Erholung an einem der Stadtstrände an – z. B. an dem Strand in der Bucht unterhalb der traumhaft schönen modernistischen Casa Serinyana oder »Casa Blaua« von 1910. Wer es sportlicher mag, schnürt die Wanderschuhe und zieht los auf dem Küstenweg zum Cap de Creus, dem östlichsten Punkt der Iberischen Halbinsel und der Serra de l'Albera. Planen Sie für die gesamte (entspannte) Wanderung einen ganzen Tag ein, und freuen Sie sich auf den fantastischen Blick auf die Berge und das Meer, der Sie am Cap für Ihre Anstrengung belohnt. Unterwegs durch die wilde Vegetation am türkisblauen Meer laden zudem mehrere Buchten zum Schwimmen ein. Das Cap de Creus ist auch über eine Straße erreichbar.

TAG·9 UND 10 Barcelona

Von Cadaqués aus erreichen Sie Barcelona entweder direkt mit dem Bus (Sarfa) oder mit dem Bus und dann per Zug über Figueras-Vilafant. Eine Hauptattraktion der katalanischen Hauptstadt ist das Altstadtviertel Barri Gòtic mit seinen mittelalterlichen Gassen und malerischen Plätzen. Besichtigen Sie an der Pla de la Seu die Kathedrale mit dem herrlichen Kreuzgang, in dem 13 Gänse leben. Durch schmale Gassen geht es zur Plaça de Sant Jaume. Von hier bummeln Sie zum Museu Picasso, zum Museu d'Història de Barcelona und zur Plaça del Rei. Danach stärken Sie sich an einem der vielen Stände in der Markthalle des Mercat de la Boqueria. Nun haben Sie die Wahl: über die berühmte La Rambla zum Hafen flanieren oder mit der Seilbahn auf Barcelonas Hausberg Montjuïc fahren? Dort oben können Sie den Panoramablick genießen, Museen besuchen – so die Fundació Joan Miró, das Museu d'Arqueologia und das Museu Nacional d'Art de Catalunya – oder im Botanischen Garten im Grünen entspannen ...

AUF GAUDÍS SPUREN

Antoni Gaudí, Architekt und Protagonist des katalanischen Modernisme, ist in Barcelona allgegenwärtig. Neben der Sagrada Família, ein »Muss« in Barcelona, gibt es noch viele weitere Gaudí-Bauten zu sehen, wie die Casa Vicens, die Casa Milà und die Casa Battló. Unbedingt einen Besuch wert ist natürlich auch Gaudís zauberhafter Parc Güell, der neben sechs weiteren Arbeiten Gaudís ein UNESCO-Welterbe ist. Nach einer Führung durch das Casa-Museu Gaudí (wo er 20 Jahre lang wohnte), rasten Sie auf der mit Keramikmosaiken verzierten wellenförmigen Bank. Zum Abschluss steht noch eines der ersten großen Werke Gaudís auf dem Programm, der Palau Güell mit den markanten Marmorsäulen und auffälligen Kaminen auf dem Dach.

TAG·11
Valencia

Valencia ist weniger bekannt als Barcelona und Madrid, und doch hat Spaniens drittgrößte Stadt viele Schätze zu bieten. Vom Bahnhof Barcelona-Sants dauert die Fahrt mit dem Zug durchschnittlich drei Stunden. In Valencia führt der erste Weg zur majestätischen Kathedrale in der Altstadt. 207 Stufen führen auf den Glockenturm Miguelete, von dem man eine herrliche Aussicht über die Stadt hat. Anschließend bummeln Sie im Barrio del Carmen durch Valencias mittelalterliches Herz, bewundern die Torres de Quart, die einst zur Stadtbefestigung gehörten, und entdecken die vielen Sehenswürdigkeiten des geschichtsträchtigen Altstadtlabyrinths: den Palau de la Generalitat, das Institut Valencià d'Art Modern (IVAM), die Casa Museu Benlliure, das Centre Cultural La Beneficència und vieles mehr. Mittags essen Sie unter der Kuppel des Mercado Central, danach lockt eine Siesta im Schatten unter Palmen im Jardí Botànic. Sie können sich aber auch ein Fahrrad leihen und den Jardí del Túria erkunden. Die 7 Kilometer lange Grünanlage im ehemaligen Flussbett des Riu Túria führt durch die ganze Stadt. Oder Sie verbringen den Nachmittag an der Playa de las Arenas. Der feine Sandstrand liegt gleich nördlich des Hafens.

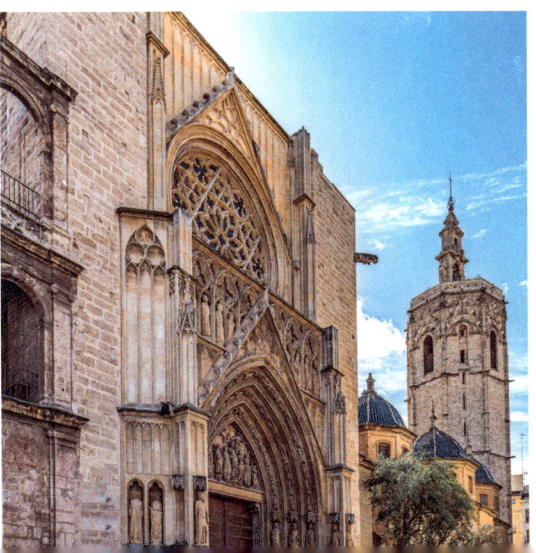

ADRESSEN

MARSEILLE
Hôtel La Residence du Vieux Port, www.hotel-residence-marseille.com. Farbenfrohe Zimmer im Retro-Chic, umwerfender Blick auf den alten Hafen und Notre-Dame-de-la-Garde. Doppelzimmer: ab ca. 150 €.

COLLIOURE
Hôtel Madeloc, www.madeloc.com. Ein ruhiges Hotel im Stadtzentrum mit schönem Garten und wunderbarer Aussicht. Doppelzimmer: ab ca. 130 €.

VERNET-LES-BAINS
Villa Delphina, www.villa-delphina.fr. Gästezimmer in einer eleganten Villa oberhalb von Vernet-les-Bains. Doppelzimmer: ab ca. 100 € inklusive Frühstück.

GIRONA
Hotel Carlemany, www.hotelcarlemanygirona.com. Geräumige Zimmer in der Nähe des Bahnhofs und der Altstadt. Doppelzimmer: ab ca. 100 €.

CADAQUÉS
Hotel La Residencia, laresidencia.net. Das historische Hotel ist als Hommage an Dalí dekoriert und steht direkt am Meer. Doppelzimmer: ab ca. 95 € inklusive Frühstück.

BARCELONA
Hotel Nouvel, www.hotelnouvel.es. Die Architektur des Hotels erinnert an die runden Formen der Sagrada Família oder des Parc Güell. Doppelzimmer: ab ca. 120 €.

18 Madrid–Tanger: von einem Kontinent zum anderen

7 Tage

Spanien, Marokko, Großbritannien

Vom noblen Madrid geht es auf große Fahrt unter der Sonne Andalusiens, das Kultur und Geschichte im Überfluss bietet. Ein Abstecher führt über die legendäre Straße von Gibraltar bis zur Medina von Tanger. Drei Länder, zwei Meere und zwei Kontinente, die sich fast berühren und doch ganz unterschiedlich sind.

TAG·1
Madrid

Die Reise beginnt in der bunten, dynamischen Hauptstadt Spaniens mit ihren zum Teil höchst unterschiedlichen *barrios*. Der naheliegende Ausgangspunkt ist die Puerta del Sol, Treffpunkt der Madrilenen und pulsierendes Herz der Stadt. Das *Madrid de los Austrias* mit Gebäuden aus der Habsburger Zeit des 17. Jahrhunderts konzentriert sich zwischen der Plaza Mayor und der Plaza de Oriente. Letztere liegt zwischen dem Palacio Real, dem riesigen Stadtschloss des spanischen Königshauses, und dem Teatro Real. Den kulinarischen Reichtum Spaniens entdecken Sie im überdachten Mercado de San Miguel, wo Sie in Tapas-Bars schlemmen können. Weiter östlich ist am Paseo del Arte, der »Kunstpromenade«, grandiose Kunst zu bewundern, darunter Meisterwerke von Velázquez und Goya im Prado sowie Picassos berühmtes Gemälde *Guernica* im Museo Reina Sofía. Der wunderschöne weitläufige Parque del Retiro bietet sich für einen erholsamen Spaziergang an. In Madrid sollten Sie nicht schon um 22 Uhr ins Bett gehen, denn dann erwacht die Metropole noch einmal zum Leben! Besser schließt man sich den jungen Leuten an und schlägt sich in Chueca, »Madrids SoHo«, beim Feiern eine unvergessliche, ausgelassene Nacht um die Ohren.

TAG·2
Sevilla

Bevor Sie in den Zug steigen, sollten Sie sich noch kurz Zeit für eine Entdeckungstour durch Madrids Bahnhof Atocha nehmen: In der ehemaligen Halle des Bahnhofs wächst tatsächlich ein tropischer Garten unter einem riesigen gewölbten Glasdach. Dann geht es los mit dem Hochgeschwindigkeitszug nach Sevilla (2:30), die Heimat leidenschaftlicher Figuren wie Don Juan und Carmen, die Stadt, in der Kolumbus (der hier begraben ist) und Magellan ihre waghalsigen Reisen planten. Einen ersten Eindruck von der Schönheit der andalusischen Metropole vermittelt wohl am besten die Plaza de España, die durch ihre Größe und harmonische Architektur beeindruckt. Der angrenzende Parque de María Luisa lädt zu einem Spaziergang unter exotisch duftenden, Schatten spendenden Bäumen ein. Die von Gold, Silber und Figurenschmuck überbordende Kathedrale verkörpert eindrücklich die für Andalusien typische Verbindung christlicher und maurischer Kultur. Sie wurde auf den Überresten der Großen Moschee erbaut, deren Minarett, die Giralda, heute als (besteigbarer) Glockenturm dient. Und schließlich der Alcázar: Der über und über mit Ornamenten verzierte Königspalast, ursprünglich eine maurische Festung, ist eine traumhafte Anlage im arabisch-andalusischen Stil. Zum Abschluss bummeln Sie durch Triana; in dem alten Roma-Viertel ertönt wie vor über 100 Jahren Flamenco-Musik.

FLAMENCO-SHOWS

Bunte Kleider, klappernde Kastagnetten, trommelnde Absätze – der Flamenco ist der Inbegriff andalusischer Folklore. Sein Ursprung reicht bis ins 15. Jahrhundert zurück, als erste Roma nach Sevilla zogen. Shows finden täglich in *tablaos* (kleinen Flamenco-Bühnen), *peñas flamencas* (Nachbarschaftsvereinen) und im Museo del Baile Flamenco statt.

TAG·3 Córdoba

Frühmorgens steigen Sie wieder in einen Hochgeschwindigkeitszug – und kaum haben Sie Ihr *bocadillo* (Sandwich) gegessen, schon ist Córdoba erreicht. Die Stadt ist wie Sevilla am Guadalquivir gelegen und muss den Vergleich mit der berühmteren Nachbarin nicht scheuen. Manchen gefällt Córdoba sogar besser, weil es weniger touristisch, kleiner und zurückhaltender ist.

In der einst römischen Stadt lebten Muslime, Juden und Christen lange relativ friedlich zusammen. Diese wechselvolle Geschichte verkörpert besonders die einzigartige Mezquita: Ursprünglich ein römischer Tempel, wurde sie zur christlichen Kirche, dann Moschee und nach der Reconquista im 16. Jahrhundert zur Kathedrale umgebaut. Selbst wer die Mezquita bereits von Fotos kennt, wird im Angesicht der gigantischen Ausmaße und des Labyrinths der auf über 800 Säulen ruhenden rot-weißen Hufeisenbogen schier überwältigt. Erkunden Sie auch das Altstadtviertel Judería und probieren Sie dort jüdisch-arabische Küche – eine Abwechslung zu den Tapas!

Danach könnten Sie sich eine Massage mit Orangenblütenöl im Hammam **Al Andalus** gönnen, Entspannung pur ist hier garantiert!

CÓRDOBAS GRÜNE PATIOS

Bepflanzte Innenhöfe haben in Córdoba eine lange Tradition. Seit je verwandeln die Bewohner sie in Oasen mit Oberlichtern, plätschernden Brunnen und blühenden Blumen. Alljährlich im Mai sind beim Festival de los Patios viele Innenhöfe öffentlich zugänglich, eine Jury zeichnet die schönsten aus. In der restlichen Zeit kann man die zwölf Patios des Palacio de Viana besichtigen und mehr über die wunderbare Wohnkultur Andalusiens erfahren.

TAG·4
Granada

Unterwegs zu einer weiteren wichtigen Station der Andalusientour fährt der Zug durch weite, mit Burgen und Olivenhainen gesprenkelte Ebenen. Nach 1,5 Stunden Fahrt taucht schließlich das zwischen den Gipfeln der Sierra Nevada und den Stränden der Costa Tropical gelegene Granada auf. Hier beginnen Sie gleich mit dem Höhepunkt: der Alhambra und den Gärten des Generalife. Die Palastanlagen auf einem felsigen Hügel oberhalb der Stadt dienten den Nasridenherrschern als Residenz. Die Alhambra entspricht einer befestigten Stadt mit mächtigen, 2200 Meter langen Mauern, Museen, Patios, Bädern und Wasserspielen. Planen Sie auf jeden Fall vier Stunden für die Besichtigung ein. Den fotogensten Blick auf die Festung haben Sie in den steilen Gassen des Albaicín, des ältesten Viertels Granadas. Anschließend gehen Sie auf eine kulturelle Entdeckungsreise der besonderen Art, die hier zum Standardrepertoire gehört: eine Tour durch die Tapas-Bars, die die großartige Tradition pflegen, zu jedem bestellten Getränk eine Tapa des Hauses zu servieren!

TAG·5 Ronda

Den Vormittag verbringen Sie mit einer gemächlichen Zugfahrt (3:00) durch ein kleines Eden in gelblichen Erdtönen, in dem hier und da weiße *fincas* aufleuchten. Wenn schließlich Ronda vor den Fenstern auftaucht, wirft einen der fantastische Anblick schlicht um. Die kleine Stadt liegt auf einem von einer tiefen Schlucht durchschnittenen Felsplateau. Vom Bahnhof aus sind es nur wenige Gehminuten zum berühmten Puente Nuevo, einer schwindelerregenden Steinbrücke zwischen der Altstadt und dem neueren Zentrum. Vergessen Sie bei der atemberaubenden Aussicht nicht, beim Fotografieren den Panoramamodus einzustellen! Ein Spaziergang durch die Altstadt führt zur legendären Stierkampfarena (18. Jh.) und zu einer Weinprobe in den Bodegas Descalzos Viejos. Sie gehören nicht nur in Ronda, wo der Weintourismus seit einigen Jahren eine immer größere Rolle spielt, sondern in ganz Andalusien zu den attraktivsten Kellereien. Zu guter Letzt genießen Sie bei der Übernachtung im ungewöhnlich gestalteten Hotel **Enfrente Arte** die angenehm lockere Atmosphäre.

TAG·6 Gibraltar

Auch auf der letzten Strecke durch Andalusien (1:15) wird man nicht müde, die vorbeiziehende Landschaft zu betrachten, in der sich *pueblos blancos* – die »weißen Dörfer« mit gekalkten Häusern, Orangenbäumen und überbordenden Bougainvilleen – stolz an die Hügel schmiegen. Vom Bahnhof San Roque geht es mit dem Taxi weiter zur Stadt La Línea, dort zeigt man den Ausweis am Grenzposten – und nach wenigen Schritten heißt es: *Welcome to Gibraltar!*

Die merkwürdige britische Enklave unter spanischer Sonne ist eine Herausforderung. Sie besitzt weder den Charme noch das Temperament andalusischer Städte, besticht aber mit britischer Gelassenheit, roten Telefonzellen, Doppeldeckerbussen und Pubs, die nicht zum hiesigen Klima passen. Abgesehen vom Shoppen (Gibraltar unterliegt nicht der Mehrwertsteuer) hat sie wenig Interessantes zu bieten, außer natürlich den Upper Rock, den Felsen von Gibraltar, auf den man hinaufsteigen oder mit der Seilbahn fahren kann. Das Naturschutzgebiet an der äußersten Spitze Europas – Marokko ist mit bloßem Auge zu sehen – wird von Gibraltars Maskottchen bewohnt: 300 wilde Berberaffen, vor denen man tunlichst die mitgebrachten Snacks verstecken sollte!

Am Ende des Tages kehren Sie nach La Línea zurück, wo Sie am folgenden Tag mit dem Bus oder Taxi zum Hafen von Algeciras weiterfahren.

PROJEKT GIBRALTARTUNNEL

Die Idee, Europa und Afrika über die Straße von Gibraltar miteinander zu verbinden, beflügelt schon seit dem 19. Jahrhundert die Fantasie der Menschen. Ein Eisenbahntunnel unter dem Meer würde die Entfernung zwischen Casablanca und Madrid auf einige Zugstunden reduzieren und die wirtschaftliche Zusammenarbeit zwischen Spanien und Marokko stärken. Dem stehen jedoch viele Hindernisse entgegen: Aufgrund geografischer Gegebenheiten und teils tonigem Untergrund müsste der tiefste Unterwassertunnel der Welt gegraben werden, der zudem Erdbeben standhalten müsste – das Gebiet ist weit weniger stabil als jenes unter dem Ärmelkanal. Angesichts der technischen Herausforderungen, ökologischen Auswirkungen, geopolitischen Spannungen und exorbitanten Kosten (5 bis 10 Milliarden Euro, 15 Jahre Bauzeit) können die Fähren auf der Meerenge also beruhigt in die Zukunft blicken!

TAG·7
Tanger

Die Überfahrt (1:30) auf der Straße von Gibraltar ist ein großartiges Erlebnis mit einem Hauch von Abenteuer, Fernweh und Nostalgie. In Marokko legt die Fähre im 2007 eröffneten Seehafen Tanger-Med an, der heute der zweitgrößte Hafen Afrikas ist. Mit dem Bus oder Taxi geht es von dort weiter entlang der Küste bis ins 40 Kilometer entfernte Stadtzentrum.

In Tanger treffen Europa und Sahara, Mittelmeer und Atlantik zusammen. Wie schon Delacroix, Hemingway, Truman Capote, Jack Kerouac und viele andere Künstler wird man von der Stadt sofort in den Bann gezogen. Tanger ist vor allem Ambiente und Atmosphäre, z. B. in der hoch gelegenen Kasbah, wo Kinder einem Ball hinterherrennen und Frauen an einem Brunnen Wäsche waschen. Am besten entdeckt man die Stadt zu Fuß, flaniert durch die Medina, folgt den Katzen und dem Duft von Kurkuma, amüsiert sich beim Feilschen im Souk, genießt die gute Laune auf dem Fischmarkt Grand Socco und eine Pause im **Café Hafa** bei Minztee und Meerblick. Die Nacht verbringt man in einem Zimmer mit Aussicht in einem Hotel unweit des Kasbah-Museums.

Wenn Sie zurückfahren müssen und gerne mit dem Schiff reisen, nehmen Sie die Fähre, die in zwei Tagen die französische Hafenstadt Sète erreicht. Wenn Sie jedoch noch Zeit haben, können Sie Ihre Reise mit dem Zug nach Rabat, Casablanca und Marrakech fortsetzen.

ADRESSEN

SEVILLA

Hôtel Hospes Las Casas del Rey de Baeza, *www.hospes.com.* Die reizenden Zimmer in dem schönen, für Sevilla typischen Altstadthaus mit schattigen Innenhöfen, kleinen Brunnen, mit *azulejos* verzierten Gängen und sogar einem kleinen Pool auf dem Dach sollte man unbedingt so früh wie möglich buchen! Doppelzimmer: ab ca. 150 € inklusive Frühstück.

RONDA

Hotel Enfrente Arte, *www.enfrentearte.com.* Der Besitzer des kleinen Hotels in Rondas Altstadt liebt Kunst und Upcycling – und hat sein Haus ungewöhnlich eingerichtet. Es lohnt sich, es von oben bis unten zu erkunden. Freundliche Atmosphäre, bürgerliche Küche, im Garten hat man einen herrlichen Blick über das Tal unterhalb von Ronda. Doppelzimmer: ab ca. 80 € inklusive Frühstück.

GRANADA

Le Gar Anat Hotel Boutique, *garanathotelboutique.com-hotel.com.* Das charmante kleine Hotel ist nur wenige Schritte von der Alhambra entfernt und liegt in einem hervorragend restaurierten Gebäude aus dem 17. Jahrhundert, wobei Originalelemente großteils erhalten wurden. Die Zimmer sind alle unterschiedlich eingerichtet, geräumig und komfortabel. Doppelzimmer: ab ca. 75 € inklusive Frühstück.

19 Von Porto nach Faro

10 Tage

Portugal

Folgen Sie der Wanderroute der »Weststörche« von Frankreich über Spanien Richtung Maghreb und tun Sie es jenen gleich, die sich für die Strecke über Portugal entschieden haben und dort einen Zwischenhalt einlegen – höchstwahrscheinlich, weil es dort so schön ist.

TAG·1
Porto

Bevor Sie in Porto Ihre Zugreise beginnen, schlemmen Sie bei einem Brunch im **Café Majestic** (Rua Santa Catarina 112). Das traumhaft schöne Jugendstillokal war einst Treffpunkt bekannter Größen der Stadt.

Anschließend spazieren Sie durch das Auf und Ab der Straßen und über die **Ponte Dom Luís I** der Altstadt, die eine spektakuläre Aussicht bietet. Genießen Sie eine Weinprobe in einer der vielen Portweinkellereien der Stadt, erkunden Sie das Angebot auf dem Mercado do Bolhão, besuchen Sie die berühmte Livraria Lello und steigen Sie auf die Torre dos Clérigos.

Nach dieser Stadttour fahren Sie mit einer der alten Trambahnen (Linie 1) der Stadt zum Meer, wo Sie abends den Sonnenuntergang bewundern können.

Zurück in die Stadt, lassen Sie den Abend in der **Cervejaria Brasão** (Ramalho Ortigão 28, Passos Manuel 205) ausklingen. Das Restaurant serviert Portos Spezialität *francesinha* – ein üppiges Fleisch-Sandwich, das mit geschmolzenem Käse begossen wird.

TAG·2
Pinhão und *Linha do Douro*

Von Porto fahren Sie mit der *Linha do Douro* am Flussufer des Douro entlang durch die Weinbauregion Alto Douro bis nach Pocinho. Die reine Fahrtzeit dauert ohne Zwischenstopps rund 3,5 Stunden. Die *Linha do Douro* fährt auf einer der schönsten Eisenbahnstrecken Europas, die Hin- und Rückfahrt lohnt sich auf jeden Fall.

OPTION 1:
ZUGFAHRT NACH PINHÃO, DANN BOOTSFAHRT NACH TUA

Unterwegs können Sie in Pinhão (2:30) aussteigen und auf eines der Ausflugsboote umsteigen. Auf einer wunderbar abwechslungsreichen Strecke fahren Sie damit auf dem landschaftlich schönsten Flussabschnitt des Douro nach **Tua**.

OPTION 2:
HISTORISCHER ZUG

War es schon immer ein Traum von Ihnen, in einem Dampfzug zu reisen? Dann kaufen Sie einfach die Tickets, fahren los und genießen den traumhaften Blick auf die grünen Weinberge und Täler der Weinbauregion **Alto Douro**, die zum UNESCO-Welterbe gehört. Zum Service an Bord gehören Musik, Folklore, Süßigkeiten und Portwein. Unterwegs können Sie kurz in Pinhão aussteigen. Die Hin- und Rückfahrt von Peso da Régua dauert etwa 3 Stunden.

OPTION 3:
ZUGFAHRT NACH POCINHO, DANN ZURÜCK NACH PESO DA RÉGUA

Nehmen Sie den Direktzug nach Pocinho (3:30) und genießen Sie entlang der Strecke den Blick auf die schöne Landschaft. Zurück fahren Sie dann bis Peso da Régua (1:30), wo Sie in einer der vielen *quintas* (Weingüter) am Douro an einer Weinprobe teilnehmen. Auf der **Quinta da Pacheca** z. B. können Sie die Weinberge besichtigen, Weine verkosten – und, wenn Sie länger bleiben möchten, im Hotel des Weinguts übernachten. Allerdings sollten Sie solche Ausflüge unbedingt vorab buchen.
In Peso da Régua lohnt die Wanderung zu einem der *miradouros* (Aussichtspunkt) in der nahen Umgebung. Im **Museu do Douro** lernen Sie die Geschichte der Region und des Weinbaus kennen.

Egal, für welche Option Sie sich entscheiden, es wird auf jeden Fall ein großartiges Erlebnis.

TAG·3
Aveiro

Von Porto aus erreichen Sie mit einem relativ schnellen Zug Aveiro (ca. 0:50). Der erste, besonders schöne Teil der Strecke führt über den Douro und am Meer entlang. Aveiro, das wegen seiner Kanäle (auf denen viele Gondeln fahren) auch das Venedig Portugals genannt wird, bezaubert zudem mit seinen Jugendstilfassaden und mit *azulejos* (bemalten und glasierten Keramikfliesen) verzierten Gassen. Ein empfehlenswertes Ziel beim Stadtbummel ist die **Pastelaria Veneza** (Praça General Humberto Delgado 6), wo Sie sich mit der Gebäckspezialität *ovos moles* eindecken sollten.
Einen Besuch wert ist vor allem das Seebad Costa Nova, das Sie mit dem Bus erreichen. Dort können Sie in der frischen Seebrise einen langen Spaziergang am breiten hellen Sandstrand unternehmen, der von malerischen gestreiften Häuschen gesäumt wird.

HISTORISCHER ZUG NACH MACINHATA DO VOUGA

Ein anderer Dampfzug fährt von Aveiro (nur samstags, Juni bis Oktober) nach Macinhata do Vouga. Eine Station auf der Strecke ist Águeda, wo die Zeit reicht, um auszusteigen, die Altstadt und (im Juli) die bunte Kunstinstallation *Umbrella Sky* zu entdecken.
Wie beim historischen Zug der Douro-Linie sind auch hier die Unterhaltung an Bord sowie der Besuch des Eisenbahnmuseums in Macinhata do Vouga im Preis inbegriffen.

EINE NACHT IM SCHLOSS?

Wenn Sie sich den Luxus gönnen möchten, einmal in einem historischen Gebäude zu übernachten - und zwar zu einem erschwinglichen Preis (ab 100 €/Nacht mit Frühstück) -, dann fahren Sie mit dem Zug von Aveiro nach Luso (2:00, mit langem Aufenthalt in Pampilhosa). In Luso geht es weiter mit dem Taxi zum **Palácio Hotel do Buçaco** und seinem herrlichen Park. Das Hotel residiert in einem ehemaligen Schloss und bezaubert mit einer fast schon magischen Atmosphäre. Zimmer und Ausstattung entsprechen zwar nicht dem Standard eines Fünf-Sterne-Hauses, doch das Ambiente macht dies mehr als wett. Denken Sie auch daran, dass der Palácio einsam liegt und Sie nur im Hotelrestaurant essen gehen können - außer Sie fahren mit dem Taxi in das Dorf Mealhada am Fuß des Hügels, wo das Rei dos Leitões (EN1, Av. Restauração 17) mit exzellenter traditioneller portugiesischer Küche aufwartet.

TAG·4 Coimbra

Eine kurze Zugfahrt (ca. 1:00) bringt Sie von »Portugals Venedig« zur portugiesischen Universitätsstadt *par excellence*: Coimbra. Hier schlendern Sie durch jahrhundertealte Straßen und schauen sich die Universität an, deren viele Gebäude zum UNESCO-Welterbe gehören. Ein barockes Meisterwerk ist die Universitätsbibliothek Biblioteca Joanina, in der eine Kolonie von Fledermäusen die kostbaren Schriften schützt, indem sie nachts die an den Büchern nagenden Insekten gnadenlos verputzt.

Danach entdecken Sie bei einem Spaziergang im botanischen Garten Tausende alte und neue Pflanzenarten.
In der Stadt achten Sie auf die Balkone der Repúblicas de Coimbra: Die Tradition dieser Studentenheime, die während der Studentenunruhen in den 1960er Jahren eine wichtige Rolle spielten, reicht bis ins 14. Jahrhundert zurück.
Abends besuchen Sie eine der vielen Studentenkneipen der Stadt oder ein Konzert mit dem für Coimbra typischen »Studenten-Fado«.

AUSFLUG NACH FÁTIMA

Von Coimbra sind es nur 55 Minuten Fahrt mit dem Bus nach Fátima, einer der wichtigsten Wallfahrtsstätten Europas. Auch wenn Sie nicht gläubig sind, werden Sie von der Inbrunst der christlichen Pilger und der Spiritualität des Ortes tief beeindruckt sein.

TAG·5 Lissabon

Wenn Sie nach 2 Stunden Zugfahrt von Coimbra in der portugiesischen Hauptstadt angekommen sind, gönnen Sie sich erst einmal ein (spätes) Frühstück in der **Fábrica dos pastéis de Belém** (Rua de Belém 84–92), wo Sie die berühmten Pastéis de Belém und andere Köstlichkeiten genießen können. Da Sie schon im Stadtteil Belém sind, bietet sich ein Spaziergang zum Ufer des Tejo und zu Lissabons Wahrzeichen, der Torre de Belém, an. Anschließend fahren Sie mit den öffentlichen Verkehrsmitteln zum **Time Out Market**, wo die angesagtesten Restaurants der Stadt zur Entdeckungsreise durch die zeitgenössische kulinarische Szene Portugals einladen. Hier können Sie z. B. wunderbare Reisgerichte bei **Miguel Castro e Silva** genießen oder *fish and chips* bei **Henrique Sà Pessoa**. Danach erkunden Sie die Alfama. Lissabons malerischster Stadtteil ist berühmt für seine bunten Farben, engen Gassen, Streetart und Aussichtsterrassen mit herrlichem Blick auf die Bucht und die Stadt.

TAG·6
Sintra

Eine einstündige Zugfahrt bringt Sie zu Lissabons Nachbarstadt Sintra, deren historisches Zentrum zum UNESCO-Welterbe gehört. Dort spazieren Sie erst gemütlich durch die Stadt und dann in rund 20 Minuten hinauf zur Quinta da Regaleira – ein grandioses neogotisches Schloss aus dem frühen 20. Jahrhundert mit einem schönen weitläufigen Park.

Von Sintras Zentrum fahren Busse in 30 Minuten zum vielfarbigen Palácio Nacional da Pena. Das in einer originellen Stilmischung erbaute Schloss ist die wahrscheinlich berühmteste und am meisten besuchte Sehenswürdigkeit Portugals. Wenn Ihnen jetzt noch der Sinn nach weiteren Monumenten steht, verlängern Sie Ihre Tour zum Castelo dos Mouros, das im 9. Jahrhundert zur Zeit des Emirats von Córdoba erbaut wurde. Die maurische Burg liegt von Sintras Zentrum in Gehweite (0:10) entfernt. Abschließend können Sie sich mit dem Bus in zehn Minuten vom Stadtzentrum zum Palácio de Monserrate bringen lassen. Auch diese von einem großen Park umgebene Palastanlage ist ein äußerst ungewöhnliches Ensemble, in dem sich indische, arabische und gotische Stilelemente vermischen.

TAG·7
Naturpark Sintra-Cascais

Von Sintra aus bringt Sie der Bus 403 in 45 Minuten zu den mächtigen Klippen am Cabo da Roca, dem westlichsten Punkt des europäischen Kontinents. Anschließend fahren Sie weiter zum malerischen Dorf Azenhas do Mar, wo Sie die Kraft der Wellen bewundern, die stetig gegen die Felsen schlagen, den Fischern zuschauen und – warum nicht? – im Naturbecken unterhalb des Dorfes schwimmen gehen (von Cabo da Roca Bus 403 nach Colares, dann Bus 441, 1:00).

Wenn Sie sich lieber an einem konventionelleren Strand erholen möchten, der jedoch eine ebenso eindrucksvolle Landschaft bietet, sollten Sie in den kleinen, aber gut ausgestatteten Küstenort Magoito fahren (Bus 444 ab Sintra, 0:45). Dort können Sie oberhalb des Strandes auf den Klippen wandern und die sensationelle Aussicht genießen. Abends geht es per Bus zurück nach Sintra.

TAG·8 UND 9
Lagos

Von Lissabon aus sind es nur knapp vier Stunden nach Lagos, unterwegs müssen Sie in Tunes umsteigen. Lagos ist äußerst touristisch, bietet aber im Mai und Juni großartige Gelegenheit, den Urlaub in vollen Zügen zu genießen. Die Stadt ist ein idealer Ausgangspunkt für Ausflüge an der Algarve.

Wenn Sie mittags ankommen, gönnen Sie sich erst einmal eine köstliche Mahlzeit in der **Casa do Prego** (Rua Lançarote de Freitas 18). Frisch gestärkt machen Sie sich dann auf zum ein wenig außerhalb von Lagos gelegenen Naturdenkmal Ponta da Piedade (2,4 km). Dort schauen Sie den Kajakfahrern zu, die unter dem beeindruckenden Steinbogen paddeln, und spazieren Sie hoch oben auf den Klippen. Unerschrockene unternehmen den Abstecher über 200 Holzstufen hinunter zur kleinen Bucht Praia do Camilo, wo die Felsen, das smaragdgrüne Wasser und die herrliche Landschaft trotz der vielen Menschen ein unvergessliches Erlebnis bieten. Abends lassen Sie sich *fish and chips* im angesagten Pub **Ol' Bastard's** (Rua Cândido dos Reis 115) schmecken.

Am nächsten Morgen frühstücken Sie in der Bar **Croissanteria 29** (Rua da Estrema 29). Gehen Sie dann auf eine der unten beschriebenen Entdeckungstouren.

AKTIVITÄTEN RUND UM LAGOS

Mieten Sie in Benagil ein Kajak und erkunden Sie die **Gruta de Benagil**, die nur vom Meer aus zugänglich ist (2:00).
Besuchen Sie das malerische Bergdorf **Monchique**, das Sie mit dem Bus erreichen (ca. 2:00).
Fahren Sie mit dem Bus (ca. 1:40) zur **Praia da Marinha** und verbringen Sie den Tag an dem schönen Strand.
Sagen Sie Hallo zu den Störchen, die auf den Klippen des **Cabo Sardão** nisten (Bus, ca. 2:30).

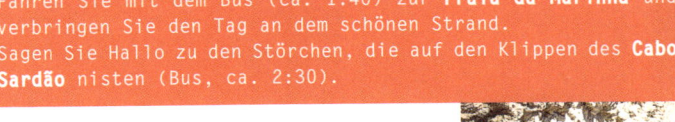

TAG·10 Faro

Von Lagos aus bringt Sie der Zug in weniger als zwei Stunden nach Faro. Nach einem kurzen Abschnitt entlang der Küste führt die abwechslungsreiche Strecke zum Teil weit ins Hinterland hinein. Herzlichen Glückwunsch! Wie die Störche haben Sie die letzte Etappe Ihrer Reise geschafft. In Faro fühlen sich die großen Vögel offensichtlich besonders wohl; überall sind ihre Nester zu sehen, vor allem auf den – ohnehin schon hübschen – Kirchen. Genießen Sie den Aufenthalt in der schönen kleinen Stadt am Meer, die in der Nebensaison weitaus ruhiger und freundlicher ist. Richten Sie beim Bummel durch Faros Gassen Ihr Auge auf attraktive Details, z. B. die prächtigen Jacarandas, die die weißen Wände mit violetten Farbtupfern versehen. Genießen Sie ein Frühstück, einen Snack oder einen Kaffee in der **Padaria Urbana** (Rua Conselheiro Bivar 6) und später Tapas und Wein auf der Terrasse des **Old Tavern** (Largo D. Afonso III 11). Und wenn Sie Zeit haben, lohnt eine Wanderung im Naturpark Ria Formosa mit seinen Inseln und Lagunen.

ADRESSEN

PORTO

Pedra Ibérica, *www.pedraiberica.com*. Das Gästehaus in einem barocken Gebäude samt möbliertem Garten liegt nahe Portos Hauptstraßen. Doppelzimmer: ab ca. 40 €.

AVEIRO

Hotel das Salinas, *www.grupoalboi.com*. Kleines, geschmackvoll renoviertes Hotel mit Blick auf den Kanal. Doppelzimmer: ab ca. 150 € inkl. Frühstück.

COIMBRA

Hotel Oslo Coimbra, *www.hoteloslo-coimbra.pt*. Das Hotel bei der Stadtmauer bietet Zimmer mit Balkonen und Panoramablick auf die Stadt und Universität. Doppelzimmer: ab ca. 80 € inklusive Frühstück.

LISSABON

Quinta Colina by Shiadu, *shiadu.com*. Freundliches hübsches Boutique-Hotel und Gästehaus. Doppelzimmer: ab ca. 70 € inklusive Frühstück.

LAGOS

Dom Manuel I, *www.dommanuelhotel.com*. Das Boutique-Hotel mit kleiner Terrasse, Pool und Garten ist nahe den Stränden und dem Stadtzentrum gelegen. Doppelzimmer: ab ca. 150 € inklusive Frühstück.

20 Mode, Meer und feine Küche

6 Tage

Italien

Zuerst ein faszinierender Perspektivwechsel: einmal das landverhaftete Mailand (Lombardei), dann das dem Meer zugewandte Genua (Ligurien). Ihm folgt eine traumhafte Fahrt entlang der Küste und weiter in die schöne unbekannte Emilia-Romagna mit den drei unter Feinschmeckern weltberühmten Städten Parma, Modena und Bologna.

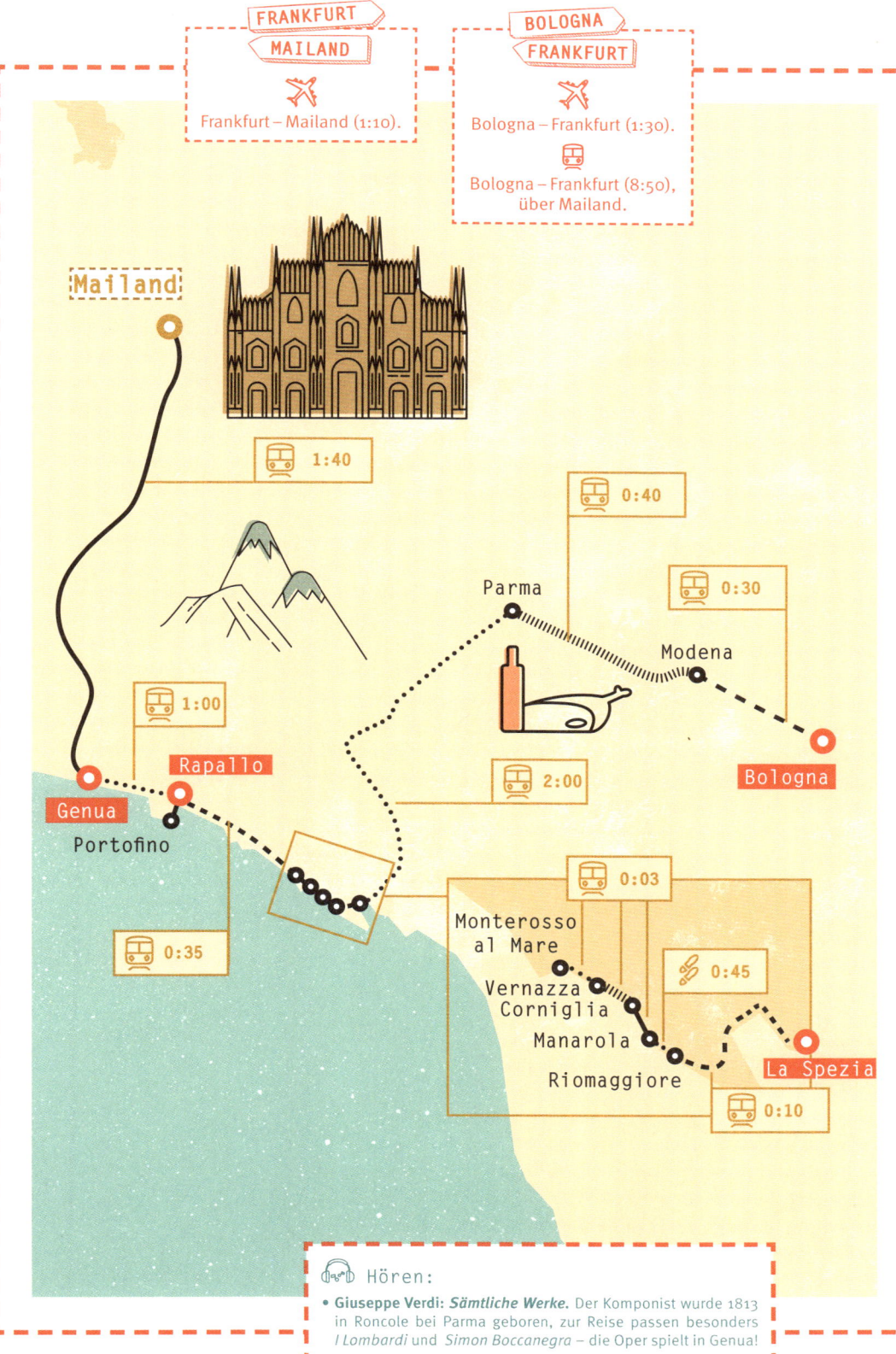

// Mode, Meer und feine Küche

TAG·1 Mailand

Die Entdeckungstour durch die Hauptstadt der Lombardei beginnt an Mailands nicht zu verfehlendem Dreigestirn: dem überwältigenden gotischen Duomo, dem imposanten Castello Sforzesco, wo man die Qual der Wahl hat zwischen acht Museen und dem im Vergleich anrührend kleinen Opernhaus Teatro alla Scala, das Sie am besten bei einer Opernaufführung – natürlich auf Italienisch – kennenlernen. Mailand ist zudem *die* Stadt der stolzen, durch den Patriotismus des vereinten Italien inspirierten *Risorgimento*-Architektur. Deren Höhepunkt ist die beeindruckende, 47 Meter hohe Galleria Vittorio Emanuele II, in der sich Nobelboutiquen, Cafés und schicke *ristoranti* reihen. Mailand bietet aber Art déco sowie Bauten aus der Zeit des Faschismus, dessen Architektur der Palazzo dell'Arengario mit dem Museo del Novecento verkörpert, genauso wie der Startpunkt für Ihre Tour durch den Norden des *Bel Paese:* der Bahnhof Milano Centrale.

Wer sich in Mailand schon ein wenig auskennt, widmet sich den neuesten Modetrends im *Quadrilatero della moda* (Metrostation Montenapoleone), wo die Schaufenster und großen Namen der *moda* und des Designs um die Wette strahlen: Gucci, Prada, Alessi… Nur wenige Straßen weiter bestaunen Sie die topmodernen, teils dicht bepflanzten Glas-Stahl-Türme des Hochhausviertels Porta Nuova. Danach geht es südwärts in das quirlige Navigli, dessen Kanäle *(navigli)* Leonardo da Vinci mitentwarf. Nirgendwo sonst können Sie in der Stadt des Campari und des Martini besser Ihren *aperitivo* genießen, bevor Sie in einer Trattoria zu Abend essen und den Tag ausklingen lassen.

TAG·2
Genua

1 Stunde 34 Minuten braucht der IC von Milano Centrale durch die Po-Ebene und über den Apennin bis zu Genuas Bahnhof Piazza Principe. In Liguriens Hauptstadt steht ein Streifzug durch die Seefahrtsgeschichte an: Hier erblickte Kolumbus das Licht der Welt, und im Palazzo San Giorgio musste Marco Polo für ein halbes Jahr die Dunkelheit des Kerkers erdulden. Am Ufer rauscht der Verkehr auf der Hochstraße Sopraelevata vorbei am **Acquario di Genova**, dessen Becken wie verschiedene Lebensräume samt Tieren, Pflanzen und Wellen gestaltet sind. An Zebras erinnern dagegen Genuas schöne schwarz gestreifte Kirchen. In den alten Palästen arbeiten heute Beamte und Angestellte unter Renaissance-Skulpturen und vergoldeten Decken. Rund um diese verblasste Pracht flechten hängende Gärten einen grünen Kranz oberhalb des alten Hafens. An seinen Kais, an denen heute Jachten liegen, löschten über Jahrhunderte Handelsschiffe ihre Fracht, darunter Gewürze und Seiden, die sie über das Mittel- und Schwarze Meer brachten. Zum abschließenden Panoramablick fahren Sie abends mit einer der drei Standseilbahnen hinauf auf die Hügel der Stadt.

EINE KÜCHE DER BEGEGNUNG

Statt Pizza bevorzugt man in Ligurien *farinata*, Fladen aus Kichererbsenmehl, die in Nizza *socca* heißen. Aus Genua, wo Gemüse hoch im Kurs steht, stammen die *minestrone* und das *pesto genovese* aus Basilikum und Pinienkernen. Das Pesto dient auch zum Verfeinern der *trofie*, der typisch ligurischen gedrehten Nudeln. Auf Speisekarten findet man Anchovis in allen möglichen Saucen sowie *stoccafisso*, Stockfisch aus Norwegen. Das *pandolce* mit Rosinen und kandierten Früchten wiederum wurde den Genuesern zufolge von Seeleuten aus Dundee kopiert und war Vorbild für den schottischen Früchtekuchen Dundee Cake.

TAG·3
Ligurische Küste

VON GENUA NACH RAPALLO

Am Morgen fahren Sie vom Bahnhof Genova Brignole ab. Schon bald öffnet sich der Blick nach rechts auf das Meer und nach links auf den Apennin, auf Agaven und Kaktusfeigen, die sich an rote Felsen klammern. Erste Station ist das schöne Rapallo, wo Sie mit der Seilbahn in 10 Minuten den perfekten Aussichtspunkt über der Stadt erreichen: den Platz vor der Kirche Nostra Signora di Montallegro. Rapallo wurde 1549 von Piraten unter der Führung des Osmanen Dragut überfallen, der mit Hunderten Gefangenen, die er später auf dem Sklavenmarkt in Tunis verkaufte, wieder in See stach. Zum Schutz gegen weitere Überfälle baute Rapallo das rundum von Wasser umgebene Castello sul Mare. Nach einem Kurzbesuch der grauen Burg schlendern Sie am Lungomare bis zur Marina, wo Hunderte weiße Segelschiffe anliegen.

AUSFLUG NACH PORTOFINO

Entweder fahren Sie von Santa Maria Ligure (vom Bahnhof Rapallo mit dem Bus 7 erreichbar) mit dem Bus 82 nach Portofino – oder noch besser mit der Fähre *(traghetto)*, die von Anfang März bis Ende Oktober im Stundentakt zwischen Rapallo und Portofino pendelt (0:30). In Portofinos Hafen tummeln sich Touristen und Jetsetter, liegen Luxusjachten ebenso wie einfache Fischerboote, die Jahr für Jahr einen neuen Anstrich erhalten. Hier verbrachten schon der Rundfunkerfinder Marconi, der Reifenkönig Pirelli und der Schriftsteller Maupassant herrliche Urlaube. Wieder zurück von Portofino, bietet sich Rapallo als idealer Übernachtungsort an.

TAG·4
Cinque Terre

Nach der Abfahrt in Rapallo erwartet Sie ein fantastischer Tag in den Cinque Terre, einer paradiesischen Ecke an der östlichen ligurischen Küste. In den »Fünf Erden« klammern sich fünf farbenfrohe Dörfer an die felsigen Hänge, als ob sie sich in dieser berauschenden Landschaft nicht zwischen den Wogen des Meeres oder der Weinberge entschließen könnten. Diese Schönheiten besitzen alle einen eigenen Bahnhof und sind zwei bis fünf Zugminuten voneinander entfernt. Mit einer *Cinque Terre Card Treno* können Sie zwischen ein und drei Tagen beliebig oft hin und her fahren. Das größte Dorf, Monterosso, hat einen langen Strand und nicht minder lange Treppen. Vernazza ist am gemütlichsten, Cornliglias Häuser leuchten auf den Klippen wie Juwelen in einer Krone. Von Manarola führt der berühmte »Liebesweg«, die Via dell'Amore, bis zu den steil gestaffelten Häusern von Riomaggiore, der letzten Etappe vor La Spezia. In den Cinque Terre können Sie wunderbar baden gehen, sei es am einzigen Sandstrand Fegina, in Framura oder anderen versteckten Buchten oder am FKK-Strand Guvano.

Die Endstation La Spezia (9 Minuten ab Riomaggiore) ist eine der schönsten Hafenstädte Italiens. Unterhalb des Castello San Giorgio bummelt man durch bunte Straßen und Arkaden zum Arsenal, wo das Museo Tecnico Navale eine Sammlung von Schiffsmodellen und Galionsfiguren präsentiert. In La Spezia übernachten Sie auch, bevor Sie am nächsten Morgen in die Emilia-Romagna aufbrechen.

TAG·5
Schinken und Essig

PARMA

Die Zugfahrt von La Spezia nach Parma (2:00) bringt Sie vom energiegeladenen Ligurien in die genussvolle Emilia-Romagna, dem Zentrum der italienischen Kochkunst. Durch die Fenster schweift der Blick über eine ruhige Landschaft mit Hügeln, Feldern und kleinen Wäldern – die Heimat des großen Komponisten Giuseppe Verdi. In Parma lohnt schon allein das Baptisterium (700 m vom Bahnhof entfernt) den Aufenthalt. Überwältigend sind auch die bemalten Gewölbe und fantastischen Fresken des Duomo und der Basilika Santa Maria della Steccata. Der merkwürdige Name – Heilige Maria des Lattenzauns – verweist auf die Bretter, die einst ein wundertätiges Bildnis Johannes' des Täufers vor den entfesselten Pilgern schützten. Bei einem Spaziergang durch Parma laden zahlreiche Paläste und Kirchen mit Werken von Renaissance-Meistern wie Antonio da Correggio und Leonardo da Vinci zu Abstechern ein. Nicht weniger eindrucksvoll als deren Pracht ist jedoch auch die schlichte Eleganz des Palazzo della Pilotta.

MODENA

In Modena, das man mit dem Zug in 40 Minuten erreicht, liegt das Stadtzentrum nur 500 Meter vom Bahnhof entfernt. Die Altstadt – eines der vielen Juwele der Emilia-Romagna – erstrahlt als sorgfältig komponiertes Ensemble aus Arkaden und Säulen, die Jahrhundert für Jahrhundert hinzugefügt wurden. Die Stadt duftet nach dem viel gerühmten Balsamicoessig alias *aceto balsamico di Modena*, der hier auf traditionelle Weise aus gekochtem Traubenmost hergestellt und in Holzfässern zum Fermentieren gelagert wird. Darüber hinaus ist Modena die Heimat einer wunderschönen Kathedrale aus dem 13. Jahrhundert sowie von Lamborghini und vor allem von Ferrari – der Automobilkonzern besitzt hier selbstverständlich ein, natürlich topdesigntes, Museum.

20 // Mode, Meer und feine Küche

TAG·6 Bologna

Wenn Sie nach halbstündiger Zugfahrt ab Modena Bologna erreichen und den Hauptbahnhof verlassen, können Sie das Denkmal für die 85 Opfer des Attentats vom 2. August 1980 keinesfalls übersehen. Der Bombenanschlag wurde von Neofaschisten ausgeführt und sollte Italiens Linke diskreditieren. Nur wenige Schritte entfernt beginnen die insgesamt rund 40 Kilometer langen Arkaden, die zur *passeggiata* (dem traditionellen Abendspaziergang) besonders beliebt sind. Am besten entdeckt man Bologna immer der Nase nach, wobei man die drei Skulpturen von Michelangelo in der barocken Basilika San Domenico nicht versäumen sollte, geschweige denn die stilistisch verschiedenen sieben Kirchen *(Sette Chiese)* des labyrinthischen Komplexes der Basilika Santo Stefano.

Von den 180 Geschlechtertürmen, die rivalisierende Familien im Mittelalter errichteten, sind nur 20 verblieben. Als Universitätsstadt ist Bologna jung und rebellisch – und als Italiens kulinarische Hauptstadt international vor allem für »Spaghetti bolognese« bekannt, die hier allerdings *al ragù* heißen und mit Tagliatelle zubereitet werden... Den Geschlechtertürmen, der Universität und der Küche verdankt Bologna seine Beinamen: *la rossa, la dotta, la grassa*, die Rote, die Gelehrte, die Fette.

20 // Mode, Meer und feine Küche

ADRESSEN

MAILAND

Ostello Bello, *ostellobello.com*. Diese gemütlichste Mailänder Jugendherberge liegt mitten im Zentrum. Doppelzimmer: ab ca. 82 €, Schlafsaal: ab ca. 22 €.

GENUA

Hotel Cairoli, *www.hotelcairoligenova.com*. In der obersten Etage eines Palazzo (16. Jh.). Doppelzimmer: ab ca. 100 €.

BOLOGNA

Hotel Accademia, *www.hotelaccademia.com*. Nahe der Universität und um die Ecke vom alten jüdischen Ghetto. Doppelzimmer: ab ca. 95 €.

21 In Italiens tiefem Süden

7 Tage

Italien

Diese Tour führt von Rom durch den bunten Süden bis zur Absatzspitze des italienischen Stiefels. Auf dem Weg von Neapel nach Salerno entdecken Sie in der vulkanischen Campania antike Stätten und traumhafte Seebäder am Tyrrhenischen Meer. Anschließend geht es weiter nach Apulien, wo Sie barocke und mittelalterliche Architektur bewundern und die Hafenstädte im Osten erkunden.

TAG·1

Rom

Wer hat noch nie den Wunsch verspürt, einmal das Kapitol, einen der Sieben Hügel Roms, zu sehen? Das historische Zentrum, den Vatikan … Rom lässt sich unmöglich an einem Tag entdecken, deshalb gilt es, sich für das Wesentliche zu entscheiden. Vom überwältigenden Kolosseum bis zum atemberaubenden Petersdom. Vom Forum Romanum bis zu den faszinierenden Farnesischen Gärten. Das Pantheon, das kleiner ist, als man dachte! Piazza Navona, Piazza del Popolo, Piazza di Spagna – auf den Plätzen im Zentrum erlebt man Roms Geschichte ebenso wie seinen heutigen Alltag. Das beste Beispiel ist der Markt auf dem Campo dei Fiori, der vom Rufen der Händler erfüllt ist. Dann geht es über den Tiber in das reizende Labyrinth des beliebten Viertels Trastevere, das uralt ist und doch vor Leben sprüht.

TAG·2

Neapel

Mit dem italienischen Hochgeschwindigkeitszug Frecce rauschen Sie vom besonneren Norden in den impulsiveren Süden (1:10). Den Anfang macht Neapel. Chaotisch, aufbrausend, laut – wenn man diese Seiten von Italiens Enfant terrible akzeptiert, lernt man seine Extravaganzen zu verstehen und die Exzesse des einstigen Königreichs zu verzeihen. Dazu spaziert man durch die Port'Alba hinein in das Herz der Stadt. Die Via dei Tribunali führt vorbei an zahlreichen Kirchen und hinab in die *sotterranea*, das unterirdische Tunnel- und Höhlennetz mit den Resten des antiken Marktplatzes und den Katakomben unter dem Capodimonte. Vom unten am Hafen fahren Sie dann im Zickzack hinauf auf den Hügel Posillipo, wo der nächtliche Blick auf den Golf von Neapel einfach fantastisch ist.

TAG·3

Rund um Neapel

Der Campania Express kostet zwar etwas mehr als die Vorortbahn Circumvesuviana, ist dafür jedoch die angenehmere Option für Fahrten in Neapels Umland. Die Tour beginnt frühmorgens an Neapels Hauptbahnhof, von wo Sie der Zug in 15 Minuten nach **Herculaneum** bringt. Die Stadt erlebte dieselbe Tragödie wie das berühmtere Pompeji, und ihre Ruinen sind nicht minder berührend. Von Unkraut überwucherte Straßen führen zu Häusern, zur Basilka, dem *thermopolium* und Läden. Hier und da haben sich prächtige Mosaiken und Amphoren erhalten, beugt man sich über ein verblichenes Flachrelief, bewundert Details einer Marmorskulptur – und schweigt ergriffen beim Anblick der Skelette am Fuß einer Mauer. Mit dem Zug geht es dann weiter nach **Pompeji** (0:20), das Sie in aller Ruhe besichtigen, und schließlich nach Sorrent, dessen Häuser sich malerisch an den Rand der Steilklippe klammern – ein schöner Auftakt für den kommenden Tag.

TAG·4
Die Amalfiküste

Heute geht es mit dem Bus (Haltestelle neben dem Bahnhof von Sorrent) zu den Schönheiten, denen die Küste ihren Ruhm verdankt. Sie können die Kuppeln von **Positano** bewundern, in **Agerola** auf dem »Götterweg« über die Terrassen der Zitronenhaine wandern, sich auf den Klippen von Amalfi schwindlig schauen, zu den herrlichen Aussichtspunkten in **Ravello** spazieren und im **Ristorante Marina Grande** (Amalfi) bei Pasta oder Meeresfrüchtesalat den grandiosen Blick auf den Golf genießen. In Salerno bewundern Sie die unter normannischer Herrschaft erbaute Kathedrale und die herrlichen mittelalterlichen Elfenbeinarbeiten im Museum. Lassen Sie den Tag bei einer *granita di limone* unter den Palmen am Lungomare ausklingen.

Von Salerno aus fährt der *InterCity Notte* nach Reggio di Calabria, wo er auf der Fähre über die Straße von Messina nach Sizilien übersetzt. Für alle, die die nötige Zeit haben, ein einmaliges Erlebnis!

BUS FÜR BUS!

Die Küste lässt sich über eine kurvenreiche und bei schönem Wetter sehr stark befahrene Straße entdecken. An die Fahrpläne der Busse, die hier täglich zwischen 6 und 21.30 Uhr fahren, brauchen Sie sich nicht zu halten. Nehmen Sie sich Zeit für jedes Dorf, der nächste Bus kommt ganz bestimmt – solange Sie nur nicht den letzten verpassen!

TAG·5 Tarent

Nach dem ereignisreichen Vortag genießen Sie erst einmal die Zugfahrt nach Tarent (4:00). Der Industriehafen am Mittelmeer besitzt ein mittelalterliches Zentrum, das man über die Drehbrücke **Ponte Girevole** erreicht, und eines der bedeutendsten archäologischen Museen des Landes. Dessen Sammlung umfasst griechische Keramiken, Goldschmuck, Flachreliefe und die berühmte, ausdrucksstarke Bronzefigur des ein wenig furchteinflößenden Zeus von Ugento. Nach kurzer Zugfahrt (0:35) entdeckt man dann in Massafra eine völlig andere Welt: eine tiefe, steile Schlucht, in der sich gut 20 byzantinische Grottenkirchen mit prächtigen Malereien verstecken.

Noch vor gar nicht langer Zeit wurden pünktliche Züge in Apulien und der Campania tatsächlich mit Applaus begrüßt, hieß es doch sehr viel häufiger: *ritardo*, *annullatto* oder *sono in sciopero* (»verspätet«, »annuliert« oder »Es wird gestreikt«). Vorab zu reservieren, kann einem jedoch einen Teil des Reisevergnügens nehmen – spontan etwas zu unternehmen, sich mehr Zeit für einen Aufenthalt in einem Dorf oder einen Plausch mit den Nachbarn zu nehmen, die im Süden meist kontaktfreudiger sind als im Norden.

TAG·6
Lecce

Ohne Zeit zu verlieren, geht es mit dem Zug weiter nach Lecce (1:40). *Lupiae*, so der lateinische Name, gilt als das schöne »Florenz des Südens«. Vom Zentrum, wo die Kathedrale und der Duomo im Lecceser Barock erstrahlen und die Ruinen des römischen Amphitheaters beeindrucken, spazieren Sie durch Gassen und über Plätze, die zur Siesta ganz verschlafen wirken, entdecken hier einen ockerfarbenen Palazzo und dort eine Kirche. Um der Hitze zu entfliehen, können Sie mit dem Bus zu einem der vielen Strände der Region fahren, z. B. zur schönen, aber im Sommer überfüllten Torre dell Orso (Bärenturm) oder besser zum ruhigeren Quarto di Monte bei Ostuni. Danach geht es rechtzeitig zurück nach Lecce, um nicht die abendliche *passeggiata* auf der Piazza Sant'Oronzo zu verpassen, wo sich ganz Lecce vor dem Abendessen zum Plaudern trifft.

> Von der Stadt aufs Land, vom feinsten Barock zu feinen Weinen: Apuliens Weinbau hat in den letzten Jahren deutlich an Profil gewonnen. Einige der Weinbaugebiete der Region, wie Castel del Monte, Gravina oder Copertino, genießen einen sehr guten Ruf.

TAG·5 Bari

Bari, das antike *Barium*, ist von Lecce aus mit dem Zug schnell erreicht (1:20). Mit ihren verstopften Straßen, Industriegebieten, der chaotischen Architektur am Lungomare und dem Schachbrettmuster ihres Straßennetzes mag die Stadt auf den ersten Blick wenig überzeugen. Doch der Eindruck verfliegt, sobald man in der Altstadt die verwinkelten Gassen, Dachterrassen, die Basilika San Nicola mit ihrer kühnen Mischung aus pisanischer und lombardischer Architektur und vor allem das Kastell des Stauferkaisers Friedrich II. entdeckt. Von Bari (Via Giuseppe Capruzzi) fahren Busse (knapp 2:00) in das von Olivenhainen bestandene Valle d'Itria. Es verdankt seinen besonderen Zauber den vielen *trulli*, den traditionellen weißen Rundhäusern mit den schwarzen Kegeldächern. Ein Tipp: Kommen Sie möglichst früh vor dem Besucheransturm.

Im 11. Jahrhundert stahlen Kaufleute aus Bari die Gebeine ihres Schutzpatrons, des heiligen Nikolaus, aus Myra, das in der heutigen Türkei liegt und damals bereits muslimisch war. Beim Zoll deklarierten Sie ihr Raubgut als – Schweinekoteletts! Seitdem sind in der Kathedrale von Bari die Reliquien des Heiligen zu sehen, der unter anderem auch als Schutzpatron der Seefahrer, Reisenden und Russlands verehrt wird – und bei den Protestanten in säkularisierter Form zum Weihnachtsmann in rotem Gewand wurde!

ADRESSEN

ROM

Residenza Bollo, www.residenza-bollo-apartments-roma.vivehotels.com. Apartmenthotel in einem ehemaligen Kloster (17. Jh.) zwischen Campo dei Fiori und Piazza Navona. Doppelzimmer: ab ca. 115 €.

NEAPEL

B&B Donna Regina, www.en-italie.fr. Das Haus (14. Jh.) liegt nahe der Kathedrale und nicht weit von der Altstadt entfernt. Doppelzimmer: ab ca. 120 € inklusive Frühstück.

SORRENT

Romantic Relais Sorrento, www.romanticrelais.com. Hier übernachtet man mit Blick auf den Golf von Neapel. Doppelzimmer: ab ca. 150 € inklusive Frühstück.

TARENT

Hotel L'Arcangelo, www.hotelarcangelotaranto.it. Romantisches Boutique-Hotel am Eingang zur Altstadt. Doppelzimmer: ab ca. 100 € inklusive Frühstück.

22 Sizilien: Palazzi, Pasta, Strände

8 Tage

Italien

Barocke Kirchen, Palazzi, Amphitheater, Märkte, Gärten, Vulkane – Sizilien hat viele Schätze zu bieten. Die Ziele liegen nicht weit voneinander entfernt und sind leicht mit dem Zug zu erreichen. Ein Kurztrip hinein ins sizilianische Dolce Vita!

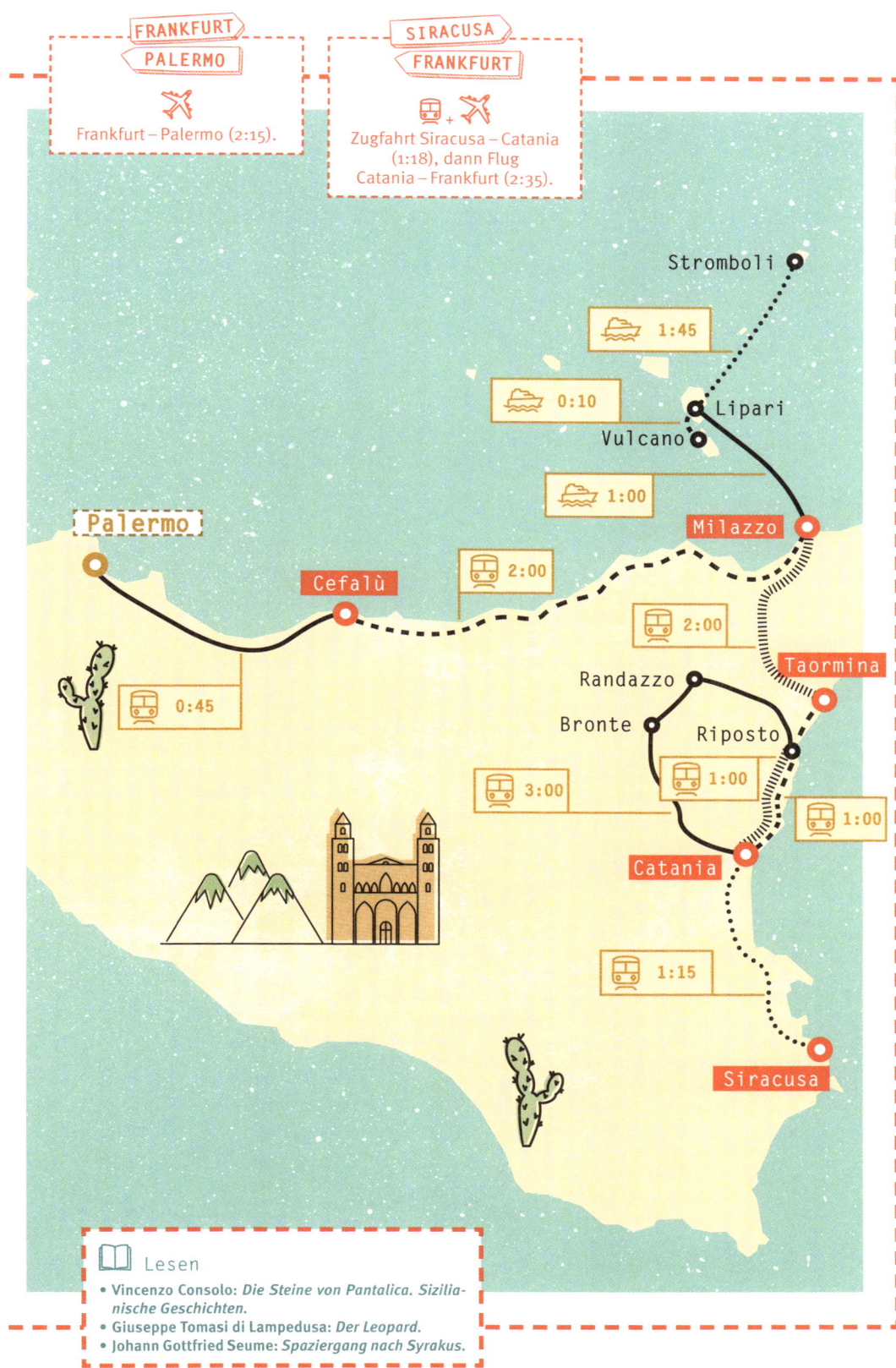

TAG·1 Palermo

Siziliens größte Stadt hat viele Gesichter: Hier liegen wunderschöne historische Architektur und moderne Viertel dicht nebeneinander. Die Tour beginnt auf der zu beiden Seiten von Parkanlagen gesäumten Piazza Indipendenza. Von hier sind es wenige Schritte zum Palazzo dei Normanni, dem heutigen Sitz des sizilianischen Parlaments. Mit seinem Innenhof, den königlichen Gemächern und der mit goldenen Mosaiken bedeckten Palastkapelle ist er eine »Muss«-Sehenswürdigkeit. Sehenswert ist auch die nahe Kirche San Giovanni degli Eremiti im arabisch-normannischen Stil und deren hübscher Garten. Nachmittags erkunden Sie die Kathedrale aus dem 12. Jahrhundert, deren Architektur muslimische Einflüsse aufweist. Anschließend legen Sie auf dem von Bäumen gesäumten Platz eine Pause ein, bevor Sie zur Piazza Pretoria schlendern, um einen der schönsten Brunnen Siziliens zu bewundern. Gleich nebenan verlieben Sie sich angesichts des bezaubernden Kirchen-Palmen-Ensembles an der Piazza Bellini endgültig in Palermo. Die Kirche La Martorana zählt mit ihren Fresken und byzantinischen Mosaiken auf goldenem Hintergrund zu den schönsten der Stadt. Stärkung beim Sightseeing bietet der ganztägig geöffnete Mercato del Capo mit Fisch, *arancini* oder *panelle* (Kichererbsenfladen).

TAPETENWECHSEL!

Wer die Dinge gerne von oben betrachtet, sollte auf die **Torre di San Nicolo all'Albergheria** steigen: Von dem Turm aus dem 14. Jahrhundert hat man einen herrlichen Rundum-Panoramablick. Eine schöne Verschnaufpause vom Trubel der Stadt und den vielen Menschen bietet ein Spaziergang in der großen Grünanlage **Foro Italico** direkt neben der Uferpromenade am Meer. Nichts für schwache Nerven sind die etwas weiter vom Zentrum entfernten **Katakomben** von Palermo: Hier gibt es Mumien und (Hunderte) Skelette zu sehen!

TAG·2 Cefalù

Eine einstündige Zugfahrt von Palermo entfernt liegt der Fischereihafen Cefalù am Fuß einer mächtigen Klippe direkt am Meer. Hier beginnen Sie Ihre Tour mit einem Spaziergang durch die Altstadt, wo Sie auf dem von barocken Palästen und Kirchen gesäumten Corso Ruggero die schöne Kathedrale mit den beeindruckenden byzantinischen Mosaiken erreichen. Schwindelfreie steigen anschließend hinauf zu den Ruinen der Festung, die auf dem steilen Felsen oberhalb der Stadt einst Cefalù bewachte. Die sportliche Leistung (fast 300 m Höhenunterschied, 2 km hin und zurück) belohnt ein spektakulärer Panoramablick. Und wenn es zu heiß sein sollte, kann man auch zum Anfang des Weges flanieren und dort die bereits herrliche Aussicht genießen. Zum Abschluss spazieren Sie zum Hafen, wo bunte Boote im Wasser liegen, oder zum Strand, der sich über mehrere Kilometer erstreckt.

TAG·3 Milazzo

Milazzo, das Sie mit dem Zug in rund drei Stunden erreichen, ist nicht nur der Startpunkt zu den Liparischen Inseln, sondern auch selbst einen Tagesbesuch wert. Hier beginnen Sie am besten beim großen, hoch über der Stadt gelegenen Castello, zu dem auch eine schöne Kathedrale gehört. Nachdem Sie den herrlichen Blick genossen haben, bummeln Sie durch die Altstadt, die noble Villen, prächtige Palazzi (Palazzo Municipale, Palazzo D'Amico) und schöne Sakralbauten zu bieten hat, unter anderem die Kirchen San Francesco di Paola und Nostra Signora del Santo Rosario, die im Inneren wunderbare Fresken zieren. Das letzte Ziel ist das rund 40 Gehminuten entfernte Capo di Milazzo an der Spitze der Halbinsel, wo Sie bei Sonnenuntergang am Meer spazieren können.

TAG·4
Lipari

Vor Milazzo liegen die sieben Liparischen Inseln Alicudi, Filicudi, Lipari, Panarea, Salina, Stromboli und Vulcano. Der gesamte Archipel ist vulkanischen Ursprungs, aktiv sind aber nur noch die Vulkane auf Stromboli und Vulcano. Für einen Kurzbesuch und als Ausgangspunkt für Ausflüge zu den anderen Inseln eignet sich am besten Lipari. Die Highlights auf dieser größten Insel der Gruppe sind der Burgberg mit der Burganlage, die malerischen Gassen, der Fischerhafen und das archäologische Museum. Auf Ausflügen zu Fuß, mit dem Fahrrad oder Roller sind z. B. die alte Kirche von Quattropani wegen der grandiosen Aussicht auf die anderen Inseln (außer Vulcano) oder die hübschen Dörfer Canneto und Acquacalda schöne Ziele.

EIN TAG AUF VULCANO ODER AUF STROMBOLI

Stromboli ist die berühmteste Liparische Insel und wurde sogar von Meisterregisseur Roberto Rossellini im Film verewigt. Wenn Sie den Vulkan Stromboli besteigen wollen, sollten Sie eine Übernachtung einplanen, da der Rückweg häufig erst nach Einbruch der Dunkelheit erfolgt. Beachten Sie auch, dass der Aufstieg auf den Stromboli nur mit Führer erlaubt ist und es dringend empfohlen wird, die Tour schon vorab zu buchen. Als weitere Option bietet sich Vulkanfans auf Vulcano die Besteigung der Grande Fossa an, hinauf in eine spektakuläre Mondlandschaft mit dampfenden Fumarolen. Danach heißt es: liparisches *dolce far niente* an einem schwarzen Sandstrand oder bei einem Bad im schwefligen Schlamm!

TAG·5
Taormina

Obwohl Taormina in der Hochsaison von Touristen überrannt wird, ist es doch ein tolles Reiseziel samt atemberaubendem Blick auf den Ätna. Von Milazzo aus ist die Stadt mit dem Zug in etwa zweieinhalb Stunden zu erreichen. Taormina gilt als »Siziliens Saint-Tropez«, am Corso Umberto machen die vielen Luxusboutiquen dem Beinamen alle Ehre. Besonders sehenswert sind jedoch vor allem das riesige Antike Theater (das noch immer für Aufführungen genutzt wird), die schöne Piazza IX Aprile mit der Panoramaterrasse, der Stadtpark mit der üppigen Bepflanzung und die in den Fels gehauene kleine Kapelle Madonna della Rocca. Gleich darunter bietet der Strand Isola Bella eine paradiesische Kulisse für Sonnenhungrige und Wasserratten. Von hier aus kann man sogar zu bestimmten Zeiten zu der hübschen kleinen vorgelagerten Insel hinübergehen.

TAG·6
Catania

Siziliens Wirtschaftsmetropole ist von Taormina schnell erreicht (1:30) und hat Besuchern viel zu bieten. Beginnen Sie Ihre Tour im Zentrum an der autofreien Piazza del Duomo mit Catanias Wahrzeichen, dem berühmten Brunnen mit dem schwarzen Elefanten, der der Legende zufolge einst die Gluten des Ätnas besänftigte. An dem zentralen Platz steht auch die Kathedrale Sant'Agata, ein Meisterwerk des Barocks und Grabkirche des italienischen Komponisten Vincenzo Bellini. Zum Mittagessen führt Sie der Weg zum Fischmarkt *pescheria*, auf dem ungeachtet des Namens auch Gemüse, Obst und italienische Käse verkauft werden. Danach legen Sie eine kleine Verdauungspause im Park der Villa Bellini ein, wo zwischen großen Rasenflächen Springbrunnen plätschern. Schließlich erkunden Sie noch die mit Lavasteinplatten gepflasterte Via Etnea – Catanias Hauptstraße ist von Läden, Restaurants und Weinbars gesäumt und abends voller Leben.

TAG·7
Die Circumetnea

Man kann den Ätna besteigen – oder ihn auf unterhaltsame (und weitaus weniger anstrengende) Weise mit der *Ferrovia Circumetnea* erkunden. Die 1895 eingeweihte historische Eisenbahn fährt rund um den mächtigen Vulkan, Startpunkt ist der Bahnhof Catania Borgo in Catania. Entlang der Strecke, die durch Oliven- und Zitrushaine führt, sind immer wieder Spuren von Lavaströmen zu sehen. Zum Spaß der Fahrt gehört auch, unterwegs einige Ortschaften zu erkunden, z. B. das »Pistaziendorf« Bronte oder Randazzo. In dem kleinen Marktflecken, der wie durch ein Wunder von den 2 Kilometer entfernten Lavaströmen verschont wurde, sind viele Häuser aus Lavablöcken gebaut. Nach drei Stunden erreicht der Zug seine Endstation in Riposto. Von dort aus kann man mit einer anderen Eisenbahnlinie nach Catania zurückfahren (ca. 1:00).

TAG·8
Siracusa

»Ich würde so gerne Siracusa sehen«, sang Henri Salvador einst völlig zu Recht. Vom Hauptbahnhof in Catania ist es nur eine kurze Zugfahrt (1:18) zu der Küstenstadt am Ionischen Meer. Siracusas Altstadt liegt auf der Insel Ortygia und ist über zwei Brücken erreichbar. In ihren engen Gassen herrscht kaum Verkehr – ideal, um sie einen Tag lang zu Fuß zu erkunden und dabei die hübschen Portale der Häuser an der Via Veneto und die Ruinen des griechischen Apollontempels aus dem 6. Jahrhundert v. Chr. zu entdecken. Das Highlight ist die Piazza del Duomo, wo sich barocke Palazzi gegenseitig an Schönheit zu überbieten versuchen. Die Kathedrale Santa Maria delle Colonne wurde auf einem griechischen Tempel erbaut, dessen Säulen noch zu sehen sind.

PARCO ARCHEOLOGICO DELLA NEAPOLIS

Rund 30 Gehminuten von Siracusas Altstadt entfernt kann man in dem archäologischen Park griechische und römische Monumente besichtigen – darunter ein griechisches Theater, das im 5. Jahrhundert v. Chr. aus dem Fels gehauen wurde und 15000 Menschen Platz bot, ein römisches Amphitheater sowie unterirdische Steinbrüche, die sogenannten Latomien. In der *Latomia del Paradiso* liegt das *Ohr des Dionysios*, eine künstliche Grotte, die ihren Namen angeblich von Caravaggio erhielt. Wer tiefer in die Materie eintauchen möchte, besucht das archäologische Museum auf der anderen Straßenseite.

ADRESSEN

PALERMO

Hotel Letizia, *letizia-palermo.hotel-palermo-it.com*. Perfekt gelegenes Boutique-Hotel, die Zimmer haben kleine Terrassen zum Innenhof. Doppelzimmer: ab ca. 70 € inklusive Frühstück.

CEFALÙ

Hotel La Giara, *hotel-ristorante-la-giara.cefalu.hotels-sicily.net*. Das Hotel im Herzen der Altstadt hat eine schöne Dachterrasse mit Panoramablick auf Cefalù. Doppelzimmer: ab ca. 100 € inklusive Frühstück.

MILAZZO

Petit Hotel, *www.petithotel.it*. Die Zimmer des Hotels beim Fährhafen sind mit handgefertigten sizilianischen Keramiken dekoriert. Doppelzimmer: ab ca. 80 € inklusive Frühstück.

TAORMINA

Hotel Bel Soggiorno, *www.belsoggiorno.com*. Boutique-Hotel mit schönem Garten und herrlichem Blick auf das Meer und den Ätna. Doppelzimmer: ab ca. 100 € inklusive Frühstück.

CATANIA

Hotel La Collegiata, *la-collegiata.hotel-in-catania.com*. Das Hotel liegt ideal an der Via Etnea, die Zimmer sind geschmackvoll eingerichtet. Doppelzimmer: ab ca. 110 € inklusive Frühstück.

23 Kaiserreich und Republik

7 Tage

Italien, Kroatien

Auf den Spuren der Geschichte verläuft diese Route durch Regionen, die früher zu Venedig – das einst die gesamte Adriaküste beherrschte – und später zu Österreich-Ungarn gehörten. Roter Faden der Reise ist die Architektur, doch auch die Natur kommt nicht zu kurz.

TAG·1
Venedig

Wer mit dem Nachtzug ankommt, den belohnt der beinahe surreale Anblick der *gondolieri* in Ringelhemden auf dem Canal Grande vor dem Bahnhofsplatz. Um Gondeln, Tauben auf dem Markusplatz, Markusdom und Dogenpalast kommt man in Venedig nicht herum. Doch sollte man die *Serenissima* nicht nur als Freilichtmuseum erleben, sondern sich von Brücke zu Brücke durch das Gassenlabyrinth treiben lassen, in den einen oder anderen restaurierten Palazzo schockverlieben oder verfallene Frontgiebel bemitleiden. Ein Highlight ist die Peggy Guggenheim Collection in einem Palazzo des 18. Jahrhunderts, eine Sammlung herausragender Werke aus allen wichtigen Kunstströmungen des 20. Jahrhunderts. Und statt mit teuren Gondeln sind Sie mit den *vaporetti* genannten Wasserbussen unterwegs.

Zwei benachbarte Inseln, die nur ein Buchstabe unterscheidet und zwischen denen doch ganze Welten liegen. **Murano** ist berühmt für seine Glaskunst – und **Burano** für seine kunstvollen Spitzen. Genießen Sie bei einem Spaziergang die angenehme Ruhe zwischen den kleinen Plätzen, Gärten und knallbunten Häusern, vor denen Netze zum Trocknen gespannt sind.

TAG·2
Triest

Nur 120 Zugminuten von Venedig entfernt schmiegt sich Triest an die Hänge des Karsts. Das Tor zum Balkan präsentiert seine mitteleuropäische Geschichte an den Fassaden, Cafés und der Uferfront, wo die einen Hektar große Piazza dell'Unità d'Italia und die angrenzenden Palazzi von Triests österreich-ungarischer Vergangenheit erzählen. Das antike *Tergeste* entstand hingegen auf dem Hügel von San Giusto, auf dem ein efeubewachsenes Kastell, vom Zahn der Zeit angeknabberte Säulen und die Kathedrale stehen. Von deren massivem Glockenturm erkennt man deutlich die Topografie der Stadt, das Schachbrettmuster ihrer Straßen, zwischen denen sich das antike Theater und weiter entfernt der Canal Grande abzeichnen, der allerdings nur dem Namen nach »groß« ist!

ÖSTERREICHISCHE KÜCHENTRADITION

Zampone (gefüllter Schweinefuß), Rindszunge, Wiener oder Karstwürstchen, Meerrettich und Bauchspeck passen gut zu Kraut: Hier hat Österreich definitiv vorbeigeschaut – und die Stammgäste kommen immer wieder. Für Eilige bereitet das **Buffet da Pepi** *(www.buffetdapepi.it)* auch mit Wurst und Schinken belegte runde Brötchen als *panino* zu.

EINEN KAFFEE, BITTE!

In Triest bestellt man keinen *espresso*, sondern einen *nero* (Schwarzen), und zwar nach Belieben aus der Tasse oder im Glas als »*nero in b*«, *in bicchiere*. Eine *goccia* (Tropfen) ist ein *nero* mit ein wenig Milch, ein *capo* mit ein wenig Milchschaum. Wer seinen Kaffee koffeinfrei möchte, sagt einfach *deca* dazu. Und wer einen *cappuccino* möchte? Der ordert einen *caffè latte*!

TAG·3
Rijeka

Knapp zwei Stunden oder vier Stunden mit Umsteigen: Auf der Strecke von Triest nach Rijeka ist der Bus weitaus schneller als der Zug. Rijeka hieß früher Fiume, italienischstämmig sind heute gerade mal 2 Prozent seiner Bevölkerung. Die am Hang gelegene Küstenstadt hat sich jedoch die gute Laune und das gute Essen ihrer früheren Bewohner erhalten. *Fiume* bedeutet übrigens wie Rijeka »Fluss«, gemeint ist die Rječina, die zusammen mit ihrem Kanal eine Fläche wie ein Tortenstück aus der Stadtlandschaft herausschneidet. Bunte Häuser, bürgerliche Villen, säulengeschmückte Herrenhäuser und Seebadarchitektur: Die Uferfront und die drei Molen bilden die Riviera von Rijeka an der Kvarner-Bucht. Sie lässt sich mit den Booten erkunden, die vom Hafen aus an der Küste und zu den Inseln fahren, bevor es weitergeht ins Landesinnere.

Zagreb TAG·4

Kroatiens Hauptstadt gibt sich landestypisch, mit einigen österreichisch-ungarischen Elementen in Küche und Architektur, aber ohne italienische Einflüsse wie an der Küste. In ihren Pflasterstraßen sieht man Standbilder mit Reitern in alten Trachten auf tänzelnden Pferden. Gestützt von Strebepfeilern und Mauern, die von Toren und Treppen durchbrochen sind, drängen sich in der Oberstadt *(Gornji Grad)* alte Paläste und barocke Klöster, in denen heute Ämter und Ministerien residieren. In der luftigeren und grüneren Unterstadt *(Donji Grad)* präsentiert das Museum für zeitgenössische Kunst Werke vom 19. Jahrhundert bis heute. Im Archäologischen Museum ist eine ägyptische Mumie in Papierstreifen eingewickelt, auf denen der längste bekannte Text in etruskischer Sprache steht! Nach den Besichtigungen und einem Bummel über den Markt bietet sich die Tkalčićeva-Straße mit ihren Läden, Terrassen, türkischen Cafés und knallvollen Lokalen zur Erholung an. Verpassen Sie jedoch nicht den Nachtzug, der Sie in den frühen Morgenstunden nach Split bringen wird!

TAG·5
Split

Kaiser Diokletian hatte einen guten Riecher, als er diese gut geschützte Bucht unweit von Salona, der Hauptstadt der römischen Provinz Dalmatia, als Standort für seinen Palast wählte. Die einst knapp 40 000 Quadratmeter große Anlage war gleichzeitig kaiserliche Residenz und Militärlager und bildet heute den Kern der Altstadt, in der noch immer viele Menschen hinter antiken Mauern leben. Die zweitgrößte Stadt des Landes ruht sich jedoch nicht auf diesen Lorbeeren aus, sondern fördert das Leben in den alten Gemäuern mit gut besuchten, schön gestalteten Bars. Nach einem ausgedehnten Bummel geht es hinauf auf den Berg Marjan, von dem aus man einen herrlichen Blick auf das Meer und die Stadt hat. Anschließend führt der Weg hinunter zur Riva, der von Palmen und Terrassen gesäumten Promenade am Meer.

TAG·6
Inselhopping

Neben seiner 600 Kilometer langen Festlandküste umfasst Dalmatien eine Unzahl von Inseln in der Adria. Anstatt über Land nach Dubrovnik zu fahren, können Sie mit dem Schiff reisen und unterwegs einige der hübschen, im Sommer aber oft überfüllten Häfen anlaufen.

Erste Station von Split aus ist **Brač** (1:00) mit seinem fantastischen Strand, der wie ein goldenes Horn in das klare Wasser ragt. Per Katamaran kommt man zur nach Lavendel duftenden Insel **Hvar** (0:20) und in einer weiteren guten Stunde nach **Korčula**. Die Stadt Korčula, angeblich der Geburtsort Marco Polos, wurde von dem trojanischen Helden Antenor gegründet und ist eine von neun Ortschaften auf der 47 Kilometer langen und nur 6 Kilometer breiten Insel. Ihre verwinkelten Gassen, Paläste und Wehrbauten aus dem 14. Jahrhundert sorgen für ein Déjà-vu-Gefühl, nicht umsonst wird sie auch »Klein-Dubrovnik« genannt. Nach zwei weiteren Fahrtstunden taucht Dubrovniks Stadtmauer auf: 25 Meter hoch und teils 6 Meter breit.

TAG·7 Dubrovnik

Welch ein Ironie, dass sich die prächtige Festungsstadt, deren Motto *Non bene pro toto libertas venditur auro* (Auch für alles Gold der Welt darf man seine Freiheit nicht verkaufen) lautet, sich selbst als Gefangene ihres Erfolgs sieht! In der Hauptsaison braucht man hier tatsächlich Geduld und Nerven. In einer dichten Menschenmenge kann man nur langsam durch die Gassen der UNESCO-Welterbestätte schlendern, um wie alle anderen den Kreuzgang des Franziskanerklosters, die Rolandsäule vor dem Glockenturm und die Kathedrale mit den Tizian-Gemälden zu bewundern.

Beim Inselhopping lohnt auch ein Landgang auf zwei oder drei der Dubrovnik vorgelagerten **Elaphitischen Inseln**. Hier gibt es Kapellen aus dem 16. Jahrhundert, Renaissance-Kirchen und Patrizierhäuser zu sehen. Je nach Vorliebe legt man am schönen Strand von Lopud, auf Šipans Wiesen oder den Wäldern auf Koločep oder Lokrum eine Rast ein. Auf Lokrum residierte übrigens Erzherzog Maximilian von Habsburg. Auch eine napoleonische Festung ist erhalten.

ADRESSEN

VENEDIG
Locanda Fiorita, www.locandafiorita.com. Das romantische Hotel mit einer farbenfrohen, mit Glyzinien bewachsenen Fassade liegt im Stadtteil San Marco. Doppelzimmer: ab ca. 140 € inklusive Frühstück.

TRIEST
Urban Hotel Design, www.urbanhotel.it. Helles Holz und geschwungene Ron-Arad-Stühle bringen Gemütlichkeit in das kühle Design. Nur einen Katzensprung von der Piazza dell'Unità d'Italia entfernt. Doppelzimmer: ab ca. 130 € inklusive Frühstück.

SPLIT
Hotel Slavija, www.hotelslavija.hr. Das Hotel liegt zentral innerhalb der Anlage des Diokletianpalastes. Doppelzimmer: ca. ab 130 € inklusive Frühstück.

DUBROVNIK
Villa Gloria, www.villa-gloria.com. In nächster Nähe zur Altstadt verfügt das Hotel über einen kleinen Garten, einen Pool und Meerblick. Doppelzimmer: ab ca. 80 €.

24 Durch Sloweniens grandiose Natur

7 Tage

Schweiz, Slowenien

Die slowenische Entdeckungstour durch unberührte Natur im Herzens Europas beginnt in Zürich: Mit dem Nachtzug geht es durch die Schweiz und Österreich nach Ljubljana. Freuen Sie sich auf die entspannte Lebensart in der Hauptstadt, Wanderungen in den Julischen Alpen und Baden im grünen Fluss.

TAG·1
Zürich

Der Hauptbahnhof Zürich ist ein wichtiger Knotenpunkt für Reisende aus ganz Europa. Für die Stadtbesichtigung können Sie Ihr Gepäck im Schließfach zwischenlagern. Werfen Sie noch im Bahnhof einen Blick auf die beeindruckenden Kunstwerke, wie Niki de Saint Phalles *Schutzengel* oder *Das philosophische Ei* von Mario Merz.

Wenn Sie um die Mittagszeit ankommen, bleibt Ihnen am Nachmittag genügend Zeit, um das Stadtzentrum zu erkunden und, warum nicht, auf einer Mini-Kreuzfahrt auf dem Zürichsee die herrliche Aussicht auf die schneebedeckten Alpen zu genießen. Der Rückweg zum Bahnhof führt durch die Bahnhofstrasse, eine luxuriöse Shoppingmeile. Wenn das Budget gerade nicht für eine echte Schweizer Uhr oder edlen Schmuck reicht, kann man sich in der Delikatessabteilung von **Jelmoli** mit Käse oder in der Confiserie **Sprüngli** mit feiner Schokolade eindecken – für abends im Zug.

NACHTZUG ZÜRICH – LJUBLJANA

Die ÖBB bieten täglich eine Direktverbindung zwischen Zürich und Ljubljana mit dem komfortablen Nightjet (12:00). Es gibt keinen Speisewagen, essen Sie also vorher in Zürich zu Abend. Nach einer ruhigen Nachtfahrt durch die Schweiz, Liechtenstein und Österreich hebt sich der Vorhang über den Julischen Alpen und gibt den Blick auf eine fantastische Kulisse frei.

24 // Durch Sloweniens Natur

TAG·2
Ljubljana

Sie ist eine der kleinsten, aber auch schönsten europäischen Hauptstädte, und um ihren Name korrekt auszusprechen, muss man ein wenig üben – Ljubljana überrascht und fasziniert jeden Besucher mit Kunst, Geschichte, gutem Essen und einem wunderbaren Dolce Vita. Sloweniens Kapitale ist keine Stadt, die man im Eiltempo erkundet, sondern mit gemütlichen Abstechern in die Kunsthandwerksläden und zu den Terrassen am Flussufer. In der für ihr ökologisches Engagement ausgezeichneten Metropole ist man »grün« unterwegs: Das gesamte Stadtzentrum ist eine Fußgängerzone, es gibt viele Radwege, und Stand-up-Paddling auf der Ljubljanica ist groß in Mode. Drei Viertel des Stadtgebiets sind Grünfläche, allen voran der wunderschöne Tivolipark. Zu den unbedingten Highlights in Ljubljana gehören eine Fahrt mit dem Schrägaufzug auf den Schlossberg, ein Bummel durch die Altstadt zum Prešerenplatz und zum Dom St. Nikolaus.

DER ZENTRALMARKT

Der Zentralmarkt am Pogačarjev-Platz ist ein Treffpunkt für die Einwohner von Ljubljana und ideal, um die vielen slowenischen Spezialitäten zu probieren, wie gefüllte Tortellini, Kartoffelpfannkuchen mit Käse, Krainer Wurst, Eintöpfe, Polenta, Walnussgebäck usw. Besonderer Wert wird hier auf regionale, saisonale und Bioprodukte gelegt. Von Mitte März bis Ende Oktober präsentieren jeden Freitag Köche aus slowenischen Restaurants ihr Können in einer »offenen Küche«.

TIPP FÜR EINEN ZUSÄTZLICHEN TAGESAUSFLUG

Man braucht kein Auto, um die umliegenden Gipfel zu erreichen, die zum Wandern einladen. Vom Hauptbahnhof Zürich aus fährt die S10 in 20 Minuten zum Uetliberg, wo der Planetenweg beginnt. Die zweistündige Wanderung ist eine unterhaltsame und informative virtuelle Reise durch das Sonnensystem. Jeder zurückgelegte Meter entspricht einer Million Kilometer, Panoramablick inklusive!

www.zuerich.com/fr/visite/sport/sentier-des-planetes

Bleder See

TAG·3

Bled ist nur eine Stunde mit dem Zug von Ljubljana entfernt (häufige Direktverbindungen nach Lesce-Bled, dann eine kurze Busfahrt). Mit seiner mittelalterlichen Burg, der Kirche auf der Insel mitten im idyllischen blaugrünen See und der alpinen Bergkulisse ist es das unglaublich romantische Wahrzeichen Sloweniens und verständlicherweise das beliebteste Touristenziel des Landes. Übrigens: Für das ultimative Postkarten-Panoramafoto spazieren Sie am besten hinauf zum Aussichtspunkt Mala Osojnica. Die wunderschöne Szenerie lässt sich auf verschiedene Weisen entdecken und erleben, auf einer Wanderung (ca. 1:30) oder einer Kutschfahrt um den See, bei einer Fahrt mit einem Mietboot oder mit Führer in einer traditionellen *pletna* über den See oder aber beim Schwimmen im See (im Sommer ca. 22 °C warm). Danach lockt eine Stärkung mit der berühmten *kremna rezina*, der Bleder Cremeschnitte.

Bled ist Startpunkt einiger markierter Wanderungen. Für Adrenalinjunkies bieten mehrere Agenturen Aktivitäten wie Klettern, Rafting und Gleitschirmfliegen an. Die imposante Vintgar-Klamm erreicht man besonders bequem mit einem gemieteten E-Bike.

TAG·4 Bohinj-See

Ein wenig bedauert man es fast, dass die Busfahrt durch die herrliche alpine Landschaft von Bled nach Bohinjska Bistrica nur 30 Minuten dauert. Von hier aus erreicht man den Bohinj-Gletschersee per Bus, kostenlosem Shuttlebus oder Taxi. Oder man leiht sich ein Fahrrad und entdeckt auf dem 6 Kilometer langen Radweg ein traumhaftes Tal mit Feldern, Heuschobern und verzierten Bienenhäusern. Der Bohinj-See ist nur 29 Kilometer vom Bleder See entfernt, doch gänzlich unterschiedlich. Er ist umwerfend schön und liegt in einer abgelegenen wilden Naturlandschaft. Unterkunft findet man in Chalets in Bohinjska Bistrica, nahe dem Bahnhof, oder am unteren Ende des Sees, wo die Landschaft ihre ganze Magie entfaltet.

DIE WOCHEINER BAHN

Unter der k.u.k. Monarchie wurde ein riesiges Eisenbahnnetz mit Wien im Zentrum angelegt. Die pittoreske Wocheiner Bahn nach Bohinj wurde 1906 eingeweiht und ist immer noch in Betrieb. Sie ist eine der schönsten transalpinen Bahnstrecken und ein technisches Meisterwerk, das zwei Rekorde hält: Der Eisenbahntunnel von Bohinj ist der längste in Slowenien (6327 m) und die Salcanobrücke über die Soča die größte gemauerte Eisenbahn-Bogenbrücke der Welt (85 m Spannweite). Ein ungewöhnliches, leicht nostalgisches Erlebnis ist die Fahrt mit dem Museums-Dampfzug, der zu bestimmten Terminen über die Strecke schnauft.

TAG·5

Soča-Tal

TOLMINER KLAMM

Von Bohinjska Bistrica aus fährt der Zug in 55 Minuten nach Most na Soči. Von hier sind es nur 10 Minuten mit dem Bus oder Taxi nach Tolmin, wo Sie ein kostenloser Shuttlebus zum Eingang der berühmten Klamm bringt. Auf der zweistündigen steilen Wanderung sieht man geologische Formationen, enge Schluchten, glasklares Wasser, Thermalquellen und der Vereinigung zweier Flüsse.

KOBARID

Most na Soči ist der einzige Bahnhof im Soča-Tal, Kobarid aber ein besserer Ausgangspunkt, um das Gebiet zu erkunden. Dabei lohnt es sich, ein wenig Organisation zu betreiben (sich vorab über den Busfahrplan zu informieren oder ein Taxi für die rund halbstündige Fahrt zu buchen). Das hübsche Städtchen hat einiges zu bieten. Kobarid galt im Ersten Weltkrieg als »Sloweniens Verdun«, an seine Schrecken erinnert ein Geschichtsweg, der zu erschütternden Kriegsrelikten führt. Spektakulär ist der **Wasserfall Slap Kozjak**, der mehr als 15 Meter in die Tiefe rauscht. Die Restaurants der Region gehören teils zu den besten Sloweniens.

TAG·6

Bovec und das Soča-Tal

Das Soča-Tal ist ein Mekka für Wassersportler. Mehrere Anbieter organisieren von Kobarid aus vielfältige Outdoor-Action samt Führer und Transfer bis Bovec. Die Soča und ihre legendären Stromschnellen locken erfahrene Kajaksportler aus ganz Europa an. Eine gehörige Dosis Adrenalin versprechen aber auch Rafting, Canyoning, Zip-Lining, Paragliden und Downhill-Mountainbiken. Man könnte hier problemlos eine Woche lang von Wasserfall zu Wasserfall wandern und sich von den leuchtenden Farben eines der schönsten Flüsse der Welt faszinieren lassen. Abends geht es zurück nach Most na Soči.

TAG·7   Divača und die Höhlen von Škocjan

Von Most na Soči geht es nach Divača (3:00, Anschluss in Sežana), dem nächstgelegenen Bahnhof zu den Höhlen von Škocjan. Auch wer sich nicht für Höhlen interessiert, wird von diesem als UNESCO-Welterbe ausgewiesenen Naturwunder fasziniert sein. Das System verbindet elf Höhlen, dazwischen liegen bis zu 15 Meter hohe Stalagmiten, mehr als 200 Meter tiefe Kavernen und eine riesige unterirdische Schlucht – die größte in Europa –, durch die die Reka tost. Auf dem Weg, der teils direkt an der Felswand entlang und über eine 50 Meter hohe Brücke über den Fluss führt, wird man an jeder Ecke von einer neuen grandiosen Szenerie überwältigt.

Der letzte Abschnitt dieser Reise durch Slowenien ist *Slow Travel* par excellence: Im Schneckentempo fährt der Zug von Divača in das nur 60 Kilometer entfernte Ljubljana (1:40). Dort hat man unter anderem Anschluss nach Triest, Venedig, Zagreb oder Budapest.

24 // Durch Sloweniens grandiose Natur

ADRESSEN

LJUBLJANA

Lesar Hotel Angel, *angelhotel.si*. Das elegant eingerichtete Hotel liegt ruhig und dennoch zentral unterhalb des Laibacher Schlosses in einer Fußgängerzone und verfügt über einen schönen Terrassengarten. Doppelzimmer: ab ca. 150 € inklusive Frühstück.

BLED

Penzion Mayer, *www.mayer-sp.si*. Ein Chalet mit Garten und getrockneten Äpfeln zum Naschen! Doppelzimmer: ab ca. 110 € inklusive Frühstück.

BOHINJ

Chalet Alpik, *alpik.com*. Nur 250 Meter sind es zum See und 700 Meter zur Seilbahn auf den Berg Vogel. Landschaften wie aus dem Märchen. Moderne gemütliche Chalets im alpinen Stil, ausgestattet mit allem Komfort. Doppelzimmer: ab ca. 100 €.

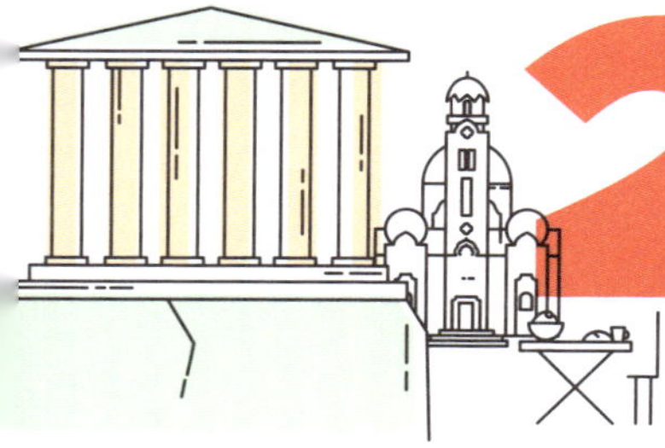

25 Kulinarischer Zickzack über den Balkan

9 Tage

Rumänien, Bulgarien und Griechenland

Nehmen Sie sich Zeit in Südosteuropas wunderbar langsamen Zügen. Genießen Sie die vorbeiziehenden Landschaften und die sich von Grenze zu Grenze verändernden Aromen. Auf dieser Reise zwischen Währungen, Kulturen und Küchen sind Umwege fest eingeplant.

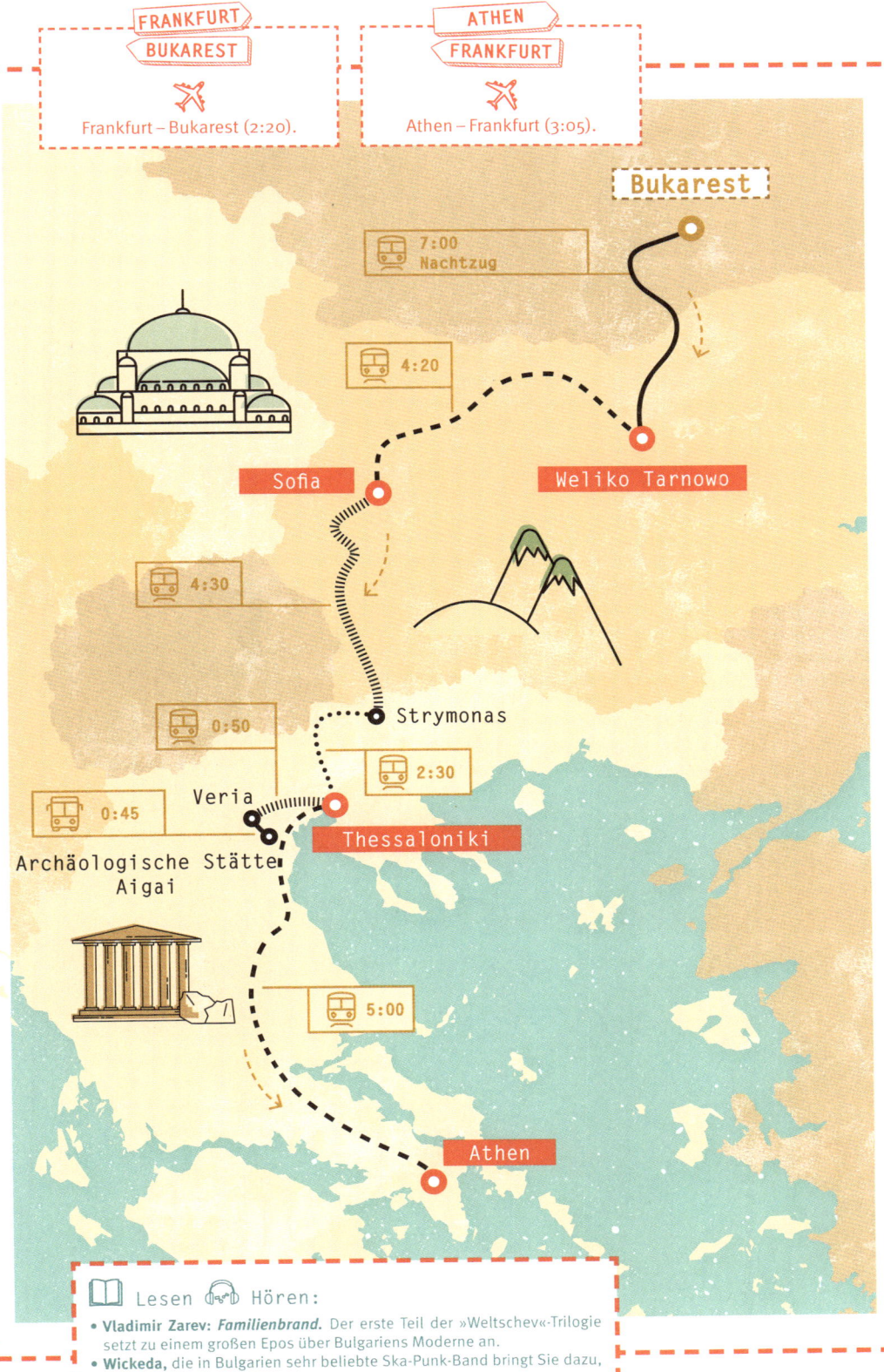

TAG·1

Bukarest

Willkommen in Bukarest! Lassen Sie sich von den romanischen Klängen der rumänischen Sprache, dem ultraschnellen WLAN und der herzlichen Gastfreundschaft der Bukarester überraschen. Auf dem Programm stehen ein Blick auf den wuchtigen Parlamentspalast, das größte aus Stein gebaute Amtsgebäude der Welt und Symbol der kommunistischen Diktatur unter Ceaușescu (bis 1989). Dann tanken Sie ein wenig Frischluft im schönen Parcul Regele Mihai I al României. Gönnen Sie sich anschließend ein Slowfood-Mittagessen im Speiselokal **Energiea** (Strada Ion Brezoianu 4), in dem mitunter auch Veranstaltungen und Aufführungen stattfinden. Vor allem aber sollten Sie ein Abendessen im **Caru' Cu Bere** (Strada Stavropoleos 5) einplanen, einem der ältesten und bekanntesten Lokale der Stadt. Live-Musik, neogotische Architektur, Buntglasfenster, Mosaiken und reichhaltige traditionelle Gerichte sorgen hier für jede Menge gute Laune.

RUMÄNISCHE SPEZIALITÄTEN

Sarmale: Krautwickel mit einer Füllung aus Schweinefleisch und Reis.
Papanasi: Topfenknödel, die mit Sauerrahm und Beeren oder Kirschen serviert werden.
Mamaliga: Polenta, häufig mit reichlich Schafskäse *(branza)* überbacken und mit Schmand serviert.
Ciorba de fasole: Bohnensuppe, wird manchmal in einem Brotlaib serviert *(en paine)*.

TAG·2 UND 3
Weliko Tarnowo

Die Fahrt von Bukarest nach Weliko Tarnowo bietet sieben Stunden Entspannung und eine spannende Grenzüberquerung über die Donau nach Bulgarien (man kann die Strecke auch mit dem Nachtzug zurücklegen). Wenn Sie ein Taxi vom Bahnhof nehmen, ersparen Sie sich den Weg entlang der gehweglosen Straße in die Stadt.

Nach einer erholsamen Nacht schnüren Sie die Wanderschuhe und folgen den Spuren der Thraker, Byzantiner, Slawen und Osmanen in der alten bulgarischen Hauptstadt. Bummeln Sie zu den Kunsthandwerkern in der Altstadtgasse Samowodska Tscharschia und genießen Sie dann im **Shekerdzhiïnitsa** (ul. Kapitan Georgi Mamarchev 13) traditionelles Gebäck und türkischen Kaffee. In der Gurko-Straße bewundern Sie die verschiedenen Architekturstile, in der unterhalb gelegenen Grünanlage das imposante Denkmal für das Herrscherhaus der Assen und den Fluss Jantra, der sich hübsch glitzernd durch die Stadt schlängelt. Der Spaziergang zur Festung Zarewetz (13. Jh.) bietet einen weiteren wunderbaren Blick auf die Stadt.

Zum Abschluss lassen Sie sich im Shtastliveca (ul. Stefan Stambolov 79) bulgarische Küche schmecken, die der tollen Aussicht in nichts nachsteht.

25 // Kulinarischer Zickzack über den Balkan

TAG·4

Sofia

Von Weliko Tarnowo aus erreichen Sie nach 20-minütiger Fahrt Gorna Orjachowiza. Dort steigen Sie um in den Zug nach Sofia, der Sie auf eine vierstündige abwechslungsreiche Reise zwischen Schluchten und Bergen mitnimmt. Unterwegs sitzen Sie in einem der komfortablen Abteile für sechs bis acht Personen und lernen sicher einige Bulgaren kennen. Bringen Sie reichlich Proviant zum Mittagessen mit – gemeinsam essen ist immer ein guter Eisbrecher!

In Sofia angekommen, lassen Sie sich von den Restaurants und Cafés der Hauptstadt verführen. Die orthodoxe Alexander-Newski-Kathedrale aus dem frühen 20. Jahrhundert verfügt über ein sehenswertes Ikonenmuseum. Bei einer kostenlosen Stadtführung gewinnen Sie einen Einblick in die komplexe Geschichte des Landes.

Nach einem erfrischenden Schluck Trinkwasser aus einer der 40 Quellen in Sofia, z. B. an den Brunnen vor dem Nationalen Historischen Museum (pl. Banski 1), lassen Sie sich eine Brennnesselsuppe im Bio-Restaurant **Sunmoon** (ul. Alabin 22) schmecken. Zum Dessert oder als Snack bietet sich eine *mekiza*, ein in Fett ausgebackenes flaches Gebäck, im **Mekitsa & Kafe** (ul. Graf Ignatiev 28) an. Zu einem traditionellen Abendessen passt das Holzhütten-Dekor von **Hadjidraganov's Houses** (ul. Kozloduy 75), wo man bei schönem Wetter auch auf der großen Terrasse im Freien essen kann.

BULGARISCHE SPEZIALITÄTEN

Tarator: eine kalte Gurken-Joghurt-Suppe, im Sommer sehr erfrischend.
Gyuvech: überaus schmackhafter Rindfleischeintopf mit Bohnen, Paprika, Zwiebeln, Champignons, Eiern und geräuchertem bulgarischen Käse.
Tikvenik: süßer würziger Kürbisstrudel mit Walnüssen.
Kiselo Mlyako: fester säuerlicher bulgarischer Joghurt, der zu vielen Gerichten serviert wird und sehr gesund ist.

Tikvenik

TAG·5 UND 6
Thessaloniki

In Sofia steigen Sie in den Zug nach Strymonas in Griechenland (4:30) und fahren dann weiter nach Thessaloniki (2:30). Dort angekommen, erholen Sie sich erst einmal von der Reise und lassen sich gemütlich *mezze* im Restaurant **Ouzou Melathron** (Karipi 21) schmecken, das bei Einheimischen und Urlaubern gleichermaßen beliebt ist. Dazu trinken Sie einen lokalen Wein, schließlich ist Thrakien die Heimat von Dionysos, dem griechischen Gott des Weines!

Am folgenden Tag spazieren Sie zwischen den duftenden Ständen des Modiano- und des Kapani-Marktes und decken sich nach Belieben bei **Ragian** (Mpalanou 12) mit Käse und Delikatessen ein. Zum Abendessen führt Sie der Weg in die populäre, 1961 eröffnete Taverne **Kronos** (Geor. Vafopoulos). Zu diesem kulinarischen Tagesausflug gehört noch ein Abstecher zu **Ellēnikón** (Leof. Vasilissis Olgas), der ältesten Konditorei der Stadt, deren Spezialität süßes Filoteig-Gebäck ist.

TAG·7
Abstecher nach Veria und Vergina

Nach kurzer Zugfahrt (0:50) erreichen Sie Veria. Dort steigen Sie um in den Bus, der Sie zu einem UNESCO-Welterbe bringt: der archäologischen Stätte Aigai, der ersten Hauptstadt Makedoniens (10. Jh. v. Chr.). Hier sind Gräber unter einem Tumulus, darunter das Grab von Philipp II., sowie weitere historisch bedeutende Monumente zu sehen. Anschließend fahren Sie mit dem Bus in die Ortschaft Vergina, wo Sie sich stärken können. Das Restaurant **12 Grada** (Dimosthenous) bietet eine breite Auswahl an makedonischen und thrakischen Gerichten – eine sehr regionale Kombination – sowie eine exzellente Weinkarte. Danach kehren Sie nach Thessaloniki zurück, wo Sie übernachten.

Pastirma

GRIECHISCH-MAKEDONISCHE SPEZIALITÄTEN

Perek (oder **fillota**): traditionelle, in Olivenöl gebratene Fladen, gefüllt mit Käse, Paprika oder *pastirma*.
Pastirma: gepökeltes luftgetrocknetes Rindfleisch, das mit einer Paste aus Knoblauch, Bockshornklee, Kreuzkümmel, Paprika und Chili überzogen ist.
Skordalia: ein Dip aus (viel!) Knoblauch, Kartoffelpüree, Olivenöl, Walnüssen und Mandeln.
Koulouri und ein Glas **Ariani**: ein Sesamkringel, zu dem ein kaltes, leicht gesalzenes Joghurtgetränk serviert wird.

TAG·8 UND 9
Athen

Berge, Meer und abwechslungsreiche Landschaften – die Eisenbahnstrecke von Thessaloniki nach Athen (5:30) gehört sicher zu den schönsten in ganz Europa! In Griechenlands Hauptstadt beziehen Sie erst einmal Ihre Unterkunft und lassen sich in einem der vielen *mezedopoleio* (Mezze-Lokale) verwöhnen. Auf der Terrasse des **Mavros Gatos** (Navarchou Apostoli 7) können Sie das quirlige Leben im Stadtteil Syntagma beobachten.

Am nächsten Vormittag genießen Sie Athens Streetfood und beeindruckende Architektur. Ein Gedicht sind die gegrillten Fleisch-Souflakis bei **Kostas** (pl. Agias Irinis 2) – der Imbiss ist eine Athener Institution! Exzellente vegetarische Snacks serviert **Falafellas** (Aiolou 51), hier sollte man sich keinesfalls von einer eventuellen Warteschlange abschrecken lassen. Ihre kulinarische Entdeckungstour führt Sie zudem in die städtische Athener Markthalle und zu einer traditionellen, am Tisch servierten Mahlzeit zu **Karamanlidika** (Sokratous 1), einer sehr schönen Taverne samt Wurstheke in der Mitte.

Die Besichtigung der Ehrfurcht gebietenden, faszinierenden Akropolis gehört zu jedem Athen-Besuch, Gleiches gilt für die beeindruckenden Skulpturen und Mausoleen auf Athens ältestem Friedhof. Ihr kulinarisches Erlebnis runden Sie bei einem Essen mit einer griechischen Familie ab, die **Alternative Athens** (www.alternativeathens.com) auf ihrer Tour »Home-cooked meals« organisiert.

SPEZIALITÄTEN IN ATHEN

Kaimaki-Eis: Eiscreme aus Büffelmilchsahne und Mastix mit Sauerkirschen.
Keftedakia: Hackfleischbällchen in Tomatensauce.
Pastítsio: überbackener Nudelauflauf mit Schichten aus Hackfleisch und Tomaten sowie Béchamelsauce.
Galaktoboúreko: Dessert aus Filoteig, zitroniger Puddingfüllung, mit Sirup begossen.

ADRESSEN

BUKAREST

Rembrandt Hotel, *www.rembrandthotelbucharest.com*. Das kleine, vom Rembrandt-Haus inspirierte Hotel in der Altstadt bietet einen hervorragenden Blick auf das benachbarte Grand Cafe Van Gogh. Doppelzimmer: ab ca. 100 € inklusive Frühstück.

WELIKO TARNOWO

Hotel Tarnava, *www.hotel-tarnava.com*. Kleines romantisches Hotel nahe Altstadt und Festung. Doppelzimmer: ab ca. 40 € inklusive Frühstück.

SOFIA

Hotel Favorit, *www.hotelfavorit.bg*. Ruhiges Hotel in der Nähe des Zentrums, die Suiten mit Terrasse bieten eine herrliche Aussicht. Doppelzimmer: ab ca. 70 € inklusive Frühstück.

THESSALONIKI

Blue Bottle Hotel, *www.bluebottlehotel.gr*. Boutique-Hotel im Herzen der Stadt. Doppelzimmer: ab ca. 100 € inklusive Frühstück.

ATHEN

Fresh Hotel, *freshhotel.gr*. Ideale zentrale Lage, Pool und Bar mit Blick auf die Dächer der Stadt und die Akropolis. Doppelzimmer: ab ca. 115 € inklusive Frühstück.

WER LÄNGER ZEIT HAT

Wer sich für eine Zugreise durch die faszinierenden Landschaften Transsilvaniens begeistern kann, beginnt die Tour im Norden Rumäniens in der Universitätsstadt Cluj-Napoca. Von dort geht es weiter zum farbenfrohen Burgviertel in Sighişoara, dann in das mittelalterliche Braşov und schließlich nach Bukarest.

26 Durch Transsilvaniens Landschaften

5 Tage

Rumänien

Warum nicht einmal nach Rumänien? Dort sorgen die berüchtigt langsamen Züge für ein besonders intensives, hautnahes Reiseerlebnis. Die Fahrt führt durch bäuerliche Landschaften, zu hübschen mittelalterlichen Städten und nach Belieben in die wilden Karpaten.

TAG·1
Cluj-Napoca

Cluj-Napoca erreichen Sie nach einer sehr langen Zugfahrt über Wien und Budapest (ca. 18:40) oder einem kurzen Flug. In der Universitätsstadt im Norden Rumäniens bildet die Piața Unirii, der größte mittelalterliche Platz in Südosteuropa, das Zentrum des – teils sehr ausgelassenen – studentischen Lebens. Bewundern Sie bei einem Bummel durch die Gassen die vielen Architekturstile von Gotik bis Jugendstil. Unterwegs stärken Sie sich mit *covrigi* (einer Art Brezel) in einer der typischen Bäckereien der Stadt. Erkunden Sie auch die prächtige orthodoxe Kathedrale Mitropolitană Adormirea Maicii Domnului. Danach spazieren Sie durch den schönen Botanischen Garten Alexandru Borza, wo Sie 10 000 Arten aus der ganzen Welt entdecken können. Lassen Sie den Tag bei einer deftigen *mămăligă* (Brei aus Maisgrieß) im Restaurant **Zama** (Strada Napoca Nr. 16) auf denkbar angenehmste Weise ausklingen.

TAG·2
Sighişoara

Von Cluj-Napoca nach Sighişoara sind es höchst unterhaltsame 203 Kilometer (3:30) durch eine abwechslungsreiche Landschaft. Übrigens: Komfortable Sitzplätze in der ersten Klasse kosten sehr wenig … Langsam verschwinden die letzten Häuser von Cluj-Napoca, und der Zug rollt im einlullenden Rhythmus eines ruhig schlagenden Herzen durch Transsilvanien, vorbei an typischen Szenen des rumänischen Landlebens, an Pferdefuhrwerken und Häusern, die mit Holz und Kohle beheizt werden.

In Sighişoara angekommen, erkunden Sie die *Burg*, das schöne mittelalterliche Zentrum (und UNESCO-Welterbestätte). Wer den Aufstieg auf den Stundturm (Turnul Cu Ceas) aus dem 14. Jahrhundert nicht scheut, wird mit einem Panoramablick über die Stadt und ihr Umland belohnt. Beim Spaziergang durch die bunten Gassen sieht man das angebliche Geburtshaus des Vlad Ţepeş (Vlad III. Drăculea, der Pfähler), dem Vorbild für die literarische Figur des Grafen Dracula, und steigt die 175 Stufen der überdachen Schülertreppe (Scară Şcolarilor) von 1642 hinauf, die die Schüler auf dem Schulweg vor der Witterung schützte. Sie führt in die Nähe des am Hang gelegenen alten deutschen Friedhofs. Dort kann man die Namen der Verstorbenen auf mit Moos und Efeu bewachsenen Grabsteinen lesen und raten, welchen Beruf sie wohl ausübten.

TAG•3
Brașov

Die Verbindung Sighișoara – Brașov (2:30) ist stärker frequentiert als die vorangegangene Strecke und bietet gute Möglichkeiten, Mitreisende kennenzulernen und Alltagsszenen zu beobachten. Bei der Ankunft in Brașov ist nicht zu übersehen, in welcher Stadt man sich befindet, steht ihr Name doch in großen weißen Buchstaben in Hollywood-Manier auf dem Berg Tâmpa (960 m). Auf dessen Gipfel kommt man zu Fuß oder mit der Seilbahn.

Wieder zurück im Stadtzentrum, bummeln Sie durch die Straßen mit den pastellfarbenen Häusern, schauen dem Treiben auf der Piața Sfatului (Hauptplatz) zu und zwängen sich durch die Strada Sforii – die »Schnurstraße« ist die schmalste Straße Osteuropas. Erkunden Sie die Stadtmauer und ihre Tore, steigen Sie für immer wieder neue Panoramablicke auf die weißen und schwarzen Türme, tauchen Sie ein in die Stadtgeschichte bei einer Führung mit Walkabout Free Tours *(brasov.walkaboutfreetours.com)*.

Danach stärken Sie sich mit traditioneller Küche der Region, z. B. in den Restaurants **Sergiana** oder **Ceasu' Rău**. Probieren Sie unbedingt *papanași*, eine Nachspeise aus Frischkäse und Beeren.

AUSFLÜGE RUND UM BRAȘOV

- Am Fuße der Karpaten gelegen, ist die Stadt der ideale Ausgangspunkt für schöne **Wanderungen** in den rumänischen Bergen. Sie sollten jedoch einige Tage und einen Mietwagen einplanen, um die vom örtlichen Fremdenverkehrsamt empfohlenen Ausgangspunkte zu erreichen.
- Sie können auch das prächtige **Schloss Peleș** aus dem 19. Jahrhundert in Sinaia besichtigen oder **Schloss Bran** (13. Jahrhundert), das wohl zu Unrecht als Draculas Schloss gilt.
- Erkunden Sie die Bauernburg in **Râșnov**, die im 13. Jahrhundert zum Schutz der umliegenden Dörfer vor Überfällen erbaut wurde.

TAG·4 UND 5
Bukarest

Wenn Sie gerne Menschen beim Bahnfahren kennenlernen, wird Ihnen die Fahrt von Brașov nach Bukarest (2:30) in den oft bis zum letzten Platz besetzten Zügen der Strecke sicherlich gefallen.

Bukarest verblüfft Neuankömmlinge mit seinen breiten Alleen und riesigen Gebäuden. Auf dem sehenswerten Platz der Revolution versammelten sich 1989 wütende Menschenmassen gegen den kommunistischen Diktator Ceaușescu. Nicht weit entfernt ist das Königsschloss, der Sitz des Nationalen Kunstmuseums von Rumänien. Sehenswert ist auch das 1888 erbaute Athenäum – das vielleicht erste durch Crowdfunding finanzierte Bauwerk der Geschichte. Ein relaxter Spaziergang führt Sie dann durch die Calea Victoriei, Bukarests älteste (1692) und reizvollste Straße.

Lipscani ist ein historisches Händler- und Handwerkerviertel mit Bewohnern unterschiedlicher Herkunft, die eine Vielfalt von Architekturstilen einführten.

Es gibt in Bukarest noch viele andere Museen, wichtige historische Denkmäler und schöne Parks zu entdecken. Es lohnt sich, ein paar Tage in der Stadt zu verbringen und mehr über die Stadtgeschichte zu erfahren.

WER LÄNGER ZEIT HAT

Wenn Sie schon so weit gekommen sind und die langsamen Züge Sie nicht abschrecken, dann sind Sie bereit für die Eisenbahnen auf dem Balkan! Dazu steigen Sie in Bukarest in den Zug nach Weliko Tarnowo (ca. 7:00) in Bulgarien. Die vollständige Route der kulinarischen Zickzacktour von Rumänien nach Griechenland ist ab Seite 242 beschrieben.

ADRESSEN

CLUJ-NAPOCA

Hotel Beyfin, *www.hotelbeyfin.com*. Von der Terrassenbar des modernen und zentral gelegenen Hotels hat man einen herrlichen Panoramablick auf die Altstadt. Doppelzimmer: ab ca. 60 €.

SIGHIȘOARA

Casa Savri, *www.casasavri.ro*. Schönes Hotel in einem alten Haus (16. Jh.) mit kleinem Hof, direkt an der Stadtmauer und mit Privatzugang zur Altstadt. Doppelzimmer: ab ca. 100 € inklusive Frühstück.

BRAȘOV

Victoria Bulevard Hotel, *victoriabulevardhotel.ro*. Ruhig und in der Nähe des Bahnhofs gelegen, mit geräumigen modernen Zimmern. Doppelzimmer: ab ca. 90 € inklusive Frühstück.

BUKAREST

Epoque Hotel, *www.relaischateaux.com/de/roumanie/epoque-hotel-bucharest*. Eine Oase der Ruhe im Stadtzentrum mit elegantem Retro-Chic. Doppelzimmer: ab ca. 100 €.

27 Von Kiew bis Lwiw

8 Tage

Ukraine

Die Ukraine ist eines der größten Länder Europas und geprägt von westlichen und russischen Einflüssen. Diese Rundreise über endlose Ebenen führt in die drei schönsten Städte der Ukraine: das Wirtschaftszentrum Kiew, die alte Hafen- und Intellektuellenstadt Odessa und die Kulturmetropole Lwiw.

TAG·1
Kiew

KIEWS STADTZENTRUM

Rings um den riesigen Maidan-Platz, einer von imposanten Gebäuden gesäumten Fußgängerzone, breiten sich die weitläufigen Stadtteile der ukrainischen Hauptstadt aus. In Kiew heißt es zu Fuß gehen! Die Metro verkürzt die Strecken, sie bietet zudem prächtige, museumsartige Stationen, wie z. B. Chreschtschatyk. Der Chreschtschatyk ist wie die Pariser Champs-Élysées ein breiter Boulevard, gesäumt von prächtig restaurierten Häusern aus dem 19. Jahrhundert, Straßencafés und schicken Läden. In Kiew kann man aber auch eine lebendige, tief verwurzelte Religiosität erleben. Im großen orthodoxen Kiewer Höhlenkloster, das 1051 von zwei Mönchen in den Waräger-Höhlen gegründet wurde, herrscht ein steter Andrang von Gläubigen. Sehenswert sind auch die Sophienkathedrale und das strahlend blaue St. Michaelskloster mit den goldenen Kuppeln.

AM DNEPR

Der mächtige Dnjepr fließt von Russland kommend durch die Stadt. Zu seiner Rechten liegen die Hügel des historischen Kiews, zur Linken die endlosen Vorstädte. Im Sommer dienen seine Ufer als Erholungsgebiete. Der große Hidropark auf einer Insel mitten im Fluss sieht mit seinen aufgeschütteten Sandstränden wie ein Seebad aus.
Im beliebten Stadtteil Podil am rechten Ufer fährt von der Wolodymyrska-Straße eine Standseilbahn die Anhöhe hinauf. Am Kontraktowa-Platz tobt das Leben zwischen der Markthalle und den lauten Straßenbahnen. Deutlich ruhiger ist der Andreassteig (Andrijiwskyj uswis), der »Kiewer Montmartre« mit einer großen Künstlerkolonie. Er führt hinauf zur St.-Andreas-Kirche, wo sich ein Panoramablick über die Stadt öffnet. Am Andreassteig ist das Michail-Bulgakow-Museum dem hier geborenen Schriftsteller gewidmet.

TAG·2
Kiew–Odessa

Mit dem IC+ geht es vom Dnjepr-Tal zum Schwarzen Meer. Der Kiewer Hauptbahnhof Passaschyrskyj ist der zentrale Verkehrsknotenpunkt der Ukraine. An der riesigen beleuchteten Abfahrtstafel sieht man, dass von hier Züge in alle Vororte der Hauptstadt und in alle Regionen des Landes abfahren. Bevor Sie zum Bahnsteig eilen, lohnt sich ein gründlicher Blick in die monumentale, vor Menschen wimmelnden Halle des Hauptbahnhofs, die um 1930 im Stil des ukrainischen Barocks und des Konstruktivismus erbaut wurde und mit Fresken und Mosaiken verziert ist. Die Fahrt selbst ist unspannend, führt nach Süden und gegen Ende in die Nähe der moldawischen Grenze, bevor man schließlich Odessa erreicht, die pulsierende Metropole im Süden.

ODESSAS STRÄNDE

Odessa ist durch einen Abhang vom Meer getrennt (deshalb die Potemkinsche Treppe!), versprüht jedoch Seebad-Charme an der Küste des Stadtteils Arcadia. Im Süden von Odessa verläuft eine mehrere Kilometer lange Promenade entlang der von Lokalen und Cafés gesäumten Strände, die bei schönem Wetter ein Besuchermagnet sind.

TAG·3
Odessa

Was ins Auge sticht? – Die Bäume! Unzählige Platanen und Akazien werfen hier Schatten und tragen zum Charme der Hafenstadt bei. Katharina die Große gründete Odessa 1794 als Hafen am Schwarzen Meer. Unter dem Herzog von Richelieu (ein Großneffe des Kardinals Richelieu), Generalmajor in der russischen Armee und später Gouverneur von Odessa, pflanzte man an der kargen Küste Bäume und legte Wasserleitungen an. Der Primorskij-Boulevard und die berühmte Potemkinsche Treppe stammen aus dieser Zeit. Alles in Odessa erinnert an die glanzvolle Ära, als die Stadt ein Zentrum der russischen Literatur war. Lassen Sie sich durch diese Stadt der Passagen und des Exils treiben, einem kulturellen Schmelztiegel mit orthodoxen, katholischen, armenischen, griechischen, deutschen, jüdischen, polnischen, tatarischen Gemeinden.

TAG·4
Rund um Odessa

IM WEINLAND UM SCHABO

Weinentdeckungen auf ukrainischem Terroir – nicht schlecht! 75 Kilometer südwestlich von Odessa liegt Schabo am Rand einer riesigen Lagune, die sich an der Mündung des Dnister in das Schwarze Meer gebildet hat. An Schabo ist eigentlich nichts Ungewöhnliches – außer, dass sich hier unter Alexander I. Anfang des 19. Jahrhunderts Winzer aus dem Schweizer Kanton Waadt ansiedelten. Seitdem werden in dem Gebiet wie in der Antike auf sandigen Böden rote und weiße Trauben (darunter die seltene *telti-kuruk*) angebaut – und dazwischen liegt das von einem Franzosen geführte Weingut Château Lacarin. Von Odessa aus erreicht man Schabo mit dem Zug Richtung Bilhorod-Dnistrowskyj, der teils am Schwarzen Meer entlangfährt (2:20). Von Schabos Ortskern liegt das Gut 25 Gehminuten (oder 5 Minuten mit dem Taxi) entfernt.

Odessa – Lwiw... nachts

Und noch ein Erlebnis … Der ukrainische Nachtzug hat Wagen der zweiten Klasse (vier Schlafplätze pro Abteil) und der ersten Klasse (zwei Betten). Für etwa 50 Euro können Sie einen Platz in der ersten Klasse reservieren, also lassen Sie sich das nicht entgehen! Der Zug rattert relativ schnell durch die schlafende Landschaft und hält nur an wenigen Stationen (Schmerynka, Chmelnyzkyj, Ternopil). Im Sommer ist es bereits Tag, wenn man in Lwiw ankommt, bereit für ein Frühstück und neugierig auf die Stadt.

TAG·5 Lwiw

Lwiw (Lemberg) ist zweifellos das am meisten unterschätzte Juwel im Osten Europas – allerdings nicht von den polnischen Touristen, die einen Großteil der jährlich mehr als zwei Millionen Besucher stellen. Die 1256 gegründete Stadt gehörte zu Polen, dem Kosakenstaat, Russland, Schweden (!) und zur Habsburgermonarchie, deren Einflüsse das schöne Stadtbild prägen. Ein Musterbeispiel ist der Marktplatz (Rynok) mit seinen Häusern aus Barock, Gotik und Renaissance. Das quirlige Stadtzentrum gehört zum UNESCO-Welterbe.

Bei schönem Wetter herrscht eine junge und fröhliche Atmosphäre in den trendigen Cafés, Kneipen und Kellerlokalen wie dem **Kryjivka** – und man kommt schnell ins Gespräch. Die Nationaloper, das Palais Potocki, die Philharmonie, die armenische Marienkathedrale, die Boim-Kapelle, die Dominikanerkirche, historische Häuser, der Antiquitätenmarkt, das Apothekenmuseum, von den Straßen voller Lokale bis zu den geheimsten Ecken … Lwiw steckt voller Leben, das es als Besucher zu entdecken gilt!

TAG·6
Burgen Olesko und Pidhirzi

Heute steht ein schöner Ausflug für Geschichtsfans auf dem Programm. Mit der Tram geht es zum dezentral gelegenen Bahnhof in Lwiw, wo Sie mit dem ersten Zug am Morgen nach Ozhydiv fahren (1:25). Von dort erreichen Sie mit einem Taxi die beiden Burgen, die nur rund 15 Kilometer voneinander entfernt sind. Die mittelalterliche Burg Olesko thront auf einem Hügel über den Bäumen und stammt zum Teil aus dem 14. Jahrhundert. Die Burg in Pidhirzi wurde Anfang des 17. Jahrhunderts von einer polnischen Adelsfamilie zum Schloss umgebaut und ist bemerkenswert symmetrisch. Von beiden Anlagen hat man einen schönen Blick über das Umland, das im Lauf der Jahrhunderte verschiedensten Ländern unterstand. Von Ozhydiv kommt man per Zug zurück nach Lwiw (1:25).

27 // Von Kiew bis Lwiw

TAG·7
Lwiw–Kiew

Etwas mehr als fünf Stunden dauert die komfortable Fahrt im schnellen und modernen IC+ der ukrainischen Eisenbahngesellschaft Ukrsalisnyzja in die Hauptstadt. Verabschieden Sie sich von der Vorstellung, hier in alten staubigen Eisenbahnen durchgeschüttelt zu werden: Die in Südkorea hergestellten IC+-Züge sind mit bequemen Sitzen (2+3 in der zweiten Klasse, 2+2 in der ersten Klasse), Klimaanlage, Steckdosen, von der Decke hängenden TV-Bildschirmen und einer Snackbar ausgestattet. So lässt es sich angenehm durch die weite slawische Landschaft reisen, mit Blick auf die typischen Datschen mit ihren gepflegten hölzernen Gartenzäunen. Poesie des Ostens ...

ADRESSEN

KIEW

Hotel Ukraine, *ukraine-hotel.kiev.ua*. Ein großes Vier-Sterne-Haus im postsowjetischen Stil, mit freiem Blick auf den Maidan-Platz. Klassische Einrichtung. Doppelzimmer: ab ca. 80 € inklusive Frühstück.

ODESSA

Hotel Ayvazovsky, *ayvazovsky.com.ua*. Unauffällig in einer abschüssigen Straße in der Nähe des Zentrums gelegen. Doppelzimmer: ab ca. 45 €. Das Frühstück wird in den benachbarten Partnerrestaurants serviert.

LWIW

Central Hotel, *centralhotel.lviv.ua*. In einem hübsch renovierten Gebäude aus dem 19. Jahrhundert im Herzen der Altstadt. Doppelzimmer: ab ca. 50 € inklusive Frühstück.

28 Polen neu entdecken

8 Tage

Polen

Eine Reise durch Polen bedeutet, sich neuen Erfahrungen zu öffnen und von vorgefassten Meinungen zu befreien. Zwischen der Ostsee und den Gipfeln der Tatra erschüttern Museen mit kühnen Szenografien die Nachkriegsrestauration, und eine vor Kreativität strotzende Jugend rüttelt an den Traditionen.

TAG·1
Warschau

Die Altstadt von Warschau (Warszawa) wurde nach dem Zweiten Weltkrieg wiederaufgebaut und ist mit dem Königsschloss, der wuchtigen Barbakane und den barocken Fassaden ein Besuchermagnet. Mit den Namen ihrer Stadtteile stiftet Polens Hauptstadt allerdings leichte Verwirrung, so stammt die Neustadt z. B. aus dem 14. Jahrhundert! Und es wäre eine Untertreibung, sie als Kontrast zu den Wolkenkratzern im Geschäftsviertel zu beschreiben. Doch nun sollten Sie die Klassiker einstweilen links liegen lassen und auf das rechte Weichselufer wechseln, wo sich der Arbeiterbezirk Praga zu einem beliebten Szeneviertel entwickelt hat. Hier entdeckt man eine Brache, die von Künstlern besetzt wurde, im Hinterhof eines baufälligen Backsteinhauses einen coolen Secondhand-Laden und im Herzen von Praga die **Bar Ząbkowski** (Ząbkowska 2), eine der wenigen verbliebenen Milchbars aus der sozialistischen Ära: minimalistischer Service, aber echte traditionelle Gerichte, einfach, sättigend und preiswert! Sehenswert sind auch viele Museen, wie das Museum des Warschauer Aufstandes oder das ungewöhnliche Neon-Museum. Der Kulturpalast ist als ein Geschenk Stalins selbstverständlich auch heute noch umstritten, aber der Panoramablick von der Aussichtsterrasse im 30. Stock ist schlicht fantastisch.

TAG·2
Danzig

Die dreistündige Zugfahrt von Warschau nach Danzig (Gdańsk) ist eine gute Gelegenheit, die Geschichte dieser Stadt an der Ostsee Revue passieren zu lassen, in der Schopenhauer und Günter Grass geboren wurden. Die alte Hansestadt Danzig mag einem zwar groß erscheinen, lässt sich aber sehr gut zu Fuß erkunden. Auf dem Königsweg wandelt man auf den Spuren der polnischen Könige vom Goldenen Tor zum Artushof, auf denen der Kauf- und Seeleute am alten Hafen, wo am Krantor Europas größter mittelalterlicher Hafenkran zu bestaunen ist. Zutiefst beeindruckend ist das detailreiche Museum des Zweiten Weltkriegs. Und natürlich sieht man sich auch auf den Werften um, wo einst Lech Wałęsa arbeitete und heute die Kräne rosten und in den Gebäuden zeitgenössische Kunst eingezogen ist. Die Geschichte der Solidarność erzählt das Europäische Zentrum der Solidarność mit einer faszinierenden Ausstellung auf 3000 Quadratmetern.

TAG·3
Strand und Burg

Von Danzig aus kann man einige schöne Tagesausflüge unternehmen, die Kultur- und Naturfans gefallen werden.
Spot auf – Sopot! Zwei Silben, die wie die Wellen der Ostsee an Europas längste hölzerne Seebrücke klatschen. Das Ostseebad, das mit seinen noblen Villen und Kunstgalerien an Deauville erinnert, erreicht man vom benachbarten Danzig aus mit dem Zug. Nur 20 Minuten dauert die Fahrt zum Strand und die Restaurants in Sopot.

Malbork gibt sich kriegerisch. Ein halbe Zugstunde von Danzig entfernt steht hier Europas größte gotische Festung. Die Marienburg besteht tatsächlich aus drei Burgen und ist ganz zu Recht eine *der* Sehenswürdigkeiten Polens: Sie war mehr als ein Jahrhundert lang Sitz der Hochmeister und später Hauptstadt des Deutschen Ordens. Damit hat sie sich ihren Platz auf der Liste des UNESCO-Welterbes verdient!

TAG·4
Toruń

Zwei Stunden Zugfahrt bringt einen von der Ostsee zur Weichsel. Hinter der Stadtmauer versteckt drängen sich pastellfarbene Fassaden am rechten Flussufer – Toruń ist zwar eher unbekannt, lohnt jedoch mit seinem wunderschönen gotischen Ensemble einen Zwischenstopp. Die vom Deutschen Orden gegründete Geburtsstadt von Nikolaus Kopernikus hält auch eine Überraschung bereit: den Schiefen Turm, der ähnlich schief wie der Turm von Pisa aus der Stadtmauer aufragt. Berühmt ist hingegen die Spezialität der Stadt, das Lebkuchengebäck »Thorner Kathrinchen«. Mit dem letzten Zug geht es weiter nach Posen, das schnell erreicht ist (1:34).

DAS ABC DES POLNISCHEN

Polnisch ist keine einfache Sprache, ein paar Wörter sind jedoch unerlässlich, um sich in den Städten zurechtzufinden: *rynek główny* (Marktplatz), *stare miasto* (Altstadt) und *nowe miasto* (Neustadt). Allerdings ist die »Neustadt« häufig ein Stadtteil, der ganz und gar nicht neu ist! *Dzień dobry* (Guten Tag!) und *dziękuję* (Danke!) helfen auch weiter.

TAG·5
Posen

Die fünftgrößte Stadt Polens liegt beidseits der Warthe. Zu den Schätzen ihrer Altstadt gehören der Posener Dom, Polens älteste Kathedrale und Grablege für die ersten Könige des Landes, die Stadtwaage, die Krämerhäuser und das Rathaus, eines der schönsten des Landes und ein strahlender Renaissance-Bau. Wenn dort die beiden Ziegen an der Turmuhr zum Zwölf-Uhr-Schlag mit den Hörnern zusammenstoßen, schaut unten eine Menschenmenge zu. Posen (Poznań) ist zudem eine Universitätsstadt, davon zeugen heute im lange vernachlässigten Stadtviertel Śródka bunte und quirlige Cafés zwischen beeindruckenden Wandmalereien.

WOHLTÄTIGE SCHWELGEREI

Als der Pfarrer von St. Martin 1891 seine Schäfchen zu mehr Wohltätigkeit aufforderte, ließ sich ein Konditor seiner Gemeinde nicht lumpen und erfand ein Gebäck, das er an die Armen verteilte – eine Tradition Posens war geboren. Denn seither zieht stets am 11. November, der auch Nationalfeiertag ist, ein Umzug durch die St.-Martins-Straße. Und natürlich lässt man sich dazu die berühmten Martinshörnchen (*rogal swietomarcinski*) schmecken, die nur zertifizierte Konditoren anbieten dürfen. Mit kandierten Früchten oder Sirup gefüllt, mit Zucker und Nüssen bestreut, ist die süße Leckerei ein wahrer Hochgenuss.

TAG·6
Breslau

Der Titel als Europäische Kulturhauptstadt 2016 hat Breslau (Wrocław) von lang andauernder Missachtung befreit. Nach zweistündiger Fahrt mit dem Expresszug erreicht man die ungewöhnliche Stadt: Sie erstreckt sich über zwölf Inseln in der Oder, die von 100 Brücken überspannt wird. Die Hauptstadt Schlesiens prägt eine breite Palette an Architekturstilen. Tief beeindruckt vom gotischen Rathaus, lässt man sich von der Vielfalt der Jugendstilbauten, der modernistischen Markthalle oder der Jahrhunderthalle überraschen. Die Stadt, die sieben Jahrhunderte lang deutsch war, unter tschechischer und österreichisch-ungarischer Herrschaft stand und erst 1945 polnisch wurde, ringt um ihre Einheit, aber genau das macht sie wahrscheinlich einzigartig. Wer nur ein Museum besuchen möchte, dem sei das Panorama von Racławice empfohlen. In dem modernistischen Rundbau ist nur ein Gemälde zu sehen, dafür aber ein richtig großes: 114 Meter lang und 15 Meter hoch ist das Panoramabild der Schlacht bei Racławice – der Schlacht, in der die polnische Armee 1794 die russischen Invasoren besiegte. Beeindruckend!

ZWERGENJAGD

Die Orange Alternative war eine politisch-künstlerische Gruppe in den 1980er Jahren, deren Symbol ein Zwergengraffito war. Zur Erinnerung an die Bewegung ließ die Stadt 2001 in der Świdnicka-Straße eine Zwergenfigur aufstellen. Mittlerweile tummeln sich bereits mehr als 350 Bronzezwerge in der Stadt. Wer will, kann die auf Polnisch *krasnale* genannten Zwerge mithilfe einer Karte, die man im Fremdenverkehrsamt bekommt, aufspüren – eine Art Zwergen-Schnitzeljagd, bei der man Breslau auf unterhaltsame Weise kennenlernt.

STRANDBARS

Im Sommer sind die Breslauer Strandbars am Oderufer, z.B. das *Forma Płynna*, perfekt, um sich unter die Einheimischen zu mischen, die mit Freunden oder der Familie herkommen. Hier kann man sich an den Food Trucks mit Snacks oder Gegrilltem eindecken, in einer Hängematte oder einem Liegestuhl entspannen, sich unterhalten und der Livemusik zuhören.

TAG·7 Krakau

Die dreistündige Zugfahrt nach Krakau (Kraków) bietet reichlich Zeit, um sich auf zwei besonders intensive, emotionale Besichtigungstage vorzubereiten. Die »Wiege der alten Adelsrepublik«, wie der Dichter Adam Mickiewicz Krakau nannte, zählt zu den schönsten Städten des Landes. Mit ihren vielen Kirchen und Renaissance-Gebäuden versprüht sie sogar fast ein wenig italienisches Flair. Am besten beginnen Sie frühmorgens auf dem Hauptmarkt mit den alten Tuchhallen und warten dann vor der Marienbasilika, bis der Türmer der Kirche zur vollen Stunde die Glocke schlägt. Danach geht es hinauf auf den Wawelhügel, wo Sie bei der Besichtigung des Königsschlosses und der Kathedrale den bunten Stilmix aus Romanik, Gotik und Renaissance bewundern. Mit seinen Synagogen und jüdischen Friedhöfen gedenkt der Stadtteil Kazimierz der schmerzvollen Geschichte, ist aber dennoch für die Zukunft offen. Das alte jüdische Viertel ist heute wegen seiner trendigen Atmosphäre beliebt.

SALZKATHEDRALE

Das mit dem Bus erreichbare (0:30) Salzbergwerk Wieliczka ist eine unterirdische Welt auf neun Ebenen, von denen drei für die Öffentlichkeit zugänglich sind. Skulpturen und Kapellen, die die Bergleute aus dem Salz schnitzten, verwandelten das Bergwerk in eine märchenhafte schillernde Salzkathedrale.

UNVERGESSLICH

Von Krakau aus ist **Auschwitz** mit dem Bus zu erreichen (1:30). Wem der Besuch zu schwerfällt – für kleine Kinder ist er zudem nicht zu empfehlen –, kann die **Fabryka Schindlera** besichtigen. In der ehemaligen Fabrik von Oskar Schindler lässt ein Museum mit seiner intelligenten Szenografie die Besucher in das Krakau des Zweiten Weltkriegs eintauchen. Montags ist der Eintritt frei.

TAG·8
Zakopane

Fällt die letzte Etappe Ihrer Reise auf ein Wochenende, dann ist der Zug aus Krakau wahrscheinlich überfüllt. Am besten reservieren Sie einen Platz für die dreistündige Fahrt. Zakopane ist ein hübscher Wintersportort am Fuß der Tatra, der mit seinen vielen Souvenirständen (»made in China«) ein wenig wie ein Vergnügungspark aussieht. Nach Zakopane ist ein Architekturstil benannt, typisch dafür sind die Villen aus hellem Holz, die man teils besichtigen kann. Einen Blick lohnt auch der alte Friedhof hinter der kleinen Holzkirche, auf dem manche hölzerne Stelen entfernt an Totempfähle erinnern.

Durch die Tatra führen zahlreiche Wandertouren. Wenn man sich nur für eine entscheiden dürfte, empfiehlt sich der Weg zum See Morskie Oko (Meerauge). Die Wanderung ist leicht, nicht steil, dauert aber hin und zurück fünf Stunden. Am besten bricht man in der Morgendämmerung auf, denn die Zahl der Wanderer auf der Strecke ist so beeindruckend wie die verschneiten Gipfel rund um den See, dessen Farbe sich mit dem Zug der Wolken von grau zu gräulich, von schwarz bis türkis verändert.

Dann ist es auch schon Zeit, zurück nach Krakau zu fahren, der Endstation dieser Reise durch Polen.

ADRESSEN

WARSCHAU
Hotel Moxy Warsaw Praga, *www.marriott.com*. Im New Yorker Loft-Stil, in der Nähe des Bahnhofs. Doppelzimmer: ab ca. 50 €.

DANZIG
Gotyk House, *www.gotykhouse.eu*. Das Hotel in einem Haus von 1453 verbindet Historisches und Design. Doppelzimmer: ab ca. 50 €.

TORUŃ
Spichrz Hotel, *www.spichrz.pl*. In einem umgebauten ehemaligen Kornspeicher am Ufer der Weichsel. Doppelzimmer: ab ca. 70 €.

POSEN
Brovaria Hotel, *brovaria.pl*. Das Boutique-Hotel an Posens Hauptplatz braut sein eigenes Bier. Doppelzimmer: ab ca. 60 €.

BRESLAU
Puro Hotel, *purohotel.pl*. Das elegant gestaltete Hotel liegt nur wenige Gehminuten vom Zentrum entfernt. Doppelzimmer: ab ca. 75 €.

KRAKAU
Balthazar Design Hotel, *balthazarhotel.com*. Ein wirklich traumhaftes Art-déco-Hotel. Doppelzimmer: ab ca. 120 €.

29 Perle des Baltikums

6 Tage

Litauen

Eine Hauptstadt der 100 Kirchen, eine gotische Burg mitten im Wasser, eine Miniatur-Sahara, ein Berg der 100 000 Kreuze ... Litauen steckt voller Überraschungen und ungeahnter Schätze! Mit Zug und Bus können Sie das Land preiswert entdecken.

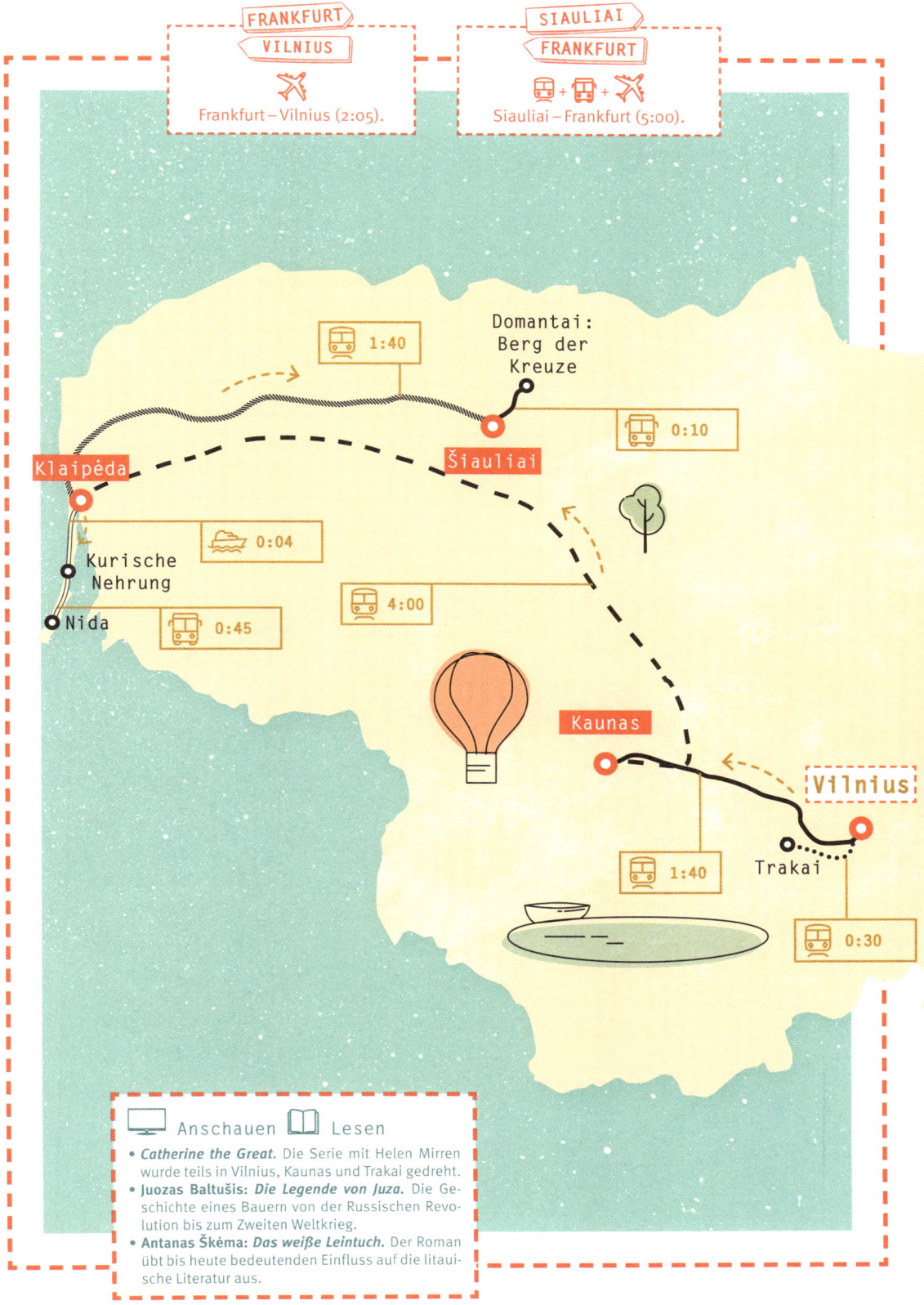

TAG·1 Vilnius

Der Legende zufolge träumte Gediminas, Großfürst von Litauen, im 14. Jahrhundert von einem riesigen Wolf, der wie 100 Wölfe heulte. Seine Priester sahen darin einen göttlichen Auftrag: die neue Hauptstadt des Landes und die Residenz des Herrschers auf dem Hügel zu errichten, auf dem der Fürst geschlafen hatte. Und so wurde Vilnius gegründet, das rund 700 Jahre später noch immer atemberaubend schön ist.

Der Bummel durch die Altstadt, die zum UNESCO-Welterbe gehört, beginnt am Tor der Morgenröte, das von der mittelalterlichen Stadtmauer erhalten ist. In seine Torkapelle strömen Pilger zur Ikone der wundertätigen Madonna aus dem 16. Jahrhundert. Weiter geht es durch das Gassenlabyrinth mit bewunderndem Blick auf die bunten Fassaden und Kirchtürme (Vilnius besitzt rund 100) zur Sankt-Annen-Kirche im Stil der Flamboyantgotik. Napoléon, der auf seinem Russlandfeldzug vorbeikam, fand die Kirche so schön, dass er sie mitnehmen wollte.

Nach einer Rast auf dem großen Katedros-Platz, wo die weiße Kathedrale und das Großfürstliche Schloss stehen, steigen Sie hinauf zu dem Backsteinturm auf dem Gediminas-Hügel, um den traumhaften Panoramablick zu genießen. Für Fans der Vogelperspektive: Bei schönem Wetter starten in den Parks der Stadt Heißluftballons ...

TAG·2
Trakai

Von Vilnius aus fährt der Zug in 30 Minuten nach Trakai. Das Highlight des Städtchens ist die mittelalterliche Wasserburg auf einer Insel im Galvé-See. Im 14. Jahrhundert war die Feste ein strategisch wichtiger und umkämpfter Posten. Litauen war damals als letztes Land in Europa nicht christianisiert und wurde deshalb vom Deutschen Orden angegriffen. Die Burg diente zur Verteidigung von Vilnius.

Im 15. Jahrhundert warb Großherzog Vytautas auf einem Feldzug 400 jüdische Karäer-Familien an, die sich in Trakai ansiedelten. Die 70 Karäer-Familien, die noch heute hier leben, sind stolz auf ihre Herkunft und haben sich ihre Traditionen, Sprache und typischen Häuser bewahrt. Letztere sieht man auf dem Weg zur Burg: hübsche bunte Holzhäuser mit drei Fenstern zur Straße, eines für Gott, eines für Vytautas, eines für den Besitzer! Nun blitzt bereits der See hinter dem dicht bewachsenen Ufer auf. Im Sommer ist er ein beliebtes Ziel zum Schwimmen, Kajak- und Tretbootfahren. Ein paar Brücken weiter stehen die schier märchenhaften eleganten Backsteintürme der Burg. Sie ist Sitz eines Museums zur bewegten Geschichte der Stadt und einer Poststelle mit Sonderstempel. Auf dem Rückweg probieren Sie bei **Kybynlar** karäische *kibinai*, mit Käse, Fleisch und Gemüse gefüllte halbmondförmige Teigtaschen. Zurück in Vilnius, lassen Sie den Abend im **Peronas** ausklingen. Die Bar in einem alten Bahndepot direkt bei den Gleisen spielt eine tolle Playlist!

TAG·3 Kaunas

Nächster Halt: Kaunas, 1 Stunde und 40 Minuten mit dem Zug von Vilnius entfernt. Die Stadt am Zusammenfluss von Neris und Memel war einst die größte des Landes. Als Vilnius zwischen 1920 und 1940 von Polen besetzt war, wurde Kaunas zur vorläufigen Hauptstadt. Sein Stadtbild wird Sie begeistern. Vom Bahnhof aus erreichen Sie mit dem Trolleybus in zwölf Minuten die elegante, von Bäumen gesäumte Fußgängerzone Laisvės alėja. In diesem Quartier drängen sich Läden, Cafés und ungewöhnliche Museen, die sich Teufeln, traditioneller Musik oder auch modernistischen Interieurs widmen – Sie haben die Wahl.

Halten Sie unterwegs die Augen auf, um nicht die Streetart zu verpassen. In der Yard Gallery z. B. erzählen Mauergemälde von Menschen, die hier lebten. Von dort aus geht es weiter in die malerische Altstadt mit ihren Zwischenkriegs- und Kaufmannshäusern aus rotem Backstein. Unterwegs schauen Sie bei der Burg (14. Jh.) und beim »Weißer Schwan« genannten Rathaus vorbei. Über die Vytautas-Brücke erreichen Sie die 1935 eröffnete Standseilbahn Aleksotas. Oben auf dem Hügel schaute einst Napoléon der Grande Armée beim Überqueren der Memel zu. Genießen Sie noch den Sonnenuntergang, bevor Sie in die Altstadt zurückkehren.

Wer noch einen Tag in Kaunas anhängt, dem sei das von Ordensschwestern betriebene **Kloster Pažaislis** etwas abseits des Zentrums empfohlen. Es bietet herrliche Barockarchitektur und vor allem 140 wunderschöne Fresken.

TAG·4
Klaipėda

Von Kaunas aus fahren Sie mit dem Zug (4:00) nach Klaipėda. Die Hafenstadt an der Ostsee wurde in ihrer Geschichte von Preußen, Deutschland und Russland begehrt. Heute gilt die Stadt als Tor zur Kurischen Nehrung und ist unbedingt einen Nachmittag wert!

Vom Bahnhof aus erreicht man die Altstadt zu Fuß in 20 oder mit dem Bus in 7 Minuten. Auffällig sind hier nicht nur die schönen Fachwerkhäuser, sondern vor allem die 120 Bronzeskulpturen in den Straßen. Auf dem Weg zur alten Burg entdeckt man eine geisterhafte Gestalt, die aus dem Wasser auftaucht, eine Katze mit einem Männergesicht, eine kleine Maus ... Klaipėdas Galerien stecken voller Anekdoten über die Stadt und merkwürdiger Objekten, die von ihren Bewohnern gefunden wurden. Einen bewundernden Blick verdient auch der in der Nähe festgemachte Dreimastschoner Meridianas. Das ehemalige sowjetische Schulschiff ist heute ein Restaurant und ein Wahrzeichen der Stadt – so wie das Švyturys-Bier, das seit 1784 in Klaipėda gebraut wird. Es gilt als das beste des Landes.

TAG·5 Nida und die Kurische Nehrung

Von Klaipėda setzt die Fähre in 15 Minuten über das Haff nach Smyltinė auf der Kurischen Nehrung über. Die traumhafte Halbinsel erstreckt sich knapp 100 Kilometer lang zwischen Litauen und der russischen Oblast Kaliningrad. Der Sage nach wurde sie vom Riesen Naringa geschaffen, um die Fischer vor der heranbrausenden Ostsee zu schützen. Dank ihrer gigantischen Dünen gehört sie zum UNESCO-Welterbe.

Die Nehrung hat so viele Schätze zu bieten! Um sie zu entdecken, nehmen Sie den Bus. Er hält direkt am Pier von Smyltinė – und es gibt nur eine Linie (45 Minuten bis Nida). Eine erste Station ist der Hexenberg in Juodkrantė, dessen grüne Hänge rund 80 Holzskulpturen mit Figuren aus lokalen Sagen zieren. Etwas weiter versammeln sich alljährlich im Naturschutzgebiet Naglių Tausende Reiher und Kormorane. Im alten Fischerdorf Nida scheint die Zeit keine Rolle zu spielen. Hübsche Häuser stehen am Fuß der Parnidis-Düne, Europas zweithöchster Wanderdüne (52 m) nach der Dune du Pilat in Frankreich. Auf einem Ausflug mit dem Boot oder Kajak sieht man sie vom Wasser aus wie eine unüberwindbare Sandmauer am Ufer aufragen. Zurück am Hafen, bummeln Sie durch die Bernsteinboutiquen und zum Thomas-Mann-Haus. Das ehemalige Ferienhaus des Schriftstellers ist heute ein Museum und Kulturzentrum. Sonnen Sie sich an einem der Strände oder gönnen Sie sich einen Räucherfisch, die lokale Spezialität! Wer eine Stippvisite in Russland einlegen möchte – die Grenze liegt nur 3 Kilometer hinter Nida … Abends kehren Sie nach Klaipėda zurück.

DAS BALTISCHE GOLD

Der einzige Hinweis, dass die hiesige Küste vor 40 Millionen Jahren von Nadelwäldern bedeckt war, sind die Bernsteinvorkommen, die heute teils vom Wasser überflutet sind. Die Bewohner des Dorfes Juodkrantė, die 1855 in der Bucht einen Kanal ausschaufelten, hatten das Glück, auf ein solches Vorkommen (2250 Tonnen!) zu stoßen. Stürme legen regelmäßig Bernsteinstücke frei, die von den Wellen ans Ufer gespült werden. Die Litauer graben dann an den Stränden im Sand nach den »Tränen des Meeres«.

TAG·6

Šiauliai

Letzter Halt ist Šiauliai, 1 Stunde und 40 Minuten von Klaipėda entfernt. Die alte Arbeiterstadt bietet eine strahlend weiße Kathedrale, die wie ein Schloss aussieht. In einem Park steht eine riesige Sonnenuhr, gekrönt von einem bronzenen Bogenschützen. Die Art-déco-Villa Chaimas Frenkelis wurde seinerzeit für einen Lederbaron gebaut. Diese Sehenswürdigkeiten überstrahlt jedoch der Wallfahrtsort Berg der Kreuze rund 10 Kilometer vor den Toren der Stadt.

Um dorthin zu gelangen, nehmen Sie einen Bus vom Busbahnhof nach Joniškis (Bahnsteig 12) und fragen nach der Haltestelle Domantai (0:10). Achten Sie auf den Pfeil mit der Aufschrift *Kryžių kalnas 2*. Nach schnurgeradem Fußmarsch (2 km) durch die Landschaft ist plötzlich der Berg zu sehen, majestätisch und surreal mit seinen in allen Größen und Ausführungen geschnitzten Kreuzen. Niemand weiß, wann das erste Kreuz als Akt der Rebellion gegen das sowjetische Regime aufgestellt wurde. Jedes steht für einen geliebten Menschen, der deportiert oder hingerichtet wurde. Die Stätte wurde mehrmals zerstört – vergeblich, denn nachts wurden die Kreuze wieder aufgestellt. Am Berg der Kreuze trifft man immer Menschen: Geschichtsinteressierte, Gläubige, Neugierige oder frisch Vermählte, die nach der Feier in der Kirche ihr Kreuz dieser unglaublichen Sammlung hinzufügen. Auch Papst Johannes Paul II., der hier 1993 eine Messe hielt, ließ eines aufstellen. Auf der Treppe hinauf zum Gipfel wird der Wald aus Kreuzen von Stufe zu Stufe dichter. 2006 waren es 100 000, heute sind sie nicht mehr zu zählen! Zurück nach Šiauliai fahren Sie mit dem Bus (selbe Haltestelle) oder bitten einen Souvenirverkäufer, ein Taxi zu rufen. Den Abschluss der Reise feiern Sie stilecht mit litauischen Spezialitäten im **Zemaitis** (Draugystės prospektas 25, Šiauliai, *www.restoranaszemaitis.lt*).

ADRESSEN

VILNIUS

Bernardinu B&B House, *bernardinuhouse.com*. Nur wenige Schritte von der Hauptstraße Pilies Gatvė entfernt, fühlt man sich hier wie zu Hause: liebevolle Zimmergestaltung, frei liegende Balken ... Doppelzimmer: ab ca. 50 €.

KAUNAS

Amberton Cozy Hotel Kaunas, *ambertonhotels.com/kaunas*. Modern eingerichtetes Hotel in der Nähe der Altstadt. Doppelzimmer: ab ca. 70 € inklusive Frühstück.

KLAIPĖDA

Preliudija, *preliudija.com*. Das kleine Hotel liegt in einem schönen Haus von 1856, mit hübschen beigefarbenen Möbeln und Parkettböden. Doppelzimmer: ab ca. 60 € inklusive Frühstück.

30 Skandinavien: Berge, Fjorde, Smørrebrød

8 Tage

Dänemark, Schweden, Norwegen

Kopenhagen, Stockholm, Oslo... Das Hauptstadt-Hopping ist nur der Anfang des Abenteuers. Freuen Sie sich auf zwei legendäre norwegische Eisenbahnen: die *Bergensbanen*, die die Hochebene quert, und die *Flåmsbana*, die auf schwindelerregender Strecke zu einem UNESCO-Welterbe-Fjord fährt. Traumhaft im Sommer, spektakulär im Winter!

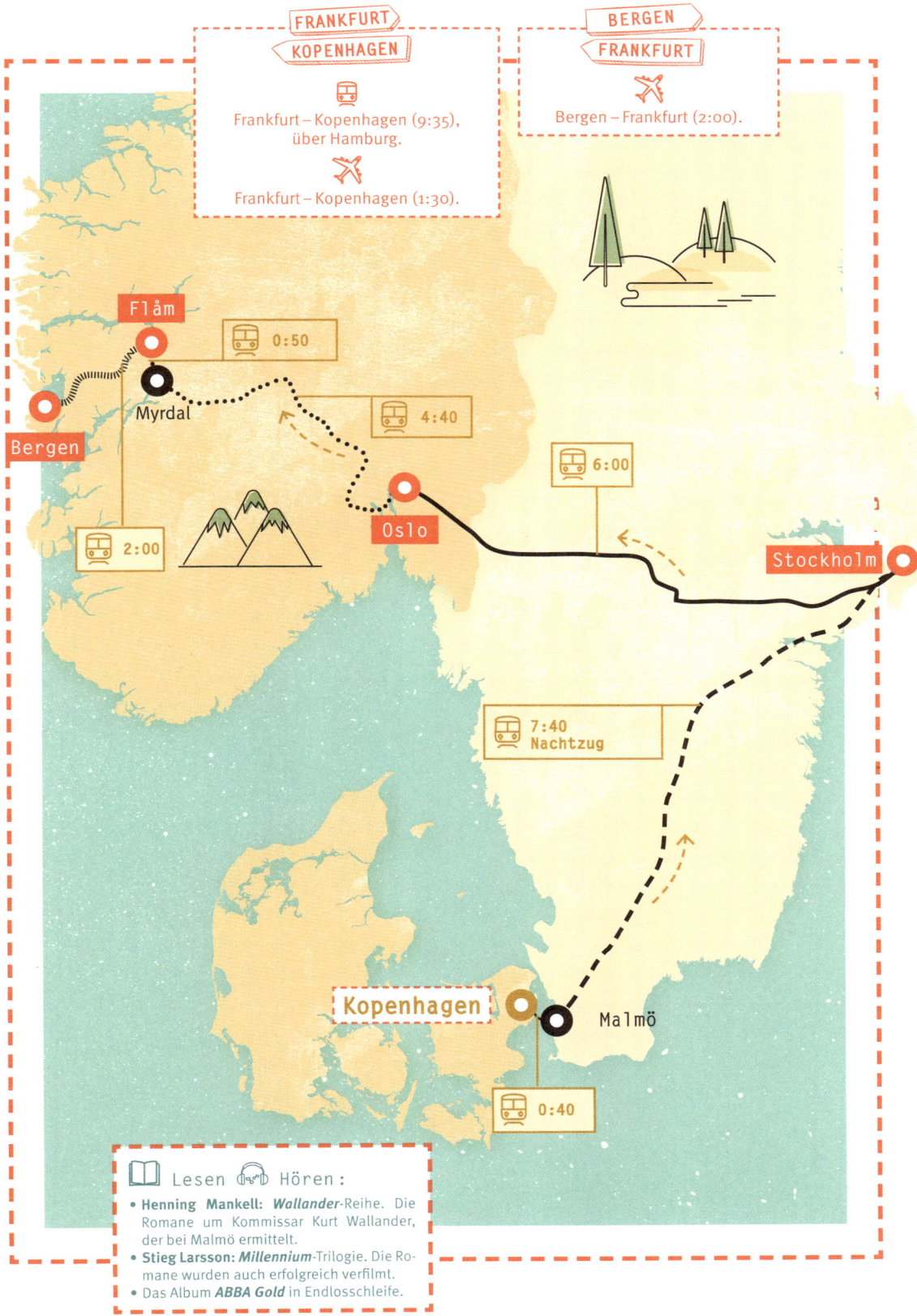

TAG·1
Kopenhagen

Kopenhagen, das Tor zu Skandinavien – die Hafenstadt ist durch die architektonisch beeindruckende Öresundbrücke mit Schweden verbunden. Die Hauptstadt eines der glücklichsten Länder der Welt ist freundlich, umwelt- und designbewusst. Am besten erkunden Sie sie zu Fuß oder wie die Dänen mit dem Fahrrad auf zahlreichen Touren entlang der eleganten Kanäle. Ein »Muss« ist die Kleine Meerjungfrau, die täglich Tausende Besucher begrüßt. Von hier aus lässt sich der Nyhavn leicht erreichen, ein von hübschen bunten Häusern gesäumter historischer Hafen. Eine Brücke weiter liegt die alternative Siedlung Christiania, die sich selbst zur Freistadt erklärt hat. Hier sind Autos verboten, dafür ist Platz für Streetart und Konzerte. Anschließend machen Sie einen Schaufensterbummel im Stadtteil Strøget und fahren dann zum Tivoli. Der 1843 gegründete Vergnügungspark soll einst Walt Disney inspiriert haben.

TAG·2 Malmö

Über die im Jahr 2000 eingeweihte fantastische Öresundbrücke dauert die Zugfahrt nach Schweden nur 40 Minuten. Von Kopenhagen aus führt die Strecke durch einen Tunnel unter der Meeresenge zu einer künstlichen Insel und weiter über die längste Schrägseilbrücke der Welt (7845 m).

Die Silhouette von Malmö, Schwedens drittgrößter Stadt, dominiert der Turning Torso – Skandinaviens höchster Wolkenkratzer bietet einen futuristischen Kontrast zu den Straßen, die unweit vom Bahnhof mittelalterliches Flair versprühen. Am alten Marktplatz Stortorget bewundern Sie das Rathaus und die herrlich farbigen Bürgerhäuser. Ringsum können Sie in den Straßencafés eine entspannende Rast einlegen – oder in der **Saluhall**, einem Markt in einem alten Lokschuppen, den Geschmackssinn mit Spezialitäten von Kleinproduzenten zum Vibrieren bringen.

NACHTZUG SNÄLLTÅGET

Dann ist es Zeit, im Nachtzug Snälltåget (»angenehmer Schnellzug«) in einem der komfortablen Sechserabteile Platz zu nehmen, die mit Steckdosen und WLAN ausgestattet sind. Im Speisewagen können Sie *köttbullar* (Hackbällchen), Fisch mit Dillsauce, *smørrebrød* und eine *fika* (Kaffeepause) genießen. Ankunft in Stockholm ist am (sehr) frühen Morgen!

> Wenn Sie Zeit haben, spazieren Sie doch von der Altstadt zu Fuß zu den nur 20 Gehminuten entfernten Sandstränden. Das schöne grüne Gebäude, das dort am Ende eines Piers steht, ist die Sauna Ribersborgs Kallbadhus. Dort können Sie entspannen, die Aussicht genießen und sich im Meer abkühlen. Belebend, wie die Malmöer finden!

TAG·3
Stockholm

Schwedens Hauptstadt erstreckt sich an der Mündung des Sees Mälaren in die Ostsee über 14 Inseln, die durch Brücken miteinander verbunden sind. 53 Brücken – das sind 53 Aussichtspunkte! Stockholm ist eine grüne Stadt und lässt sich wunderbar zu Fuß, mit einer *kanelbulle* (Zimtschnecke) in der Hand, erkunden. Bei **Fabrique** am Bahnhof gibt es erstklassige. Gamla Stan (schwedisch für »Altstadt«) ist einer der ältesten Stadtteile Stockholms und bildschön mit seinen pastellfarbenen Giebelhäusern des 17. und 18. Jahrhunderts. Besonders sehenswert sind hier das Nobelmuseum und die Wachablösumg am königlichen Schloss. Prachtvolle Fassaden bietet in der Nähe auch die Insel Riddarholmen. Danach bummeln Sie durch SoFo (eine augenzwinkernde Anspielung auf New Yorks SoHo), wo Sie viele Galerien, Designerläden und tolle Bars erwarten. Bleibt noch etwas Zeit? Dann gönnen Sie sich eine Bootsfahrt durch den Stockholmer Schärengarten mit seinen rund 24 000 Inseln. Ein Muss bei Sonnenuntergang!

TAG·4
Stockholm-Oslo

Mit dem SJ (Hochgeschwindigkeitszug) geht es weiter nach Oslo (6:00). Auf der Strecke genießen Sie den weiten Blick auf die schöne schwedische Landschaft. Nach und nach tauchen dichte Kiefernwälder auf, dazwischen leuchtend rote traditionelle Häuser und bildschöne Seen. Ein Highlight ist der Vänern, der größte See in der Europäischen Union! Norwegens attraktive Hauptstadt Oslo liegt an einem Fjord und ist von bewaldeten Hügeln umgeben. Die dynamische Metropole bietet eine ausgewogene Kombination von Kultur und Natur: Wer nach der Museumstour einen Ausgleich braucht, kann im Winter nur eine halbe Stunde vom Zentrum entfernt kurz mal zum Skifahren gehen!

TAG·5
Oslo

Vom Bahnhof auf folgen Sie der Karl Johans gate. Die als Fußgängerzone ausgewiesene Straße, eine beliebte Flanier- und Shoppingmeile, führt bis zum Schloss, in dem die königliche Familie lebt. Im **Grand Café** kurz vor dem Schlosspark trafen sich früher Künstler, darunter auch Ibsen und Munch – in Oslos Museen kann man sie alle kennenlernen! Spazieren Sie von hier aus in das ehemalige Industriegebiet Aker Brygge. Hervorragend saniert, ist es heute ein In-Viertel mit Restaurants und Food Trucks. Etwas weiter erreichen Sie das Opernhaus, dem man auf sanft geneigten Rampen buchstäblich aufs Dach steigen kann. Hier finden regelmäßig Open-Air-Veranstaltungen vor der Kulisse des Fjords statt.

TAG·6
Oslo-Flåm

OSLO-MYRDAL

Die 492 Kilometer lange Strecke von Oslo nach Bergen führt auf ihrem Weg vom Osten nach Westen des Landes über die Hochebene **Hardangervidda** (1301 m). Der Bau der Strecke war äußerst schwierig: 180 Tunnels mussten durch harten Fels gebohrt (von Hand, versteht sich), 300 Brücken und Viadukte gebaut werden. Die Arbeiten wurden durch das raue Klima erschwert, das in dieser Höhe dem der Arktis gleicht, sodass hier fast ganzjährig Schnee liegt. George Lucas wählte deshalb die Region als Drehort für den Planeten Hoth in *Star Wars: Episode V – Das Imperium schlägt zurück*. Die Eisenbahn fährt hier auf einer der schönsten Strecken der Welt durch eine abwechslungsreiche, ja atemberaubende Landschaft – und bietet noch einen Vorteil: In Myrdal kann man in die legendäre Flåmsbana umsteigen.

DIE FLÅMSBANA

Das kleine Dorf Flåm liegt am **Aurlandsfjord** auf Meereshöhe und damit 865 Meter tiefer als Myrdal. Dieser Höhenunterschied lässt sich auf kurzer Strecke nur durch eine Zickzackfahrt mit engen Kehren am extrem steilen Hang überwinden. Durch die großen Zugfenster hat man einen atemberaubenden Blick auf Bauernhöfe, die sich an den Hang klammern, auf schwindelerregende Schluchten, Gipfel und Wasserfälle. Bei einem kurzen Halt können Sie den Wasserfall **Kjosfossen** bewundern, der 90 Meter in die Tiefe stürzt. Der Sage nach wird er von den feengleichen *Huldras* bewohnt – im Sommer werden sie von Tänzerinnen verkörpert, die vor den Wassermassen auftreten. Die Musik zu dieser Show könnte aus einem Disney-Film stammen! Zurück im Zug, erspähen Sie die 21 Haarnadelkurven des **Rallarvegen**. Auf der alten Bahntrasse kann man jetzt mit dem Rad nach Flåm fahren. Unten im Tal wird die Landschaft grüner, die ersten Häuser kommen in Sicht, und der Zug hält schließlich nur wenige Meter vom Fjord entfernt.

TAG·7
Flåm

Mit einer schönen Holzkirche neben einem Wasserfall, einer Mikrobrauerei, einer Bäckerei, ein paar Cafés und Läden sowie einer fantastischen Aussicht entspricht die »kleine Wiese, umgeben von steilen Bergen« (so die Bedeutung von »Flåm«) ihrem Namen voll und ganz! Hier muss man sich nur mit Blick auf den grandiosen Fjord hinsetzen, um sich wie ans Ende der Welt versetzt zu fühlen.

Mit dem Schiff geht es zum benachbarten Nærøyfjorden. Nur 250 Meter breit, zählt er zu Norwegens schmalsten Fjorden – und gehört mit seinen traumhaft schönen Wäldern und Wasserfällen zum UNESCO-Welterbe. Ein weiteres atemberaubendes Ziel erreichen Sie mit dem Bus: den schwindelerregenden Aussichtspunkt Stegastein. Von der 30 Meter langen Plattform auf 640 Meter Höhe kann man mit einem Blick den ganzen riesigen Fjord erfassen. Großartig sind auch die zahllosen Wanderungen zu den umliegenden Bauerhöfen (im Winter mit Schneeschuhen!) – das Flåmtal hat wirklich viel zu bieten.

TAG·8 Bergen

Die letzten Zugfahrten der Reise! Zuerst geht es zurück nach Myrdal und zur Bergensbanen. Die schneebedeckten Gipfel verschwinden in der Ferne, die Landschaft wird sanfter, der Zug fährt am Wasser entlang: Die Küste von Vestland ist erreicht. Die Hauptstadt der Provinz ist das von sieben Hügeln beschützte Bergen, das mit seiner grünen Umgebung und seinen hübschen Stadtvierteln einen idealen Abschluss Ihrer Skandinavienreise bildet.

Die schmalen bunten Häuser, die sich in Bryggen aneinanderreihen, zählen zu Norwegens berühmtesten Sehenswürdigkeiten und erinnern an Bergens Geschichte als Handelsplatz der Hanse. Mehr über das alte Hanseviertel, das heute zum UNESCO-Welterbe gehört, erfährt man in einem kleinen Museum vor Ort. Weiter geht es nach Fjellsiden, wo sich die engen Straßen am Hang winden, Holzhäuser und mit Blumen geschmückte Höfe bezaubern. Noch höher hinauf und mitten hinein in die Natur bringt Sie die Fløibanen – in nur 7 Minuten fährt sie auf den Gipfel des Fløyen (320 m). Oben genießen Sie den Blick über die Stadt, gehen wandern im Wald und bekommen große Lust auf ein Picknick…

ADRESSEN

KOPENHAGEN
Hotel Bethel Kopenhagen, *hotel-bethel.copenhagen-hotel.net*. Das Hotel liegt ideal in Nyhavn direkt am Hafen und 300 Meter von der U-Bahn entfernt. Doppelzimmer: ab ca. 170 € inklusive Frühstück.

STOCKHOLM
Rygerfjord Hotel, *rygerfjord.se*. Ein Hotelschiff, das aus drei Booten besteht – ein ungewöhnliches Übernachtungserlebnis. Doppelzimmer: ab ca. 100 €.

OSLO
Hotell Bondeheimen, *www.bondeheimen.com*. Das Hotel bietet seinen Gästen typisch norwegisches Interieur: Parkett, helle Holzmöbel, sanfte Farben… Doppelzimmer: ab ca. 150 €.

FLÅM
Flåmsbrygga, *www.flamsbrygga.no*. Hotelanlage in nächster Nähe zum Fjord. Das Angebot ist begrenzt, man sollte also besser lange im Voraus buchen! Doppelzimmer: ab ca. 200 € inklusive Frühstück.

PRAKTISCHE INFOS

Im Folgenden finden Sie, nach Ländern geordnet, die für Ihre Zugreisen notwendigen Informationen. Routen mit besonderen Verbindungen und Transportmitteln sind detaillierter beschrieben.

Allgemein

Wie so häufig gilt auch hier: Je eher man bucht, desto günstigere Tickets kann man finden.

Interrail
Der Interrail-Pass gilt in 33 Ländern und ermöglicht spontanes unbegrenztes Zugreisen nach Lust und Laune. Es sind verschiedene Pässe erhältlich, die von vier Tagen bis zu drei Monate gültig sind.
www.interrail.eu

Belgien
Zugreise 5

Eisenbahngesellschaft
Die belgische Eisenbahngesellschaft SNCB unterhält ein sehr ausgedehntes Schienennetz: www.belgiantrain.be

Praktisch
Mit der SNCB-App können Sie Tickets kaufen, Routen planen und Meldungen in Echtzeit lesen.

Zuggattungen
InterCity (IC): Die Expresszüge verbinden alle großen Städte des Landes. Keine Sitzplatzreservierung, Fahrräder können mitgenommen werden.

Local (L): Die Lokalzüge verbinden kleine Städte mit dem IC-Netz, sie halten an allen Bahnhöfen. Keine Sitzplatzreservierung, Fahrräder können mitgenommen werden.

Piekuurtrein/Train d'heure de pointe (P): Die Züge fahren vor allem zu Hauptverkehrszeiten, keine Reservierung.

Réseau Express Régional/Gewestelijk Expresnet (S): Die Züge pendeln in regelmäßigen Abständen im Großraum Brüssel. Keine Sitzplatzreservierung, Fahrräder können mitgenommen werden.

Rail Pass
Der übertragbare Rail Pass ist ein Jahr gültig und umfasst zehn Einzelfahrten für 87 €, d. h., eine Fahrt kostet damit 8,40 € – zum Vergleich: reguläre Tickets für Einzelfahrten Brüssel–Gent kosten 9,30 €, Gent–Brügge 6,80 €, Brügge–Antwerpen 15,40 €. Man erhält ihn an Automaten und Ticketschaltern.

Fahrräder am Bahnhof
Die Räder von *Blue-bike* können rund um die Uhr an 60 SNCB-Bahnhöfen ausgeliehen werden. Füllen Sie das Online-Formular vor der Abreise aus. Die Gebühr für ein Jahr beträgt 12 €, für 24 Stunden maximal 3,50 €. www.blue-bike.be

Deutschland
Zugreisen 7, 8 und 9

Eisenbahngesellschaft
Deutsche Bahn: www.bahn.com

Praktisch
Mit der App *DB Navigator* erhalten Sie Reiseauskünfte in Echtzeit und können E-Tickets buchen.

Zuggattungen
Das deutsche Schienennetz ist eines der engmaschigsten in ganz Europa.

InterCity Express (ICE): Die Hochgeschwindigkeitszüge verbinden Großstädte innerhalb Deutschlands sowie mit Großstädten im Ausland.

InterCity (IC): IC halten nur an Hauptbahnhöfen und sind etwas langsamer als ICE.

InterRegional: Für Reisen von Region zu Region.

Regional Express (RE): Verbinden Großstädte mit regionalen Zielen.

Regionalbahn (RB): Die RB sind langsamer als RE und halten an allen kleinen Bahnhöfen.

Tarife
Im Allgemeinen können Sie Tickets sechs Monate im Voraus kaufen, je früher Sie buchen, desto günstiger sind die Preise. Es gibt drei Tarifarten:
- Super Sparpreis: nicht stornierbar.
- Sparpreis: stornierbar gegen 10 € Gebühr.
- Flexpreis im Fernverkehr: kostenlos stornierbar.

Ergänzende Information zu Reise 7
Dampfzug
Dreiseenbahn:
www.3seenbahn.de

Ergänzende Information zu Reise 8
Transport auf den Ostseeinseln
Auf Rügen berechtigt das unter vvr-bus.de erhältliche Königsstuhl-Ticket (20 €/Tag) zum Eintritt in das NP-Zentrum Königsstuhl und zur Benutzung sämtlicher Busse der Insel am Gültigkeitstag.
Die Tageskarte (25 €, ruegensche-baederbahn.de) für den Rasenden Roland gilt auf der ganzen Strecke des Dampfzugs.
Die Tageskarte (Hin- und Rückfahrt) Schaprode–Hiddensee kostet 19,20 € (reederei-hiddensee.de).

City-Ticket
Mit einigen Zugtickets (nicht Super Sparpreis) für den Fernverkehr können Sie kostenlos mit öffentlichen Verkehrsmitteln zum Abfahrtsbahnhof sowie vom Ankunftsbahnhof zum endgültigen Ziel fahren. Achten Sie beim Buchen auf die Angabe »mit City-Ticket« bzw. »ohne City-Ticket«.

Familien
Kinder unter 14 Jahre reisen kostenlos, sofern sie von ihren Eltern oder Großeltern begleitet werden.

Frankreich
Zugreisen 6, 13, 16 und 17

Eisenbahngesellschaft
SNCF: www.sncf-connect.com
Generell sind Reservierungen bis zu drei Monate vorab möglich. Je früher man bucht, desto größer ist die Chance, preisgünstige Tickets zu bekommen.

Oui.sncf
Auf der Website www.sncf-connect.com können Sie Tickets ab Frankreich quer durch Europa buchen.

Thalys
Tickets für Hochgeschwindigkeitszüge nach Belgien, Deutschland, Niederlande bietet: thalys.com

Eurostar
Die Adresse für Fahrten von Frankreich nach London: www.eurostar.com

Ergänzende Information zu Reise 17
- Marseille City Pass: Der online erhältliche Pass ist für 24, 48 oder 72 Stunden gültig und beinhaltet Gebühren für Besichtigungen, Transport, Verkostungen etc.
www.marseille-tourisme.com
- Train Jaune: www.pyrenees-cerdagne.com/decouvrir/le-train-jaune
- Collioure – Fort Saint-Elme: Informationen unter: www.petit-train-touristique.com

Großbritannien: England, Schottland
Zugreisen 2, 3 und 4

Eisenbahngesellschaft
In Großbritannien gibt es keine Haupteisenbahngesellschaft, sondern Dutzende Betreiber, die sich das landesweite Schienennetz teilen. Auf den folgenden Websites können Sie Betreiber-übergreifend Tickets buchen:
www.nationalrail.co.uk, www.raileasy.co.uk

Tarife
In der Regel können Sie Fahrkarten 3 Monate vorab kaufen – je früher Sie buchen, desto leichter ergattern Sie die preiswerteren Tickets.
Es gibt drei verschiedene Tarife:
Advanced: Tickets mit diesem günstigsten Tarif lassen sich nur für bestimmte Zugfahrten buchen.
Off-peak: Off-peak-Tickets gelten in allen Zügen, aber nur außerhalb der Hauptverkehrszeiten.
Anytime: Diese teuersten Tickets sind am flexibelsten.

BritRail Pass
Der BritRail Pass lohnt sich je nachdem, wie viele Ziele Sie anfahren möchten. Damit können Sie 8 Tage lang unbegrenzt mit allen Zügen in England, Schottland und Wales fahren (2. Klasse: Erwachsene ab 146 £). Zudem erhalten Sie bei zahlreichen Attraktionen Ermäßigungen. Vor der Reise können Sie den Pass nur auf www.visitbritain.com kaufen.

Pass Schottland
Dieser Pass ist besonders vorteilhaft.
Spirit of Scotland Travel Pass: 8 Tage lang unbegrenzt in ganz Schottland gültig, 189 £.
Highland Rover: 95 £, in einem Zeitraum von 8 aufeinanderfolgenden Tagen an 4 beliebigen Tagen gültig für: Züge Glasgow–Fort William–Mallaig, Oban–Glasgow, Kyle of Lochalsh–Inverness; Busse Fort William–Kyle, Kyle–Portree–Uig, Fort William–Oban; Fähren Armadale–Mallaig und Oban–Craignure.
Infos: www.scotrail.co.uk
Beide Pässe gelten nicht für den Dampfzug *The Jacobite*, den »Hogwarts Express« aus *Harry Potter*, von Fort William nach Mallaig (43 £ Hin- und Rückfahrt, Reservierung auf westcoastrailways.co.uk).

Ergänzende Information zu Reise 4
Nachtzug London–Glasgow:
www.sleeper.scot/tickets/

Familien
Bei den meisten BritRail-Pässen für Erwachsene erhält man beim Kauf einen kostenlosen Kinderpass dazu.

Italien
Zugreisen 20, 21, 22 und 23

Eisenbahngesellschaften
- Die größte Eisenbahngesellschaft, Trenitalia, deckt das gesamte Land mit *treni regionali* (Regionalzügen), *Intercity* und den Hochgeschwindigkeitszügen *Le Frecce* ab.
www.trenitalia.com
- Die Hochgeschwindigkeitszüge von Italo verbinden die wichtigsten Städte des Landes.
www.italotreno.it

Ergänzende Information zu Reise 20
Mit der Cinque Terre Train Card kann man unbegrenzt mit den Regionalzügen fahren, alle Wanderwege und den Minibus des Nationalparks Cinque Terre benutzen und zudem zu ermäßigtem Eintritt die städtischen Museen in La Spezia besuchen. Die Card lohnt sich jedoch erst, wenn Sie mindestens zwei Dörfer besuchen und am selben Tag eine Wanderung unternehmen möchten:
card.parconazionale5terre.it

Ergänzende Information zu Reise 21
Circumetnea: www.circumetnea.it

Ergänzende Informationen zu Reise 23
- Mit dem Nachtzug nach Venedig:
www.thello.com/paris-venise/#travel
- Busreise Triest–Rijeka: www.flixbus.de

Irland
Zugreise 1

Eisenbahngesellschaft
Irish Rail (Iarnród Éireann): www.irishrail.ie

Zuggattungen
In Irland verbinden InterCity-Züge große und mittelgroße Städte. Auf den meisten Strecken ist WLAN verfügbar.

Tarife
Es gibt drei Tarifarten:
Low: Der günstigste Tarif ist 90 Tage vor Abreise buchbar, die Tickets sind jedoch nicht umtauschbar oder stornierbar.
Semi-flexible: Das Ticket ist nur für die ausgewählte Strecke gültig. Änderungen oder Stornierungen sind online bis zu 24 Stunden vor der Hinfahrt gegen Gebühr möglich.
Flexible: Tickets, die zu diesem teuersten Tarif gekauft wurden, bieten Reisenden mehr Flexibilität.

Familien
Kinder unter 5 Jahre reisen kostenlos.

Explorer
Mit diesem günstigen Pass können Erwachsene für 160 € und Kinder für 80 € an 5 von 15 zusammenhängenden Tagen unbegrenzt mit der Irish Rail reisen (auch mit dem DART in Dublin oder den Commuter-Zügen in Cork, beispielsweise).

Busse und Minibusse
Neben den Éireann-Bussen (www.buseireann.ie) gibt es auch ein dichtes Minibus-Netz (www.locallink.ie).

Fahrräder rund um die Uhr leihen
In Dublin: www.dublinbikes.ie, 3-Tages-Ticket für 5 €, erste halbe Stunde frei.
In Cork, Limerick und Galway: www.bikeshare.ie, 3-Tages-Ticket für 3 €, erste halbe Stunde frei.

Fahrräder Rückholservice
Am Waterford Greenway zwischen Waterford und Dungarvan bieten Fahrradverleiher während der Saison einen Rückholservice per Minibus für Radler und Räder: www.waterfordgreenwaybikehire.com
Auf der Website von Iarnród Éireann findet man Verleiher nahe den Bahnhöfen.

Kroatien
Zugreise 23

Eisenbahngesellschaft
Tickets für die Züge der HŽPP können online erworben, ausgedruckt oder heruntergeladen werden.
www.hzpp.hr

Litauen
Zugreise 29

Eisenbahngesellschaft
www.traukiniobilietas.lt

Tarife
Die zuverlässigen komfortablen Züge sind vergleichbar mit den TER-Zügen in Frankreich, aber weitaus günstiger. Der Interrail-Pass rentiert sich nicht unbedingt, wie die Beispielkosten zeigen:
Vilnius–Trakai: ca. 2 €
Trakai–Kaunas: ca. 6 €
Kaunas–Klaipėda: ca. 18 €
Die Tickets können Sie auch über die Website erwerben und ausdrucken.

Bus
www.autobusubilietai.lt

Bac
Fähre Klaipėda–Smiltynė: www.traukiniobilietas.lt (1 € pro Fahrt).

Niederlande
Zugreisen 5 und 9

Eisenbahngesellschaft
www.ns.nl

Zuggattungen
InterCity: Die IC verbinden die wichtigsten Zentren in den Niederlanden. Sie halten nicht in kleinen Städten. Platzreservierungen sind nicht obligatorisch.
InterCity Direct: Diese Hochgeschwindigkeitszüge fahren nur zwischen Amsterdam, dem Flughafen Schiphol, Rotterdam Central und Breda. Die Tickets sind etwas teurer als für InterCity-Züge.
Express: Expresszüge sind ähnlich wie IC, fahren jedoch zu abgelegeneren Zielen in den Niederlanden.
Sprinter und Stop Train: Diese Regionalzüge verbinden in den Niederlanden die Kleinstädte mit den großen Zentren. Sie halten an allen Bahnhöfen.

OV-chipkaart
Diese Chipkarte ist in den Niederlanden das Sesam-öffne-dich für Busse, Straßenbahnen, Züge und U-Bahnen. Man kauft sie einmal, lädt sie mit einem beliebigen Betrag auf und lässt sie beim Ein- und Aussteigen an den Automaten auslesen. Die Fahrtkosten, die sich aus zurückgelegten Kilometern und durchfahrenen Zonen berechnen, werden automatisch abgebucht. Der Saldo lässt sich jederzeit online überprüfen. Die Chipkarten erhält man an Bahnhöfen, in Tabakläden und in einigen Supermärkten. Sie kosten 7,50 € und sind fünf Jahre gültig. www.ov-chipkaart.nl/home.htm

Holland Pass
Der Holland Pass ist in verschiedenen Varianten erhältlich *(small, medium, large)*. Damit hat man im ganzen Land freien Eintritt (Museen, Attraktionen) und erhält zudem Ermäßigungen (Restaurants, Boutiquen). Der Pass kostet zwischen 45 und 80 € und ist ab der ersten Nutzung einen Monat lang gültig.
hollandpass.com

Familie
Kinder unter 4 Jahre reisen mit der NS kostenlos, Kinder zwischen 4 und 11 Jahren können mit dem *Railrunner*-Ticket für 2,50 € einen Tag lang beliebig viel und lange Zug fahren.

Österreich
Zugreisen 11 und 12

Eisenbahngesellschaft:
www.oebb.at

Zuggattungen
Railjet (RJ): Die Hochgeschwindigkeitszüge verbinden die wichtigsten Städte, Reisende haben die Wahl zwischen Economy, Business und First Class.
InterCity Express (ICE): ICE fahren zwischen Österreich und Deutschland.
InterCity (IC): IC verbinden die wichtigsten Städte und touristischen Attraktionen Österreichs.
Regionalzüge: Fahren im Regionalverkehr.
Die ÖBB betreibt auch Intercity-Busse (ICB) (z. B. Graz–Klagenfurt oder Klagenfurt–Venedig).

Ergänzende Information zu Reise 11
Freizeit-Ticket Steiermark (11 €/Tag): Mit dem unter www.oebb.at erhältlichen Ticket fährt man an Wochenenden und Feiertagen einen Tag lang unbegrenzt mit den steirischen Regionalzügen (R, REX, S) und der Grazer Schloßbergbahn. Den gleichen Service bietet in Kärnten das Freizeit-Ticket Kärnten.

Ergänzende Information zu Reise 12
• **Wochenkarte** (54,80 €): Sie gilt für die regionale Salzkammergutbahn und ermöglicht eine Woche lang, beliebig oft zwischen Attnang-Puchheim und Stainach-Irdning zu fahren: www.oebb.at
• **Kombikarte Berg & Schiff** (51 €): Beinhaltet eine Berg- und Talfahrt mit der SchafbergBahn sowie ein WolfgangseeTicket: www.salzburg-bahnen.at
• **All inclusive Ticket** (51,20 €): Beinhaltet Berg- und Talfahrt mit der Seilbahn beliebig oft an einem Tag sowie je einen Eintritt mit Führung in der Eis- und der Mammuthöhle: dachstein-salzkammergut.com

Polen
Zugreise 28

Eisenbahngesellschaft
PKP: www.intercity.pl
Alle Tickets können online gebucht werden.

Portugal
Zugreise 19

Eisenbahngesellschaft
Comboios do Portugal: www.cp.pt

Portugal Rail Pass
Mit dem einen Monat lang gültigen *Portugal Rail Pass* kann man 3 oder 7 Tage lang unbegrenzt Zug fahren (73 bzw. 129 € für Erwachsene).

Praktisch
Mit der App *Comboios de Portugal* kann man E-Tickets kaufen, Fahrpläne einsehen etc.

Historische Züge
Die Züge sind häufig ausverkauft, buchen Sie also Ihre Plätze schon vorab. Die Kombitickets für beide Züge sind etwas preiswerter.
Historischer Zug Linha do Douro: 45 € pro Person (Kinder 20 €). Der Zug fährt von Juni bis Oktober jeden Samstag. Ein Ticket für die Fahrt ab Porto kostet 47,50 €.
Historischer Zug Linha do Vouga: Der Zug fährt von Juni bis Oktober nur samstags, die Fahrt dauert rund 5 Stunden. Tickets kosten 30 € pro Person (Kinder 16,50 €). Unterhaltung an Bord und ein Besuch des Eisenbahnmuseums in Macinhata do Vouga sind im Preis inbegriffen.

Rumänien
Zugreisen 25 und 26

Eisenbahngesellschaft
www.cfrcalatori.ro

Dank des dichten Schienennetzes sind auch kleine Ortschaften gut angebunden. Die Tickets sind sehr günstig (die Fahrt Cluj-Napoca–Sighișoara z. B. kostet ca. 6 €). Im Allgemeinen fahren nachmittags und abends mehr Züge als morgens.

Zuggattungen
Cursa: Die Lokalzüge fahren (sehr) langsam und halten einfach überall.
Personal, Rapid, Accelerat, InterCity: Diese Zuggattungen fahren auf den Hauptstrecken, Reservierungen sind dringend empfohlen.

Fahrkarten
Einige Tickets können online gekauft werden – was sich lohnt: In den Bahnhöfen muss mit teils sehr langen Wartezeiten gerechnet werden.

Schweiz
Zugreisen 13, 14, 15 und 24

Eisenbahngesellschaft
www.sbb.ch

Lyria
TGV-Verbindungen Schweiz – Frankreich:
tgv-lyria.com

Swiss Travel Pass
Der Pass ist ideal, um das Land auf dem Schienenweg zu entdecken, und bietet zahlreiche Vorteile: unbegrenzte Fahrten mit Zügen – auch Panoramazügen –, Bussen, Schiffen und öffentlichen Transportmitteln in den Städten an 3, 4, 8 oder 15 aufeinanderfolgenden Tagen, freier Eintritt in mehr als 500 Museen und bis zu 50 % Ermäßigung bei den meisten Unternehmungen in den Bergen.
Sämtliche Informationen findet man auf:
www.swiss-pass.ch

Ergänzende Information zu Reise 14
• Fondue-Zug: Erwachsene: 53,90 CHF – Kinder (bis 12 Jahre): 33,90 CHF, Kinder bis 6 Jahre frei (ohne Mahlzeit). Inklusive: Fahrt mit dem Oldtimer-Zug ab Bulle und zurück, Fondue, Meringue mit Crème double. Nicht inbegriffen: Getränke.
• Mit der SBB-Tageskarte für 49 CHF kann man einen Tag lang alle Verkehrsmittel der Schweiz (Busse, Züge, Schiffe) benutzen.
• Glacier Express: Reservierung erforderlich, Restaurant und lokale Spezialitäten an Bord:
www.glacierexpress.ch

Familien
Mit dem Swiss Travel Pass reisen Kinder unter 16 Jahren in Begleitung von mindestens einem Elternteil kostenlos.

Slowenien
Zugreisen 11 und 24

Eisenbahngesellschaft
www.slo-zeleznice.si

Nachtzug
Mit dem täglichen Zug um 20.40 Uhr ab Zürich HB erreicht man den ÖBB-Nachtzug EuroNight von München nach Slowenien, Ankunft in Ljubljana um 8.13 Uhr. Zur Wahl stehen Liegewagenabteile mit 4 oder 6 Betten oder Schlafwagenabteile mit 1, 2 oder 3 Betten, Klimaanlage und Toilette. Alleinreisende Frauen können sich einen Platz in nur mit Frauen belegten Abteilen reservieren.
Reservierung: www.nightjet.com

Pass Interrail
Mit dem Interrail-Pass Slowenien kann man je nach Variante an 3, 4, 5, 6 oder 8 Tagen innerhalb eines Monats unbegrenzt Zug fahren. Preisbeispiel: Der 6-Tage-Pass kostet 139 €. Ermäßigungen gibt es für Personen unter 28 und über 60 Jahre. In den meisten Zügen wird nicht reserviert.

Izletka
Mit diesem Wochenendticket (15 €) kann man an Samstagen, Sonntagen und Feiertagen unbegrenzt

zugfahren – auch in InterCitys. Man erhält es in den meisten Bahnhöfen und auf potniski.sz.si.

Ergänzende Information zu Reise 24

• Von Ljubljana nach Bled: Die (weniger als 1 Stunde) lange Strecke fahren täglich ein Dutzend Züge. Da es in Bled selbst keinen Bahnhof gibt, steigen Sie in Lesce-Bled aus und nehmen einen der klimatisierten Busse, die die Altstadt alle 20 Minuten anfahren (Fahrzeit 9 Minuten).
• Von Most na Soči nach Divača: Auf der rund 2,5 Stunden langen Strecke fahren täglich nur 2 bis 3 Züge. Die Höhlen erreicht man in 35 Minuten zu Fuß (während der Saison fährt ein Shuttlebus).

Bus
Fahrplan: arriva.si

Familien
Kinder unter 6 Jahre reisen kostenlos, 6- bis 12-Jährige zum halben Preis.

Spanien
Zugreisen 16, 17 und 18

Eisenbahngesellschaft
www.renfe.com

Renfe Spain Pass
Der einen Monat lang gültige Spain Pass für 4, 6, 8 oder 10 Fahrten ist häufig günstiger als der Interrail-Pass. Er gilt in allen spanischen Hochgeschwindigkeitszügen (AVE), auf Lang- und Mittelstrecken.
www.renfe.com/es/es/viajar/prepara-tu-viaje/abonos-ave-y-largadistancia/renfe-spain-pass

Ergänzende Information zu Reise 16

• Pasajes de San Juan – San Sebastián: Bus alle 20 Minuten. ekialdebus.eus/es/ekialdebus-e01-pasai-donibane-errenteria-donostia-3/
• Züge San Sebastián–Bilbao: www.euskotren.eus Bahnhof Euskotren San Sebastián »Amara« – Bahnhof Matiko de Bilbao (Fahrzeit 2:30).

• Züge Bilbao – Santander (Fahrzeit 1:30) verkehren sehr häufig.
• Bus Santander – Santiago de Compostela (Fahrzeit 7:15) mit Alsa. www.alsa.es
Liegesitze, Klimaanlage, Toiletten, WLAN.

Ergänzende Information zu Reise 17

Cadaqués – Barcelona: Bus (Busunternehmen Sarfa) oder mit dem Bus bis Figueras und dann dem Zug ab Figueres-Vilafant: compras.moventis.es

Ergänzende Information zu Reise 18

• Überfahrt Algeciras – Tanger: Die Schiffe der zwei Hauptreedereien Inter Shipping und FRS fahren stündlich (Fahrzeit 1:30). Füllen Sie die Einreiseformulare während der Überfahrt auf der Fähre aus.
• Bus von Tanger-Med ins Stadtzentrum: www.alsa.ma/tanger (Fahrzeit 45–60 Minuten).
• Tanger – Sète: Fährverbindungen (Fahrzeit 35–45 Stunden): www.gnv.it

Ukraine
Zugreise 27

Eisenbahngesellschaft
uz.gov.ua

Nachtzug
Von Kiew nach Odessa, buchbar über die Website. Der Buchstabe »L« steht für erste Klasse (ca. 50 €), der Buchstabe »C« für zweite Klasse.

Familien
Kinder unter 6 Jahren reisen kostenlos, solange sie auf dem Schoß ihrer Eltern sitzen.

Ergänzende Information zu Reise 27

Zum Zeitpunkt der Drucklegung war die weitere Entwicklung der Situation in der Ukraine noch nicht absehbar. Wir glauben aber an die Freiheit der Ukraine und haben uns daher entschieden, diese Ukraine-Tour im Buch zu belassen.

Zugreise 9
Niederlande, Deutschland, Tschechien, Slowakei, Ungarn

Im Folgenden geben wir für jede Etappe die am besten geeigneten Orte für Ihre Reservierung an. Bitte beachten Sie, dass die Preise je nach Unternehmen bis um das Dreifache variieren können.
- Amsterdam–Berlin: www.ns.nl
- Berlin–Prag: www.bahn.de, www.oebb.at
- Prag–Bratislava: www.regiojet.com, www.cd.cz, www.bahn.de
- Bratislava–Budapest: www.intercity.pl, www.cd.cz, www.bahn.de

Zugreise 10
Frankreich Deutschland, Österreich, Ungarn, Rumänien, Türkei

Im Folgenden geben wir für jede Etappe die am besten geeigneten Orte für Ihre Reservierung an. Bitte beachten Sie, dass die Preise je nach Unternehmen bis um das Dreifache variieren können.
Paris–München: oui.sncf, www.bahn.de
München–Wien: www.oebb.at, www.bahn.de
Wien–Budapest: www.oebb.at
Budapest–Bukarest: cfrcalatori.ro
Bukarest–Istanbul: cfrcalatori.ro, tcddtasimacilik.gov.tr

Zugreise 25
Rumänien, Bulgarien, Griechenland

Eisenbahngesellschaft:

www.bdz.bg

Bukarest–Weliko Tarnowo
Reservierungen sind über die Website der Rumänischen Eisenbahn unter »International« möglich. Der Bahnhof in Bukarest (București) ist der Nordbahnhof (București Nord). Der Nachtzug verkehrt zwischen Juni und Oktober. www.cfrcalatori.ro

Weliko Tarnowo–Sofia
Reservierungen sind über die Website der Rumänischen Eisenbahn möglich. www.bdz.bg

Sofia–Thessaloniki
Der Zug fährt nicht ganzjährig, alternativ kann man den Bus nehmen (5 Stunden): ardatur.bg, fr.union-ivkoni.com

Zugreise 30
Dänemark, Schweden, Norwegen

Im Folgenden geben wir für jede Etappe die am besten geeigneten Orte für Ihre Reservierung an. Der Interrail-Pass gilt auf den Strecken zwischen den Hauptstädten und der *Bergensbanen* und bietet eine 30-prozentige Ermäßigung auf der *Flåmsbana*.
- Kopenhagen–Malmö: 40 Minuten. Tickets erhält man online auf www.oresundstag.se
- Nachtzug (*Snälltåget*) Malmö–Stockholm (Fahrzeit 7 Stunden 40 Minuten, 22.18–5.55 Uhr), www.snalltaget.se
- Stockholm–Oslo: täglich 2 Direktzüge. Dauer: 6 Stunden, ca. 50 €. www.sj.se
- Oslo–Flåm: *Bergensbanen* Oslo–Myrdal (4:40), dann *Flåmsbana* Myrdal–Flåm (50 Minuten). www.vy.no. Kein Fahrkartenschalter, Tickets müssen online oder am Bahnhof Oslo gekauft werden. Die Fahrkarten können mit Bergen-Line-Tickets auf www.vy.no kombiniert werden.

ANREISE AUS HAMBURG, BERLIN, KÖLN ODER MÜNCHEN

Zugreise 1 (Rundtour)

Hamburg – Dublin
Zug & Fähre: ca. 22:45 Stunden
Flug: ca. 2 Stunden

Berlin – Dublin
Zug & Fähre: ca. 22:45 Stunden
Flug: ca. 2:30 Stunden

Köln – Dublin
Zug & Fähre: ca. 15:15 Stunden
Flug: ca. 1:50 Stunden

München – Dublin
Zug & Fähre: ca. 23:45 Stunden
Flug: ca. 2:40 Stunden

Zugreise 2 (Rundtour)

Hamburg – Glasgow
Zug: ca. 15:25 Stunden
Flug & Bus: ca. 1:40 Stunden

Berlin – Glasgow
Zug: ca. 16:40 Stunden
Flug: ca. 2:20 Stunden

Köln – Glasgow
Zug: ca. 11:45 Stunden
Flug & Bus: ca. 1:50 Stunden

München – Glasgow
Zug: ca. 16:30 Stunden
Flug: ca. 2:30 Stunden

Zugreise 3 (Rundtour)

Hamburg – Edinburgh
Zug: ca. 15:25 Stunden
Flug: ca. 1:40 Stunden

Berlin – Edinburgh
Zug: ca. 16:35 Stunden
Flug: ca. 2:15 Stunden

Köln – Edinburgh
Zug: ca. 11:45 Stunden
Flug: ca. 1:50 Stunden

München – Edinburgh
Zug & Fähre: ca. 16 Stunden
Flug: ca. 2:30 Stunden

Zugreise 4 (Rundtour)

Hamburg – London
Zug: ca. 10:55 Stunden
Flug: ca. 1:35 Stunden

Berlin – London
Zug: ca. 11 Stunden
Flug: ca. 2 Stunden

Köln – London
Zug: ca. 5:15 Stunden
Flug: ca. 1:25 Stunden

München – London
Zug: ca. 9:30 Stunden
Flug: ca. 2 Stunden

Zugreise 5

Hamburg – Brüssel
Zug: ca. 7:10 Stunden
Flug: ca. 1:10 Stunden

Berlin – Brüssel
Zug: ca. 7:30 Stunden
Flug: ca. 1:30 Stunden

Köln – Brüssel
Zug: ca. 2:10 Stunden

München – Brüssel
Zug: ca. 6:20 Stunden

Den Haag – Hamburg
Zug: ca. 5:45 Stunden

Den Haag – Berlin
Zug: ca. 6:45 Stunden

Den Haag – Köln
Zug: ca. 3 Stunden

Den Haag – München
Zug: ca. 7:30 Stunden
Flug: ca. 2 Stunden

Zugreise 6 (Rundtour)

Hamburg – Straßburg
Zug: ca. 6:45 Stunden

Berlin – Straßburg
Zug: ca. 6:30 Stunden

Anreise-Zeiten

Köln - Straßburg
Zug: ca. 3:20 Stunden

München - Straßburg
Zug: ca. 3:45 Stunden

Zugreise 7

Hamburg - Freiburg
Zug: ca. 5:45 Stunden

Berlin - Freiburg
Zug: ca. 6:30 Stunden

Köln - Freiburg
Zug: ca. 3:40 Stunden

München - Freiburg
Zug: ca. 4:15 Stunden

Konstanz - Hamburg
Zug: ca. 8:45 Stunden

Konstanz - Berlin
Zug: ca. 8:25 Stunden

Konstanz - Köln
Zug: ca. 5:20 Stunden

Konstanz - München
Zug: ca. 4 Stunden

Zugreise 8 (Rundtour)

Hamburg - Berlin
Zug: ca. 1:45 Stunden

Köln - Berlin
Zug: ca. 4:30 Stunden

München - Berlin
Zug: ca. 4:30 Stunden

Zugreise 9

Hamburg - Amsterdam
Zug: ca. 5:15 Stunden

Berlin - Amsterdam
Zug: ca. 6:30 Stunden

Köln - Amsterdam
Zug: ca. 2:45 Stunden

München - Amsterdam
Zug: ca. 7:50 Stunden
Flug: ca. 1:30 Stunden

Budapest - Hamburg
Zug: ca. 12:15 Stunden
Flug: ca. 1:45 Stunden

Budapest - Berlin
Zug: ca. 11 Stunden
Flug: ca. 1:30 Stunden

Budapest - Köln
Zug: ca. 12:50 Stunden
Flug: ca. 1:50 Stunden

Budapest - München
Zug: ca. 6:50 Stunden

Zugreise 10

Hamburg - Paris
Zug: ca. 7:50 Stunden
Flug: ca. 1:40 Stunden

Berlin - Paris
Zug: ca. 8:30 Stunden
Flug: ca. 1:50 Stunden

Köln - Paris
Zug: ca. 3:30 Stunden

München - Paris
Zug: ca. 5:45 Stunden

Istanbul - Hamburg
Flug: ca. 3:25 Stunden

Istanbul - Berlin
Flug: ca. 3:05 Stunden

Istanbul - Köln
Flug: ca. 3:30 Stunden

Istanbul - München
Flug: ca. 2:55 Stunden

Zugreise 11 (Rundtour)

Hamburg - Wien
Zug: ca. 8:45 Stunden
Flug: ca. 1:50 Stunden

Berlin - Wien
Zug: ca. 7:40 Stunden
Flug: ca. 1:20 Stunden

Köln - Wien
Zug: ca. 8:50 Stunden
Flug: ca. 1:35 Stunden

München - Wien
Zug: ca. 4:10 Stunden

Zugreise 12 (Rundtour)

Hamburg - Salzburg
Zug: ca. 8 Stunden
Flug: ca. 1:20 Stunden

Berlin - Salzburg
Zug: ca. 6:25 Stunden

Köln - Salzburg
Zug: ca. 6:45 Stunden

München - Salzburg
Zug: ca. 1:30 Stunden

Anreise-Zeiten

Zugreise 13

Hamburg – Annecy
Zug: ca. 12:40 Stunden
Flug & Zug: ca. 6:10 Stunden

Berlin – Annecy
Flug & Bus: ca. 3:25 Stunden

Köln – Annecy
Zug: ca. 10 Stunden
Flug & Bus: ca. 3 Stunden

München – Annecy
Zug: ca. 9:20 Stunden
Flug & Bus: ca. 3 Stunden

St. Moritz – Hamburg
Zug: ca. 10:45 Stunden
Flug & Zug: ca. 5:15 Stunden

St. Moritz – Berlin
Zug: ca. 11:40 Stunden
Flug & Zug: ca. 5:15 Stunden

St. Moritz – Köln
Zug: ca. 8:20 Stunden
Flug & Zug: ca. 4:40 Stunden

St. Moritz – München
Zug: ca. 6 Stunden

Zugreise 14

Hamburg – Genf
Zug: ca. 9:15 Stunden
Flug: ca. 3:15 Stunden

Berlin – Genf
Zug: ca. 10:15 Stunden
Flug: ca. 1:45 Stunden

Köln – Genf
Zug: ca. 6:50 Stunden

München – Genf
Zug: ca. 6:50 Stunden

Fribourg – Hamburg
Zug: ca. 8 Stunden

Fribourg – Berlin
Zug: ca. 9:30 Stunden

Fribourg – Köln
Zug: ca. 5:30 Stunden

Fribourg – München
Zug: ca. 6 Stunden

Zugreise 15

Hamburg – Luzern
Zug: ca. 7:40 Stunden
Flug & Zug: ca. 2:10 Stunden

Berlin – Luzern
Zug: ca. 8:35 Stunden
Flug & Zug: ca. 2:45 Stunden

Köln – Luzern
Zug: ca. 4:50 Stunden

München – Luzern
Zug: ca. 5 Stunden

Chur – Hamburg
Zug: ca. 9 Stunden
Flug & Zug: ca. 2:10 Stunden

Chur – Berlin
Zug: ca. 8:40 Stunden
Flug: ca. 2:10 Stunden

Chur – Köln
Zug: ca. 7 Stunden
Flug: ca. 2:45 Stunden

Chur – München
Zug: ca. 3:50 Stunden

Zugreise 16

Hamburg – Paris
Flug & Zug: ca. 6:30 Stunden

Berlin – Paris
Zug: ca. 8:30 Stunden
Flug: ca. 1:50 Stunden

Köln – Paris
Zug: ca. 3:30 Stunden

München – Paris
Zug: ca. 5:45 Stunden

Santiago de Compostela – Hamburg
Flug & Zug: ca. 6:30 Stunden

Santiago de Compostela – Berlin
Flug & Zug: ca. 7 Stunden

Santiago de Compostela – Köln
Flug & Zug: ca. 3:35 Stunden

Santiago de Compostela – München
Flug & Zug: ca. 6:10 Stunden

Zugreise 17

Hamburg – Marseille
Zug: ca. 11:30 Stunden
Flug & Zug: ca. 5:30 Stunden

Berlin – Marseille
Zug: ca. 12:25 Stunden
Flug: ca. 4:50 Stunden

Köln – Marseille
Zug & Fähre: ca. 9 Stunden
Flug & Zug: ca. 2:25 Stunden

Anreise-Zeiten

München – Marseille
Zug: ca. 10:20 Stunden
Flug: ca. 1:40 Stunden

Valencia – Hamburg
Flug: ca. 6:35 Stunden

Valencia – Berlin
Flug: ca. 3 Stunden

Valencia – Köln
Flug: ca. 3:35 Stunden

Valencia – München
Flug: ca. 2:20 Stunden

Zugreise 18

Hamburg – Madrid
Flug: ca. 3:05 Stunden

Berlin – Madrid
Flug: ca. 3:10 Stunden

Köln – Madrid
Flug: ca. 2:50 Stunden

München – Madrid
Flug: ca. 2:40 Stunden

Tanger – Hamburg
Flug: ca. 7:15 Stunden

Tanger – Berlin
Flug: ca. 6:50 Stunden

Tanger – Köln
Flug & Zug: ca. 6 Stunden

Tanger – München
Flug: ca. 5:25 Stunden

Zugreise 19

Hamburg – Porto
Flug: ca. 3:05 Stunden

Berlin – Porto
Flug: ca. 3:25 Stunden

Köln – Porto
Flug: ca. 2:40 Stunden

München – Porto
Flug: ca. 3 Stunden

Zugreise 20

Hamburg – Mailand
Zug: ca. 11:15 Stunden
Flug: ca. 1:50 Stunden

Berlin – Mailand
Zug: ca. 12:10 Stunden
Flug: ca. 1:40 Stunden

Köln – Mailand
Zug: ca. 8:40 Stunden
Flug: ca. 1:30 Stunden

München – Mailand
Zug & Fähre: ca. 8 Stunden
Flug: ca. 1:05 Stunden

Bologna – Hamburg
Zug: ca. 13 Stunden
Flug: ca. 4:30 Stunden

Bologna – Berlin
Zug: ca. 11:45 Stunden
Flug: ca. 1:45 Stunden

Bologna – Köln
Zug: ca. 11:15 Stunden
Flug: ca. 1:40 Stunden

Bologna – München
Zug: ca. 6:35 Stunden

Zugreise 21

Hamburg – Rom
Zug: ca. 19:10 Stunden
Flug: ca. 2:20 Stunden

Berlin – Rom
Zug: ca. 14:10 Stunden
Flug: ca. 2:05 Stunden

Köln – Rom
Zug: ca. 11:45 Stunden
Flug: ca. 2:20 Stunden

München – Rom
Zug: ca. 9:10 Stunden
Flug: ca. 1:40 Stunden

Bari – Hamburg
Flug: ca. 2:25 Stunden

Bari – Berlin
Flug: ca. 2:15 Stunden

Bari – Köln
Flug: ca. 2:15 Stunden

Bari – München
Zug: ca. 14:20 Stunden
Flug: ca. 1:45 Stunden

Zugreise 22

Hamburg – Palermo
Flug & Zug: ca. 6 Stunden

Berlin – Palermo
Flug: ca. 2:35 Stunden

Köln – Palermo
Flug: ca. 2:25 Stunden

München – Palermo
Flug: ca. 2 Stunden

Anreise-Zeiten

Siracusa – Hamburg
Zug & Flug: ca. 4 Stunden

Siracusa – Berlin
Zug & Flug: ca. 4:20 Stunden

Siracusa – Köln
Zug & Flug: ca. 4:15 Stunden

Siracusa – München
Zug & Flug: ca. 3:20 Stunden

Zugreise 23

Hamburg – Venedig
Zug: ca. 13:30 Stunden
Flug: ca. 1:55 Stunden

Berlin – Venedig
Zug & Fähre: ca. 12 Stunden
Flug: ca. 1:35 Stunden

Köln – Venedig
Zug & Fähre: ca. 13 Stunden
Flug: ca. 1:35 Stunden

München – Venedig
Zug & Fähre: ca. 6:50 Stunden

Dubrovnik – Hamburg
Flug: ca. 2:20 Stunden

Dubrovnik – Berlin
Flug: ca. 2:05 Stunden

Dubrovnik – Köln
Flug: ca. 2:10 Stunden

Dubrovnik – München
Flug: ca. 1:35 Stunden

Zugreise 24

Hamburg – Zürich
Zug: ca. 7:40 Stunden
Flug: ca. 1:30 Stunden

Berlin – Zürich
Zug: ca. 8:15 Stunden
Flug: ca. 1:35 Stunden

Köln – Zürich
Zug: ca. 5:05 Stunden

München – Zürich
Zug: ca. 4 Stunden

Ljubljana – Hamburg
Zug: ca. 13:10 Stunden
Flug & Zug: ca. 5:20 Stunden

Ljubljana – Berlin
Zug: ca. 12:30 Stunden
Flug: ca. 5:40 Stunden

Ljubljana – Köln
Zug: ca. 11:30 Stunden
Flug: ca. 2:20 Stunden

Ljubljana – München
Zug: ca. 6:15 Stunden

Zugreise 25

Hamburg – Bukarest
Flug: ca. 2:30 Stunden

Berlin – Bukarest
Flug: ca. 2:15 Stunden

Köln – Bukarest
Zug & Flug: ca. 3:20 Stunden

München – Bukarest
Flug: ca. 2 Stunden

Athen – Hamburg
Flug: ca. 3:15 Stunden

Athen – Berlin
Flug: ca. 3 Stunden

Athen – Köln
Flug: ca. 3 Stunden

Athen – München
Flug: ca. 2:40 Stunden

Zugreise 26

Hamburg – Cluj-Napoca
Zug & Flug: ca. 6 Stunden

Berlin – Cluj-Napoca
Flug: ca. 1:50 Stunden

Köln – Cluj-Napoca
Flug: ca. 2:10 Stunden

München – Cluj-Napoca
Zug: ca. 15:40 Stunden
Flug: ca. 1:40 Stunden

Bukarest – Hamburg
Flug: ca. 2:40 Stunden

Bukarest – Berlin
Flug: ca. 2:10 Stunden

Bukarest – Köln
Zug & Flug: ca. 3:40 Stunden

Bukarest – München
Flug: ca. 2:10 Stunden

Zugreise 27 (Rundtour)

Hamburg – Kiew
Flug: ca. 2:15 Stunden

Berlin – Kiew
Flug: ca. 2:10 Stunden

Anreise-Zeiten

Köln – Kiew
Flug: ca. 2:40 Stunden

München – Kiew
Flug: ca. 2:15 Stunden

Zugreise 28

Hamburg – Warschau
Zug: ca. 8:50 Stunden
Flug: ca. 1:30 Stunden

Berlin – Warschau
Zug: ca. 5:20 Stunden

Köln – Warschau
Zug & Fähre: ca. 10:15 Stunden
Flug: ca. 1:45 Stunden

München – Warschau
Zug: ca. 10:35 Stunden
Flug: ca. 2:45 Stunden

Krakau – Hamburg
Zug: ca. 10:20 Stunden
Flug & Zug: ca. 5:45 Stunden

Krakau – Berlin
Zug: ca. 7:20 Stunden
Flug: ca. 6 Stunden

Krakau – Köln
Zug: ca. 12:10 Stunden
Flug: ca. 2:45 Stunden

Krakau – München
Zug: ca. 10:45 Stunden
Flug: ca. 1:20 Stunden

Zugreise 29

Hamburg – Vilnius
Zug & Flug: ca. 5 Stunden

Berlin – Vilnius
Flug: ca. 1:30 Stunden

Köln – Vilnius
Zug & Flug: ca. 3:05 Stunden

München – Vilnius
Flug: ca. 2 Stunden

Šiauliai – Hamburg
Zug & Bus & Flug & Zug: ca. 7:50 Stunden

Šiauliai – Berlin
Zug & Bus & Flug: ca. 4:30 Stunden

Šiauliai – Köln
Zug & Bus & Flug & Zug: ca. 6 Stunden

Šiauliai – München
Zug & Bus & Flug: ca. 5 Stunden

Zugreise 30

Hamburg – Kopenhagen
Zug: ca. 4:40 Stunden

Berlin – Kopenhagen
Zug & Fähre: ca. 6:55 Stunden

Köln – Kopenhagen
Zug & Fähre: ca. 9:30 Stunden
Flug: ca. 1:30 Stunden

München – Kopenhagen
Zug & Fähre: ca. 11:40 Stunden
Flug: ca. 1:35 Stunden

Bergen – Hamburg
Flug & Zug: ca. 5 Stunden

Bergen – Berlin
Flug: ca. 1:40 Stunden

Bergen – Köln
Flug & Zug: ca. 3 Stunden

Bergen – München
Flug & Zug: ca. 5:40 Stunden

AUTOREN

Philippe Bourget ist für verschiedene Zeitungen und Reisemagazine unterwegs, um rund um den Globus Menschen und Orte kennenzulernen und Stimmungen einzufangen. In seinen Reportagen erzählt er sowohl von den Sehenswürdigkeiten als auch von den Menschen, ihrer Umwelt und Geschichte. Auf diese Weise will er vermitteln, dass Tourismus nicht nur Konsum ist. Zugreisen bieten ihm die Möglichkeit des langsamen, bewussten *Slow Travel*.
Von ihm stammen die Reisen *27 Von Kiew bis Lwiw* und *09 Von Amsterdam bis Budapest*.

Séverine Chave ist Journalistin und Videofilmerin bei der Schweizer Tageszeitung *Le Temps*. Nach drei Jahren in der Redaktion des Schweizer Fernsehens (RTS) produziert sie nun Videoreportagen für das Internet. Sie gehört nicht nur der Generation an, die – vor allem aus ökologischen Gründen – Flugreisen vermeidet, sondern liebt auch das Zugreisen, seitdem sie im Sommer 2019 eine Serie über Nachtzüge drehte.
Von ihr stammen die Reisen *14 Schweizer Genusstour: Käse, Wein und Panoramen* und *15 Ewiges Eis, Seen & Palmen*.

Annie Crouzet ist für Zeitschriften viel unterwegs, aber mit Irland als Heimathafen stets verbunden. Irland sollte man in kleinen Schlucken genießen, und der Zug bietet wunderbar Gelegenheit, Menschen kennenzulernen. Gespräche beginnen dabei unverweigerlich mit »What a lovely day!«, egal bei welchem Wetter!
Von ihr stammt die Reise *1 Quer durch Irland*.

Dominique de La Tour ist Reisejournalist und schreibt für zahlreiche Zeitschriften, darunter *Les Echos Week-End* und *Beaux-Arts*. Er ist Deutschland, seiner zweiten Heimat, und Italien, wohin er oft reist, sehr verbunden und liebt Nachtzüge und alte Lokomotiven, seit er als Dreijähriger beim Schmieren einer der letzten Dampfloks am Gare de Lyon zuschaute.
Von ihm stammen die Reisen *07 Von Freiburg bis zum Bodensee* und *21 In Italiens tiefem Süden*.

Jean-Philippe Follet hat einen Abschluss im Studiengang Langues, Lettres et Civilisations Européennes – und Europa mit dem Zug zu bereisen, ist für ihn selbstverständlich, seitdem er 1980 sein erstes BIGE-Ticket kaufte. Eine besondere Vorliebe hegt er für die ÖBB, SBB, DB, Danske Statsbaner, Iarnród Éireann und ScotRail. Jean-Philippe ist Übersetzer und Autor mehrerer Reiseführer.
Von ihm stammen die Reisen *02 Filmreife Highlands*, *03 Regenbogen, Wind und hoher Norden*, *08 Spritztour zu den Ostseeinseln*, *11 Tannen, Reben & heiße Quellen* und *12 Auszeit in den Bergen*.

Coralie Grassin, Globetrotterin und Reiseautorin, lebt in London und liebt vor allem Nachtzüge: spontane Picknicks mit Fremden, Landschaften, die in der Dämmerung vorbeiziehen ... Eine echte Leidenschaft! Mit der Kamera in der Hand teilt sie ihre Abenteuer und kulinarischen Favoriten auf Instagram: (@Chocoralie).
Von ihr stammen die Reisen *05 Belgien und Niederlande – Highlights*, *10 Auf der Route des Orient-Express*, *29 Perle des Baltikums* und *30 Skandinavien: Berge, Fjorde, Smørrebrød*.

Katia Hérault lebt in London und ist Fan von immersivem und respektvollem Reisen. Sie ist Beraterin für verantwortungsvollen Tourismus für verschiedene Touristikunternehmen und Gründerin von *SitSpot*, eine Plattform für ethische Tourismusempfehlungen.
Von ihr stammen die Reisen *04 Best of Brit Art*, *16 Der Jakobsweg auf Schienen*, *18 Madrid – Tanger: von einem Kontinent zum anderen* und *24 Durch Sloweniens grandiose Natur*.

Pascale Missoud ist Journalistin mit Schwerpunkt Tourismus und arbeitet für Zeitschriften (*Les Echos Week-End*) sowie für die Reise-Website des *Figaro*. Sie hat eine besondere Vorliebe für Polen, das sie immer wieder gerne bereist. Seit ihrer Kindheit fasziniert sie am Zugreisen das stete Rollen durch die Landschaften.
Von ihr stammen die Reisen *21 In Italiens tiefem Süden*, *23 Kaiserreich und Republik* und *28 Polen neu entdecken*.

Nolwenn Patrigeon lebt in den Alpen und hat von ihrem Büro aus Aussicht auf den Mont Blanc. Die freiberufliche Journalistin und Redakteurin liebt die Berge – und hat sich darauf spezialisiert. Zugfahrten sind für sie eine besonders schöne Möglichkeit, die Gebirgswelt zu entdecken. Zwischen Wäldern, Fels und Gletschern kann so jeder Bergglück erleben!
Von ihr stammt die Reise *13 Zwischen Mont Blanc und Matterhorn*.

Johanna Seban schreibt als Journalistin für *Les Inrockuptibles*, *Télérama Sortir*, *Marie Claire* und hat die Liebe zur Eisenbahn von ihrem Großvater geerbt. Der ultimative Beweis für ihre Hingabe an die Welt der Züge? – Eines ihrer Kinder heißt nach einem Pariser Bahnhof (nicht Montparnasse ...).
Von ihr stammen die Reisen *06 Elsässer Weinstraße*, *17 Auf der Route der Kunst am Mittelmeer* und *22 Sizilien: Palazzi, Pasta, Strände*.

Corinne Stoppelli ist in der Schweiz und Italien bahnfahrend aufgewachsen. In Italien war ihr Großvater Lokführer. In der Schweiz fuhr sie jeden Morgen mit dem Zug zur Schule. Heute findet sie nichts entspannender, als durch ein Fenster auf die vorbeiziehende Welt zu schauen: Der Zug ist ihr Fernseher.
Von ihr stammen die Reisen *19 Von Porto nach Faro*, *25 Kulinarischer Zickzack über den Balkan* und *26 Durch Transsilvaniens Landschaften*.

BILDNACHWEIS

AGE FOTOSTOCK
S. 40 © Vdovin Ivan/agefotostock.com
S. 48 © Kevin George/agefotostock.com
S. 238 © Clickalps SRLs/agefotostock.com
S. 285 © Dennis MacDonald/agefotostock.com

HEMIS
S. 8 © PISTOLESI Andrea/hemiS.fr
S. 12 © PISTOLESI Andrea/hemiS.fr
S. 14 © GERAULT Gregory/hemiS.fr
S. 18 © BIBIKOW Walter/hemiS.fr
S. 20 © Westend 61/hemiS.fr
S. 27 © imageBROKER/hemiS.fr
S. 28 © Jon Arnold Images/hemiS.fr
S. 29 © Jon Arnold Images/hemiS.fr
S. 30 © STICHELBAUT Benoit/hemiS.fr
S. 32 © HAUSER Patrice/hemiS.fr
S. 38 © STICHELBAUT Benoit/hemiS.fr
S. 50 © LESCOURRET Jean Pierre/hemiS.fr
S. 55 © Jon Arnold Images/hemiS.fr
S. 56 © Jon Arnold Images/hemiS.fr
S. 58 © Alamy/hemiS.fr
S. 63 © MATTES René/hemiS.fr
S. 64 © MATTES René/hemiS.fr
S. 65 © MATTES René/hemiS.fr
S. 66 © MATTES René/hemiS.fr
S. 67 (unten) © BRINGARD Denis/hemiS.fr
S. 67 (oben) © MATTES René/hemiS.fr
S. 68 © MATTES René/hemiS.fr
S. 69 © MATTES René/hemiS.fr
S. 70 © Jon Arnold Images/hemiS.fr
S. 72 © Jon Arnold Images/hemiS.fr
S. 73 © Westend 61/hemiS.fr
S. 75 © MATTES René/hemiS.fr
S. 76 © imageBROKER/hemiS.fr
S. 80 © Westend 61/hemiS.fr
S. 81 © imageBROKER/hemiS.fr
S. 82 © imageBROKER/hemiS.fr
S. 84 © imageBROKER/hemiS.fr
S. 88 © Jon Arnold Images/hemiS.fr
S. 91 © CHICUREL Arnaud/hemiS.fr
S. 92 © Alamy/hemiS.fr
S. 96 © LESCOURRET Jean Pierre/hemiS.fr
S. 103 © Jon Arnold Images/hemiS.fr
S. 105 © Jon Arnold Images/hemiS.fr
S. 106 © GERAULT Gregory/hemiS.fr
S. 107 © Jon Arnold Images/hemiS.fr
S. 108 © GUIZIOU Franck/hemiS.fr
S. 114 © MORANDI Tuul et Bruno/hemiS.fr
S. 118 © Aflo/hemiS.fr
S. 124 © imageBROKER/hemiS.fr
S. 127 © Jon Arnold Images/hemiS.fr
S. 128 © HAGENMULLER Jean-François/hemiS.fr
S. 130 © JACQUES Pierre/hemiS.fr
S. 133 © Robert Harding/hemiS.fr
S. 135 © Westend 61/hemiS.fr
S. 136 © LESCOURRET Jean Pierre/hemiS.fr
S. 140 © Westend 61/hemiS.fr
S. 144 © Cultura/hemiS.fr
S. 146 © Westend 61/hemiS.fr
S. 147 © Jon Arnold Images/hemiS.fr
S. 148 © Jon Arnold Images/hemiS.fr
S. 150 © Robert Harding/hemiS.fr
S. 151 © Jon Arnold Images/hemiS.fr
S. 152 © Jon Arnold Images/hemiS.fr
S. 159 © Jon Arnold Images/hemiS.fr
S. 160 © HUGHES Hervé/hemiS.fr
S. 162 © GUIZIOU Franck/hemiS.fr
S. 164 (unten) © MOIRENC Camille/hemiS.fr
S. 172 © GERAULT Gregory/hemiS.fr
S. 178 © MATTES René/hemiS.fr
S. 179 © Jon Arnold Images/hemiS.fr
S. 180 © MATTES René/hemiS.fr
S. 187 (oben) © Jon Arnold Images/hemiS.fr
S. 191 © GUIZIOU Franck/hemiS.fr
S. 192 © LESCOURRET Jean Pierre/hemiS.fr
S. 194 © MATTES René/hemiS.fr
S. 195 © LESCOURRET Jean Pierre/hemiS.fr
S. 196 (oben) © LESCOURRET Jean Pierre/hemiS.fr
S. 196 (unten) © MATTES René/hemiS.fr
S. 197 © MATTES René/hemiS.fr
S. 199 © AMIEL Jean-Claude/hemiS.fr
S. 200 © MATTES René/hemiS.fr
S. 201 © Jon Arnold Images/hemiS.fr
S. 202 © Tetra images/hemiS.fr
S. 204 © MATTES René/hemiS.fr
S. 207 © Jon Arnold Images/hemiS.fr
S. 208 © PISTOLESI Andrea/hemiS.fr
S. 210 © Westend 61/hemiS.fr
S. 212 © imageBROKER/hemiS.fr
S. 214 © GARDEL Bertrand/hemiS.fr
S. 215 © Jon Arnold Images/hemiS.fr
S. 216 © DEGAS Jean-Pierre/hemiS.fr
S. 218 © BOISVIEUX Christophe/hemiS.fr
S. 220 © LESCOURRET Jean Pierre/hemiS.fr
S. 222 © MORANDI Tuul et Bruno/hemiS.fr
S. 228 © Jon Arnold Images/hemiS.fr
S. 229 © POMPE Ingolf/hemiS.fr
S. 230 © SERRANO Anna/hemiS.fr
S. 231 © GUIZIOU Franck/hemiS.fr
S. 232 © Minden/hemiS.fr
S. 241 © Jon Arnold Images/hemiS.fr
S. 242 © MORANDI Tuul et Bruno/hemiS.fr
S. 245 © Jon Arnold Images/hemiS.fr
S. 248 © Jon Arnold Images/hemiS.fr
S. 251 (oben) © ANSALONI Marco/hemiS.fr
S. 253 © Jon Arnold Images/hemiS.fr
S. 254 © Jon Arnold Images/hemiS.fr
S. 256 © Jon Arnold Images/hemiS.fr
S. 257 © PASQUINI Cedric/hemiS.fr
S. 258 © Blend Images/hemiS.fr
S. 260 © Jon Arnold Images/hemiS.fr
S. 261 © PASQUINI Cedric/hemiS.fr
S. 262 © MORANDI Tuul et Bruno/hemiS.fr
S. 264 © Jon Arnold Images/hemiS.fr
S. 267 © Jon Arnold Images/hemiS.fr
S. 270 © John Warburton Lee/hemiS.fr
S. 277 © HAUSER Patrice/hemiS.fr
S. 280 © GUIZIOU Franck/hemiS.fr
S. 286 © GUIZIOU Franck/hemiS.fr
S. 287 © GUIZIOU Franck/hemiS.fr
S. 290 © Jon Arnold Images/hemiS.fr
S. 294 © MOIRENC Camille/hemiS.fr

SHUTTERSTOCK
S. 10 (oben) © Giancarlo Liguori/shutterstock.com
S. 10 (unten) © EQRoy/shutterstock.com
S. 13 © Captblack76/shutterstock.com
S. 15 © Riekelt Hakvoort/shutterstock.com
S. 16 © Lyd Photography/shutterstock.com
S. 18 © Elena Schweitzer/shutterstock.com
S. 22 © Jaroslav Moravcik/shutterstock.com

S. 24 © M.Prouza/shutterstock.com
S. 25 (oben) © Joe Dunckley/shutterstock.com
S. 25 (unten) © Julian Worker/shutterstock.com
S. 26 © rphstock/shutterstock.com
S. 35 © Stefano_Valeri/shutterstock.com
S. 36 © Pecold/shutterstock.com
S. 37 © idroudobre/shutterstock.com
S. 39 © PaulienDam/shutterstock.com
S. 43 © Ron Ellis/shutterstock.com
S. 44 © Sophie McAulay/shutterstock.com
S. 46 © BerndBrueggemann/shutterstock.com
S. 49 © 1000 Words/shutterstock.com
S. 52 © skyfish/shutterstock.com
S. 53 © Botond Horvath/shutterstock.com
S. 54 © Nataliya Nazarova/shutterstock.com
S. 60 © franticoo/shutterstock.com
S. 62 © Zdenek Matyas Photography/shutterstock.com
S. 74 © Preisler/shutterstock.com
S. 78 © Jule_Berlin/shutterstock.com
S. 83 © Bildagentur Zoonar GmbH/shutterstock.com
S. 86 © Adisa/shutterstock.com
S. 89 © Roman Sigaev/shutterstock.com
S. 90 (oben) © carol.anne/shutterstock.com
S. 90 (unten) © Watch The World/shutterstock.com
S. 95 © Anton_Ivanov/shutterstock.com
S. 98 © yotily/shutterstock.com
S. 100 © Agatha Kadar/shutterstock.com
S. 110 © Preisler/shutterstock.com
S. 111 © Frank Fell Media/shutterstock.com
S. 112 (oben) © nikolpetr/shutterstock.com
S. 112 (unten) © trabantos/shutterstock.com
S. 113 © Matic Stojs Lomovsek/shutterstock.com
S. 115 © Roman Babakin/shutterstock.com
S. 116 © Michael Nosek/shutterstock.com
S. 117 © canadastock/shutterstock.com
S. 120 © kovop58/shutterstock.com
S. 121 © Olga Gavrilova/shutterstock.com
S. 122 © Karl Allen Lugmayer/shutterstock.com
S. 125 © Yuri Turkov/shutterstock.com
S. 132 © Nataliya Nazarova/shutterstock.com
S. 134 © Mor65_Mauro Piccardi/shutterstock.com
S. 138 © Alexander Demyanenko/shutterstock.com

S. 139 © lucystudio/shutterstock.com
S. 142 © AsiaTravel/shutterstock.com
S. 154 © Neirfy/shutterstock.com
S. 155 © Annavee/shutterstock.com
S. 156 © Boris Stroujko/shutterstock.com
S. 157 © Leonid Andronov/shutterstock.com
S. 158 © Alberto Loyo/shutterstock.com
S. 164 (oben) © S-F/shutterstock.com
S. 165 © Maria Sedova/shutterstock.com
S. 166 © midgardson/shutterstock.com
S. 168 © Pabkov/shutterstock.com
S. 169 © Oleg_P/shutterstock.com
S. 170 © TTstudio/shutterstock.com
S. 171 © elRoce/shutterstock.com
S. 174 © S-F/shutterstock.com
S. 175 © Migel/shutterstock.com
S. 176 © Stefano_Valeri/shutterstock.com
S. 177 © Mistervlad/shutterstock.com
S. 205 © S-F/shutterstock.com
S. 206 © Dima Moroz/shutterstock.com
S. 209 © Ragemax/shutterstock.com
S. 219 © loneroc/shutterstock.com
S. 224 © Viacheslav Lopatin/shutterstock.com
S. 226 © Ilija Ascic/shutterstock.com
S. 227 © xbrchx/shutterstock.com
S. 234 © Denis Linine/shutterstock.com
S. 236 © Tanja_G/shutterstock.com
S. 237 © Uhryn Larysa/shutterstock.com
S. 239 © silky/shutterstock.com
S. 240 © Katarzyna Maksymiuk/shutterstock.com
S. 244 © freeskyline/shutterstock.com
S. 249 © Kremena Ruseva/shutterstock.com
S. 251 (unten) © Sergey Dubrov/shutterstock.com
S. 265 © Murat An/shutterstock.com
S. 266 © Ruslan Lytvyn/shutterstock.com
S. 268 © Ruslan Kalnitsky/shutterstock.com
S. 272 © S-F/shutterstock.com
S. 273 © Nightman1965/shutterstock.com
S. 274 © Kathryn Sullivan/shutterstock.com
S. 275 © Maciej Bledowski/shutterstock.com
S. 278 © Kamilalala/shutterstock.com
S. 282 © proslgn/shutterstock.com
S. 283 © Giedriius Akelis/shutterstock.com
S. 284 © Subodh Agnihotri/shutterstock.com

S. 288 © Nataliya Nazarova/shutterstock.com
S. 291 © trabantos/shutterstock.com
S. 292 (oben) © Andrey Shcherbukhin/shutterstock.com
S. 292 (unten) © djv-photo/shutterstock.com
S. 293 © Morten Normann Almeland/shutterstock.com
S. 296 © Alfonso de Tomas/shutterstock.com
S. 297 © Olena Tur/shutterstock.com

CORINNE STOPPELLI

S. 182 © Corinne Stoppelli
S. 184 © Corinne Stoppelli
S. 186 © Corinne Stoppelli
S. 187 (unten) © Corinne Stoppelli
S. 189 © Corinne Stoppelli
S. 246 © Corinne Stoppelli
S. 250 © Corinne Stoppelli

UMSCHLAG

Vorderseite:

Oben: © Image Broker/hemis.fr
Mitte: © HUGHES Hervé/hemiS.fr
Mitte rechts: © Botond Horvath/shutterstock
Unten: © Gicdrius/shitterstock

Rückseite:

Links: © Image Broker/hemis.fr
Rechts: Zylberyng Didier/hemis.fr

Für die französische Ausgabe
Redaktionsleitung: Hélène Firquet
Lektorat: Delphine Blétry
Art Direktion: Le Bureau des Affaires Graphiques, Cécile Bernier
Herstellung: Sandrine Michel, Jean-Marc Pias, Julien Recurt
Spezieller Dank geht an Lucie Drouin und Flora Monnin für ihre Unterstützung.
Fotogravüre: Nord Compo

Für die deutsche Ausgabe
Programmleitung: Monika Schlitzer
Redaktionsleitung: Stefanie Franz
Übersetzung: Barbara Rusch, München
Redaktion: Matthias Liesendahl, Berlin
Schlussredaktion: Philip Anton, Köln
Umschlaggestaltung: Ute Berretz, München

Titel der französischen Originalausgabe:
En Train
30 itinéraires pour voyager autrement

© Éditions Gallimard Loisirs, 2020
Alle Rechte vorbehalten

© der deutschsprachigen Ausgabe by Dorling Kindersley Verlag GmbH, München, 2022
Ein Unternehmen der
Penguin Random House Group
Alle deutschsprachigen Rechte vorbehalten

Jegliche – auch auszugsweise – Verwertung, Wiedergabe, Vervielfältigung oder Speicherung, ob elektronisch, mechanisch, durch Fotokopie oder Aufzeichnung, bedarf der vorherigen schriftlichen Genehmigung durch den Verlag.

ISBN 978-3-7342-0649-8
1 2 3 4 24 23 22

Druck und Bindung: Índice S.L., Spanien

Die Informationen in diesem Buch sind von den Autoren und vom Verlag sorgfältig recherchiert und geprüft, dennoch kann eine Garantie nicht übernommen werden. Eine Haftung der Autoren bzw. des Verlages und seiner Beauftragten für Personen-, Sach- und Vermögensschäden ist ausgeschlossen.